武田考玄 訳著

滴天髄真義 巻二

秀央社

目次

『滴天髄』の考玄再編構成原文（続）

四柱基礎理論（続）

天全一氣。不可使地徳莫之載。〔闡微・徴義・補註〕

《天に一氣全くするなれば、地徳これを載せざることなからしむべからず。》

天全一氣。不可使地道莫之載。〔輯要〕

原　注

四甲四乙にして、寅申卯酉に遇うは、地載ではありません。

任氏増注

天全一氣とは、天干が四甲四乙、四丙四丁、四戊四己、四庚四辛、四壬四癸の類であり、地支と天干とが生化なきを不載というのです。ただ四甲四乙のみが、申酉寅卯に遇うを不載とのみ言ってはいないのです。すべて地支の尅を受ける、あるいは地支をすべて尅するのみ、あるいは、天干は地支を顧みず、あるいは地支は天干を顧みない、これら皆不載となすものであります。例えば、四乙酉の如きは、天干が地支の尅を受けるのみですし、四辛卯は反って地支を尅するのみです。必ず地支の氣は上升すべく、天干の氣は下降するべく、かくて流通生化して、偏枯には至らないものです。また歳運宜しきを得れば、富むにあらざるもまた貴となるのです。升降の情なき如きは、反って冲尅の勢いがあって、皆偏枯となし、貧賤となるのです。宜しくこれを細究すべきであります。

〔122〕

甲申	**大運**		戊寅
甲戌		乙亥	己卯
甲寅		丙子	庚辰
甲戌		丁丑	

年支申金、冲去日寅木、加うるに戊土乗權重見し、生金助殺して、地支天干を顧みず、四甲一寅、強旺に似ていますが、秋木休囚し、祿神が冲去され、その根は抜かれて、旺論をなしません。ゆえに寅卯亥子運中衣食頗る豊かでしたが、一たび庚辰運に交わりますと、殺の元神透出して、四人の子供は皆傷付き破家死亡しました。干が多いよりは支が重いほうがよいという理は、当然であります。

〔123〕

戊子	**大運**		壬戌
戊午		己未	癸亥
戊戌		庚申	甲子
戊午		辛酉	

これは満局火土で、子衰午旺、冲則午発して、いよいよ烈しく、氣乾燥甚だしきに滴水、天干不載と言われるものです。初交己未運、孤苦万状、庚申・辛酉運に至るや、戊土の性を引通して、大いにチャンスに恵まれて妻を娶り子をもうけ、業を立て成家。しかし一たび壬戌

運に巡るや、水不通根、暗に火局を成し、祝融の変に遭って、一家五人皆死亡しました。もし天干に一庚辛透っていたり、地支に申酉があったならば、この様な結果にはならなかったでしょう。

〔124〕

戊　申	**大運**	
戊　午	己未	壬戌
戊　子	庚申	癸亥
戊　午	辛酉	甲子

これは前造と一申字が換わったものです。天干の氣は下降し、地支の水は水源があり、午火烈しいと言っても申金を傷付けることはできません。いわんや子水があり、去病の喜神となりますので、用金となるは明らかです。申運に交わり戊辰年己巳月入学、壬戌月登科、けだし太蔵の辰字、暗会水局の妙を発しているのです。しかし将来壬戌運中、天干群比争財し、しかも地支暗会火局、吉と見ることはできないでしょう。

〔125〕

辛　卯	**大運**	
辛　卯	庚寅	丁亥
辛　卯	己丑	丙戌
辛　卯	戊子	乙酉

この造は四木当権し、四金が絶地、地支を尅すと言っても、実は全く尅す力ないものです。もし尅すことができましたなら、用財とすべきですし、用財となり得るものでしたなら、立業成功すべきはずです。彼は出生して数年間の中に父母共に死し、道士の弟子となり、己丑・戊子運、印綬生扶して衣食豊かでした。しかし、一たび丁亥運に交わるや生火尅金し、その師と死別、生業あるも放蕩、賭博にてことごとく財をなくして、死亡しています。

徐氏補註

「天全一氣」とは、天干四字が相同じことです。例えば、四甲四乙の類です。「不可使地徳莫之載」とは、必ず地支に通根すべきである、とのことであります。

「天全一氣」は氣勢純一の如く見えますが、しかし、無根の苗であれば萎えやすく、貴とするに足らないものです。任氏増注の天氣下降、地氣上昇の説明は、合理的であるとともに必然の理論で、極めて精微であります。

考玄解註

ここは一組の干支の生尅制化の有り様から、さらに四柱全体となった場合、天干が同一の一字である場合、地支がすべて印の生ばかりとなるとか、地支すべてが尅の関係となるとか、一方に偏って、五行の生尅制化、流通が悪くなるのは、原則としてあまりよろしくない、ということを「不可使地徳莫之載」と言っているのです。「地徳」とは地支がよろしいこと、また生尅制化がよろしいことを言うのです。このことは、「天全一氣」でなくとも、同理のことなのですが、一方に偏るという点からして、天全一気をもって言っているに過ぎず、方法論の中で、「五氣偏全論吉凶」とあることの、干支としての偏の極端となることを具体化して述べているのです。原則として、と言うことは普通格局となる場合のことです。また、特別格局となるとしても、特別格局必ずしも佳とは限らないのです。このように『滴天髓』が言っていることは、次の格局のところで「影響遙繫既爲虛」と言っていることに係わってもいるのです。つまり、変格や雑格を否定している中に、この「天元一気格」等があることを、干支はすべて生尅制化をもって見るべきであって、天全一気であるからと言ってこれを佳とすることは誤りであると言っているのです。そういう点をも含めての論であって、あくまで干支偏るのはよろしくない、ということの原則を言っているのです。ここは、前文の「順遂而精粋」「乖悖而混亂」と言っていることとは、無縁ではなく、「地德」あって、「順遂而精粋」となることが望ましいことである、と言うことに外ならない文なのです。

徐氏は任氏増注を相当に持ち上げ、賞賛しておりますが、「地氣上昇」「天氣下降」と言った抽象論では、地支蔵干の殺が天干を尅するかという点については不明確なのです。尅の関係となることと、尅することは同じではないのです。

〔122〕

甲申	**大運**	戊寅	
甲戌	乙亥	己卯	
甲寅	丙子	庚辰	
甲戌	丁丑		

一七六四年十月三十日甲戌刻がこの四柱となります。土旺で立運約2才、一七〇四年十一月五日もこの三柱で、これも土旺生にて、立運約8ケ月となります。

甲日戌月土旺生ですので「偏財格」です。調候丙火寅中にあり、年柱甲申の殺印相生でもあれば、月支の戌を湿土とし生金もすることになります。天干四甲は囚令ではありますが、寅に根あって、土旺の二戌土を疏土開墾して万物を育成する弁証法的発展をなし、日干強となり、用神庚、喜神火土金、忌神水木。「天全一氣」ではあるが、「不載」とはならない組織構造です。ただ庚を用神とするものの、運歳で申支が来ますと、申寅冲去、日干無根の忌となりますし、火が喜であると言っても、午が来て、寅午戌戌の火局全以上となると洩身太過の忌となります。

第一運乙亥、日干木ですので亥寅合去せず、水旺の忌ではあるものの、原局土旺の戌中二戊が制水するので、それほどの忌とならず。

第二運丙子、子申水局半会して用神化水して、やや忌となりますが、大運干丙火洩秀して生土し、土また制水の作用もあるので、むしろ喜の傾向性とさえなる運。

第三運丁丑、喜忌参半の傾向性。

第四運戊寅、殺印相生の戊土ではあるものの、寅申冲去して、やや喜の傾向性。

第五運己卯、一己四甲情不専、一卯二戌情不専にて喜忌参半の傾向性。

第六運庚辰、湿土生庚、庚金劈甲しての佳運となるものです。

任氏増注解命の〈年支申金、冲去日主寅木〉は誤りであるし、〈戌土乗権重見し、生金助殺〉も申金中壬水あるので月支の戌が生金するのみで、時支の戌は生金に無情なのです。〈その根は抜かれて〉などという理は全くありません。

さらに『滴天髓』に言われる、甲申の殺印相生も忘却し、甲木が土旺の土を疏土するの理も知らず、もし事象が任氏の言うようであれば、庚午刻生でなければなりません。

〔123〕

戊子　大運　壬戌
戊午　己未　癸亥
戊戌　庚申　甲子
戊午　辛酉

戊日午月火旺に生まれる「偏印格」か「印綬格」です。火旺月ですから、調候壬水で水源有情なる庚辛金が必要です。子午冲は午戌火局半会で解けるものの、日支の戌は時支午と火局半会して、子午の冲を喚起し、子午冲去して戊午接近、調候のない、火炎土燥の下格で、凶命です。立運何才か不明ですが、用神取るものなく、喜となる金水一点もありませんので、第一運己未、流年によっては寿さえ危ぶまれる運です。生年の翌年己丑は忌となりませんが、２才庚寅年、火局全にて熔金され、大忌の大忌。３才辛卯年、忌。４才壬辰年、凶を多少減じるも、５才癸巳年の忌の後、甲午年、木化成灰の大忌の大忌となり、この間もし立運して己未運なれば、寿危ういものです。

〔124〕

戊申　大運　壬戌
戊午　己未　癸亥
戊子　庚申　甲子
戊午　辛酉

戊日午月火旺生の「偏印格」か「印綬格」です。任註に〈前造と一申字が換わったものです〉とありますが、日支戌も子に換わっています。調候壬水の水源有情なる申が年支にありますが、日支子水は申と無情にして、二午一子の冲で冲去とはならないものの、天干三戊から塞水されて、子の作用全くなく、いわゆる〝根抜〟と言われる「旺者冲衰衰者抜」です。用神は埋金の恐れはあっても庚、喜神は金水、忌神火土、閑神木となります。

第一運己未、日干はやや強化されるが、一応は無難。

第二運庚申、金旺運、蓄水の喜にて良好を得る。

第三運辛酉、同様に、食傷の才能・能力発揮の喜の傾向性となる運。

第四運壬戌、湿土となって、よく納火することにより、戊の湿土の根あることにより比劫の喜、食傷生財の喜象生ずる傾向性大なる運。

第五運癸亥、喜と忌の水火の尅戦、前運の喜の後遺ある運。

第六運甲子、甲木破土、子午冲撃して、寿危うい運となります。

この造は、日干戊土への幇身は月時の二戊のみであって、年干戊土は日干に無情、また申中余気の己戊も無情・無力であり、火旺・土相令とは言っても土性支の根がありませんので、日干強のみとは言えない組織構造なのです。

〔125〕

辛	**卯**	**大運**	丁亥
辛	**卯**	庚寅	丙戌
辛	**卯**	己丑	乙酉
辛	**卯**	戊子	甲申

辛日卯月木旺に生まれ、天干皆辛金で、辛金の特性は尅甲できず、わずかに乙を尅することができるのみですから、「従財格」とはできず、「正財格」か「偏財格」となります。用神取り難く、喜神土金、忌神水木火となるものです。

第一運庚寅、制財して、やや喜の傾向性。

第二運己丑、生金して、やや小喜の傾向性。

第三運戊子、湿土生金のやや小喜の傾向性。

第四運丁亥、亥卯卯卯卯の木局半会以上となって生丁し、丁火は四辛をも制金する大忌の運。とても寿保ち難いものです。

重要なのは、干の特性です。

地全三物。不可使天道莫之容。〔闡微・徴義・補註〕
《地に三物全くするなれば、天道これを容れざることなからしむべからず。》
地全三物。不可使天道莫之覆。〔輯要〕

原　注

寅卯辰、亥卯未全くして、甲庚乙辛に遇うのは、天覆わざるものです。特に天全一氣や地全三物だけではなく、皆天覆地載しなければなりません。有根無根にかかわらず、皆その氣の序が循ることが必要で、干支はそむき、悖らないことが大変よいことなのです。

任氏増注

地支三物とは、支に寅卯辰があり、巳午未、申酉戌、亥子丑があって方が全きを言うものであります。例えば、寅卯辰支ありて、日主が木なれば天干火多いことが必要ですし、日主が火であれば、天干に金旺、日主金なれば、天干土重であることが必要なのです。おおよそ支全三物であるのは、その勢い旺盛で、もし旺神が提綱にありましたなら、天干は須らくその氣勢に順ずべきでして、これを洩らすべきなのです。もし旺神が別支にありましたなら、天干これを制するに有力なら、制して可とします。何ゆえ、旺神が別支にありとするなら洩らすが宜く、制するは不可とするかと言いますと、旺神が提綱にあれば、必ず制神の絶地であり、これを強制するのは、その性を得ず、旺神を激しくして肆逞たらしめるからです。旺神は、木方であれば寅卯、制神は庚辛金です。寅卯は庚辛の絶地です。辰が提綱にありましたなら、四柱干支、また庚辛の助があるものですから、まさに制して可であります。所謂、その氣の序を循らしむ、ということになり、調剤宜しきを得て、かくて全美となるものです。木方はこのようですから、他は類推してください。

〔126〕

	大運	
辛　卯		丙戌
庚　寅	己丑	乙酉
甲　辰	戊子	甲申
丙　寅	丁亥	

これは、寅卯辰東方、兼ねて寅時、旺の極です。年月の兩金は絶地、旺神提綱にあって、休金尅し難く、かつ丙火が時に透って、木火同心、強衆敵寡と言い、勢いは庚辛の寡を去らしめるにあるのです。早行土運生金して、破耗異常、京に行き弁事に入部、丙戌運、広東に派出されて、軍功を建て、知県となったのは、庚辛を尅尽したからでありま

す。酉運に至り、庚辛得地して、死亡しました。

〔127〕

庚寅	大運		
庚辰	辛巳	乙酉	
甲寅	壬午	丙戌	
丁卯	癸未		

これも、寅卯辰東方ですが、旺神提綱でなく、辰土帰垣、庚金載してその力量は尅木するに足ります。丁火透るとはいえ、庚金の敵ではなく、用神殺とするのは明らかです。甲申運に至って、庚金得祿し、大運が寅を冲して、科甲連登、郡守になりましたが、一交丙戌運、制殺、降職して田舎に帰りました。

徐氏補註

「地全三物」とは、支中所蔵の人元で、多いのは三干あります。支は干をもって用となすものですし、干は支をもって根とするのです。子午卯酉の四専の地を除くと、各支はすべて三干蔵していますので、多いほうに従って、「三物」と言っているのです。支中所蔵、財官印三奇となすと言いましても、天干に透露しなければ、その用は顕れないのです。天干に透って、皆支に通根し、支中所蔵のものが天干に透露するのが、天覆地載であります。

考玄解註

この一文は、前文と対照句となっております。つまり、

「天全一氣。不可使地德莫之載。」

「地全三物。不可使天道莫之容。」

となっており、任氏の解釈と徐氏の解釈は相当に違ってはおりますが、当然「天全一氣」を言っている後の文ですので、ここで支中蔵干、子午卯酉を除いての八支が三干蔵することを言っている、と解するのは誤りと言えます。「全」の意も、「容」の意も、大変曖昧になってしまいます。この二句は共に前の「順遂而精粋」と「乖悖而混亂」に帰するものですから、原注、任氏増注のように、方または局を全くする三支を「三物」と解するのが正しいことになります。方または局を全くするということは、蔵干が一気に変化する理ですので、「天全一氣」とある前文と対照句となっているのです。

前のほうで、方局を論じているところと一見重複するようですが、「順遂」「乖悖」する組織構造であるかどうか、という視点につながるものですので、決して重複とはならないのです。

ここの「容」とは、「病」となる普通格局なら、「薬」となるものが有力・有情であることが、「容」であり、特別格局なら、方や局は「病」とならない、喜となる「天道」天干があるのを、「容」と言っているのです。

〔126〕

辛　卯

庚　寅

甲　辰

丙　寅

大運

己丑	乙酉	丙戌
戊子	甲申	
丁亥		

甲日寅月木旺に生まれ、全支寅寅卯辰の東方を全くし、庚の殺、辛の正官がないなら、「真の曲直格」となるのですが、庚辛の官殺あるため、「建禄格」となり、用神丙として、喜神火土金、忌神水木となるものです。もちろん、丙火が甲を飛び越して尅庚となる組織構造ではあ

りません。

第一運己丑、第二運戊子までは辛うじて小喜の傾向性となる運ですが、第三運丁亥は、忌の傾向性であり、第四運丙戌も丙火が尅金、喜と喜の尅傷、死亡しても不思議ではありません。

特別格局の「一行得気格」のところをよくよく参照してください。

任氏解命、格局選定の誤りでもあれば、〈強衆敵寡と言い，勢いは庚辛の寡を去らしめるにあるのです。〉は誤りで、事象として述べていることは、この八字ではあり得ないことです。

〔127〕

庚	**寅**	**大運**	
庚	**辰**	6才辛巳	46才乙酉
甲	**寅**	16才壬午	56才丙戌
丁	**卯**	26才癸未	

36才甲申

一七一〇年庚寅年庚辰月に甲寅日はなく、一七七〇年にもありません。一八三〇年四月十八日甲寅日生となり、立夏が五月六日壬申日ですので、木旺生にして、立運約6才です。

全支寅寅卯辰の東方全以上、二庚透出するので、「曲直格」不成の「陽刃格」です。用神庚、喜神土金、忌神水木火となります。第二運壬午までは忌の傾向性、第三運癸未よりやや喜の傾向性に転じ、第四運甲申は喜忌参半の傾向性。第五運乙酉は「衰神冲旺旺神發」となる運で問題です。つまり、支のみで言えば、原局40の木の力量と、10の力量の酉金の尅戦ともなるからです。第六運丙戌〈降職して田舎に帰り〉などで済むわけはありません。これも湿土生庚と考えるのは大誤で、東方旺令の方の木が生丙し、年月干の二庚を熔金し、燥土の戌は生金不能です。（旺相死囚休による数量については、巻一の三〇七頁を参照してください。）

陽乘陽位陽氣昌。最要行程安頓。〔輯要・闡微・徵義・補註〕

《陽は陽位に乘じて陽氣昌ん。最も行程の安頓なるを要す。》

原　注

六陽の位とは、子寅辰を陽方、陽位の純なるものとし、五陽干これに居るのは、これ旺神の如く、運程陰順安頓の地に巡ることが最も必要なことです。

任氏増注

六陽支は皆陽で、子寅辰を陽の純となすものではありません。須らく、陽寒陽暖に分けて論ずべきであります。西北を寒、東南を暖とするのです。例えば、申戌子全き如き場合は、西北の陽寒とするもので、最も東南の陰暖卯巳未に行運するを必要とするのです。また例えば寅辰午全ければ、東南の陽暖、酉亥丑の西北の陰寒の行運を最も必要とするのです。これは大局的な原則論として言いますと、もし日主の用神・喜神が、あるいは木、あるいは火、あるいは土、としますと、これは東南の陽暖ですから、歳運宜しく西北の陰水、陰木、陰火、配されれば、まさに用神・喜神を生助できるものでして、主客互いに酒をくみ交わすような歓びで、歳運西北の陽水、陽木、陽火に遇うようでしたなら、すなわち、孤陽不生、と言い、よく喜神を助け生ずとは言いましても、適切とは言い難いものです。多少曲がりくねったり、起伏があって平坦な道を往くようには行かないものであります。

陽暖の局の例で言いましたが、陽寒の局もこれと同じ原則によって論ぜられるものであります。所謂、陽盛んで光昌ん剛健の勢いには、須らく、陰盛んで包寒し柔順の地を配すべきであることをここでは言っているのです。

この点を深く心にとどめて確実なる追究をしなければ、その精微を探ってその要訣を得ることはできないのです。

〔128〕

		大運	
癸	巳		壬子
丙	辰	乙卯	辛亥
丙	午	甲寅	庚戌
庚	寅	癸丑	

これは東南の陽暖で、天干の金水、無根なるに似ているものです。月支の辰土を喜ぶのは、洩火し蓄水して生金するからで、庚金は辰に生ぜられるので、庚金を用神とすべきです。癸水は庚金の喜神です。初運乙卯、甲寅運、金絶火生、また水洩となり、孤苦堪えられません。一たび癸丑運に交わりますと、北方陰湿の地、金水通根、また巳丑拱金の妙があり、出外して、大チャンスに恵まれ、発財すること十余万となり、陽暖が寒に逢う、配合の美となります。

し、です。

〔129〕

戊　寅	**大運**	
乙　丑	丙寅	己巳
丙　寅	丁卯	庚午
庚　寅	戊辰	辛未

丙寅日元、支三寅ありますが、最も喜ぶは、丑土乗権、財星帰庫となることです。もし西北土金運を巡るなれば、財業必ず前造に勝るものです。しかるに惜しむらくは、東南木火の地、祖業破尽し、各地を転々とさまよい、東奔西走して駆け巡りましても不遇。午運に至り、劫局が暗会し、広東にて死亡しました。一事無成、運にあらざるはなし、です。

徐氏補註

陽干は必ず陽支の上にあり、陰干は必ず陰支の上にあり、甲・丙・戊・庚・壬の五陽干は、子・寅・辰・午・申・戌の六陽支の上にあるものです。この干の順序と支の順序には一定の位があるものです。陽乗陽位とは、四柱全陽のことであります。原注に、六陽の中、子・寅は陽位の純であると言われております。もし四柱八字が純陽で、支が皆子・寅であるなら、一種精粋の氣があるものです。

古人、命を論じるに、年をもって主とし、月日時を本身の臨むところとし、運程は行程の到る方としておりました。行程と道路の両句は、実は、月日時と運程を兼ねたものと言えるのです、と。喜用が年月にあれば、祖基・蔭庇あって、幼年恵まれたもので、日にあるは、自身が創建し、中運必ず作すところあり、時は晩年・結果とするものです。これは四柱における、一生中の歴るところの程途であります。

陽乗陽位は陽氣太盛で、枯燥に流れるものですから、乖悖混乱となります。根在苗先、陽盛局中、必ず一点湿潤の氣あって安頓であることが必要であるのです。行運その地に至りますと、吉神引き出され、自然光亨となって、そうでなく原局無根でしたなら、順運を行きましても、福沢厚くないものです。所謂、無根之苗は、盛んといえども久しくないのです。

〔130〕

甲　戌	大運	
甲　戌	5才乙亥	35才戊寅
甲　寅	15才丙子	45才己卯
甲　戌	25才丁丑	

これは革命の先烈、黄克強の命造です。天干一氣、四柱は全陽、陽乗陽位であるものの、ただ陽氣が昌ん過ぎるのを嫌い、土燥木枯となるを免れません。運行北方、安頓の地といえども、原局一点も湿潤の氣なく、福沢不足します。名は世に広く知られましたが、利祿を享受することができず、戊寅運に交入し、火旺木焚、丙辰年嘔血して死亡しました。

〔131〕

甲　申	大運	
庚　午	7才辛未	37才甲戌
戊　戌	17才壬申	
丙　辰	27才癸酉	

これは某洋行経理、鹿笙君の命造です。四柱純陽にて陽乗陽位、戊戌魁罡・午戌会局して丙火透り、火土燥烈となりますが、好きところは、年支に申宮があることです。

庚金得祿し、また長生の水を蔵し、潤土生金、喜用は年支に集っていますので、祖上の蔭庇受けること大であり、早年の運程は極美、壬申、癸酉運になって、盛極一時。時支辰宮、また蔵癸しますが、日支戌土冲、喜用損傷、大運戌、併せて辰を冲するところとなり、刺されて死亡しました。

また、辰戌丑未は、四土朋冲で、もともと妨害のないものですが、喜用が蔵されていましたなら、冲に逢って損を被るし、禍もまた烈しいものとなります。

どうして四庫必ず冲するが宜しいなどと言えましょうか。

考玄解註

この句と、次の句とは別々に註すべきではなく、一論として一緒にすべきです。おおよそ原則論でしかなく、用神、喜神、忌神という視点から言いますと、必ずしもそうとは言えないのです。そしてこのことは、調候という視点とはまた別のことなのです。

つまり、原局と大運の一般論的陰陽の中和を言っている、対照句として理解する程度でよろしいと言えます。行運とか道路と言われていることは、大運のことであり、流年を含めての大運です。ここまでのところで大運が論じられておりませんと、この両句はあまりにも唐突となってしまいます。

大運理論は旺相死囚休の循環律の理論によって、正当に理論付けられている、〝生命エネルギー内での自変作用〟の傾向性である、とする私の定義が重要な認識となるのです。

〔128〕

		大運	
癸	巳	5才乙卯	35才壬子
丙	辰	15才甲寅	45才辛亥
丙	午	25才癸丑	55才庚戌
庚	寅		

一七一三年四月二十三日が上記の三柱で、土旺生、清明が庚寅日ですので、立運約5才となり、丙日辰月土旺の透癸する「正官格」です。

午寅火局半会し、年支巳火は日干の根として無情ですが、日干強となり、時干庚は熔金の憂いあって、湿土の戊をもって食傷生財の用神、喜神土金水、忌神木火です。

第一運乙卯、第二運甲寅は印旺の忌の傾向性となり、

第三運癸丑、第四運壬子、第五運辛亥の三運は喜の傾向性多大となります。

〔129〕

		大運	
戊	寅	8才丙寅	38才己巳
乙	丑	18才丁卯	48才庚午
丙	寅	28才戊辰	58才辛未
庚	寅		

一七五九年一月十二日寅刻がこの四柱で、立運約8才となります。丙日丑月水旺に生まれ、庚金透る「正財格」です。調候必要となりますが、三寅中に蔵丙して、ほぼ適切。月干乙木も助丙し、三寅が年日時支にあるので、死令とはいえ、丙火猛烈、日干強となります。用神庚、喜神土金水、忌神木火となるのに、一路忌神運を巡り、全く良好得られず、比劫と財の忌象がさらに付きまとって、下降線をたどるのみです。

〔130〕

		大運	
甲	戌		35才戊寅
甲	戌	5才乙亥	45才己卯
甲	寅	15才丙子	
甲	戌	25才丁丑	

甲日戊月土旺に生まれる「偏財格」です。調候と日干の根は日支寅にあり、三戊土を四甲が疏土するのです。やや比劫争財の憂いがあり、寅中丙火をもって用神とすべきで、喜神火土金、忌神水木となるものです。第四運戊寅まではやや良好を得ますが、第五運己卯の木旺運は、前運のように食傷生財とならず、忌の傾向性大。これは「安頓」の例とするのに無理があります。単純に、陰陽のみをもっては言えない一例でさえあります。

〔130〕′

甲	戌
甲	戌
乙	卯
丙	戌

徐氏の『古今名人命鑑』には、黄克強、同治十三年九月十六日戌時生（一八七四年十月二十五日）となっていますので、上記の命造となります。同書併載の、汪希文氏の、黄氏の生日は、例〔130〕′と同じになっています。その一生は、転々、孫中山と日本に亡命して両派合流し、辛亥革命で、両指を断折。起義の役です。身をもって逃れ、香港で入院、手術、その女医と恋愛。革命成功して、陸軍部総長他職を兼歴任、民国元年壬子、勲一位、民国二年再び亡命。後帰国して、丙辰年、四十三才で死亡しています。この事象によって看ますと、例〔130〕′の造が正しいのではないか、と思われます。同治十三年九月十五日でも十六日でも、土旺に当たり、甲木凋残、丁火、壬癸の滋扶が必要なのですし、甲多にして疏土また必要です。『造化元鑰』の徐氏評註の挙例では、甲寅日の丙寅刻となっています。

〔131〕

甲　申　　大運
庚　午　　7才辛未　　37才甲戌
戊　戌　　17才壬申
丙　辰　　27才癸酉

戊日午月火旺に生まれ、透丙する「偏印格」です。甲庚剋去、戊丙接近し、午戌火局半会は戌辰冲で解け、全支個有の支。調候は申にあり、相令の戊土は強となり、用神壬、喜神金水、忌神火土、閑神木となります。第三運癸酉までは、大体喜の傾向性。第四運甲戌はやや忌の傾向性のほうが大。つまり、甲木は疏土に向かわずして、化殺生身し、火土太過して金埋の憂いがあるのですが、〈刺されて死亡〉の流年干支が言われておりません。暗殺ということは、実は歴史的時代背景とか、地域その他の諸環境によることが多いもので、なかなか暗殺されることまでは判りかねる要素があるのです。

陰乗陰位陰氣盛。還須道路光亨。〔輯要・闡微・徴義・補註〕

《陰は陰位に乗じて陰氣盛ん。還《かえ》って須らく道路光亨なるべし。》

原　注

六陰の位、酉・亥・丑が陰の方ですから、陰位の純であります。五陰これに居れば旺神の如きものですから、最も行運陽順、光亨の地を巡るを必要とします。

任氏増注

六陰は皆陰で、酉・亥・丑が陰の盛んなるものとなるものではありません。須らく陰寒陰暖に分けて論ずべきであります。西北は寒、東南は暖となすものです。例えば、酉・亥・丑全くしているなら、西北陰寒となし、最も東南、寅・辰・午の陽暖の運に行くを必要とするのです。また例えば卯・巳・未全くしていましたなら、最も申・戌・子、西北陽寒の運に行くを必要とするものです。これを大局的に論じますと、日主の用神、喜神、あるいは金、あるいは水、あるいは土としますと、これは西北陰寒ですから、歳運また東南の陽金・陽火・陽土を宜しく配すなら、まさによく用神、喜神を助け、福力いよいよ増すものです。もし東南の陰金・陰火・陰土に歳運で遇いますと、純陰不育となし、厚福は獲難いもので、和平で災咎なきにしか過ぎないものであります。

陰寒の局はこのように言えるのですし、陰暖の局もまたこのように言えるものです。所謂、陰盛んなるは、柔順の気を包含しているのですから、須らく配するに、陽盛んで光り昌ん、剛健の地が宜しいのです。

〔132〕

丙子	**大運**	癸卯
己亥	庚子	甲辰
乙酉	辛丑	乙巳
壬午	壬寅	

これは酉・亥・子、西北の陰寒で、寒木さらに陽に向かうが宜し、としますので、丙火をもって用神とするのです。ですから壬水は病でありますが、しかし壬水遠隔であるのを喜び、日主と壬は緊貼し、日主は元来衰えているのですから、その生を喜ばないことはないもので

す。

また、己土透干して、よくその水の流れの中にあって水をある程度とどめ、生木することができるのです。かつ、水木火土がそれぞれ門戸を立てて互いに害し合わず、相生有情であることを喜ぶものです。地支午火は七殺と並んで七殺を制し、年月火土、通根祿旺となり、さらに大運東南陽暖の地を行くを喜び、ただ四柱が有情であるのみならず、行運光亨、早年にして、科甲連登して、封疆とまでなったのは、皆陰陽の配合の妙であるところです。

〔133〕

己亥	**大運**		
丙子	乙亥	辛未	
乙丑	甲戌	庚午	
壬午	癸酉		

壬申

本造と前造を比べますと、ただ一字丑と酉が換わっただけです。俗論をもってしますと、酉が丑に換わってさらに美、酉は我を剋する七殺であるのに、丑は我が剋する偏財でよく止水する、何たる妙、と。愚かなる俗論、丑は湿土、洩火して止水不能、酉七殺といえども、午火緊剋して火の元神を洩らさず、彼は丙火年干にて壬水遠隔、また己土がもう一つ間にあるのに、これは丙火は月にあり、壬水に近づき、己土力をなさず、子水また逼近し相冲し、しかもその上運走西北陰寒の地、丙火一つも生扶なく、乙木どうして発生することができ得るやを全く知らないのであります。

十干体象に、虚湿の地、騎馬また憂う、とはこの言たるや誤りではないのです。芸窓に志を屈して、赤貧洗うが如く、尅妻無子、壬申運に至るや、丙火尅尽し死亡となります。所謂、陰が陰位に乗じて陰氣盛ん、とはこのことです。

徐氏補註

〔前節の陽と思考方法は全く同じに解しております。〕

陰乗陰位とは、四柱純陰のことであります。原注に、六陽中、未・酉・亥は純陰である、とあります。さすれば、四柱純陰の支未酉亥のみなれば、おのずから一種の精粋の氣があるものです。

〔134〕
己　未
癸　酉
丁　巳
丁　未

上記、袁世凱の命造がこれに当たりますが、これはあくまで八字精氣の一つにしか過ぎないものです。貴顕の徴は、さらに須らく、配合取用を看、運程が偏を補い弊を救うや否やを視なければ、云々できないことであります。

やはり、陽乗陽位と同じく、陰乗陰位は陰氣太盛ですから、寒湿に流れ、氣勢は偏枯し、乖悖混乱しているのであります。しかも、命はすべて、根在苗先ですから、陰盛の局、必ず須らく陽和の氣一点あれば、行運その他に至って、吉神が引き出されて自然光亨するものです。しかし、原局無根であれば、行運順であっても、福沢厚からず、無根の苗、盛んなりといえども久しからざること、陽乗陽位で言ったことと全く同じ理であります。

〔135〕

己 酉

辛 未

乙 未

己 卯

大運

9才庚午　19才己巳　29才戊辰　39才丁卯

陰乗陰位、財旺生殺、丁火余氣未にあり、蔵して不透。年支辛金祿旺、幼年公子〔天子や諸侯の子〕として自由に振舞い、亨用足らざるはなく、月日未宮、燥土不能生金、丁火また不能制殺、運程財殺が攻身し、岐路にさまよい、一転して一落千丈、日時卯未合局、日主得祿、運程丁卯、丙寅、幇身敵殺して重興の望みがあると言えます。

〔105〕

辛 丑

辛 丑

癸 丑

癸 丑

大運

22才甲辰　32才乙巳　42才丙午　52才丁未

女造。陰乗陰位、寒氣極めて重く、幸い辛金癸水、皆丑宮より透出し、体用有情です。四柱無火で、出身寒微なるを免れず、寒微の中に、置かれた環境が舒適となるのは、運行東南、陽暖の地であるからです。家は小康、融々の楽にて、夫賢にして子孝、翁姑また慈恵ですが、幸寧満喫と言えません。

〔104〕

辛 丑

辛 丑

壬 寅

辛 丑

寅中一点陽暖の根ある女命です。前造とよく似ておりますが、出身家富にて、夫家も生家も極めて興盛です。すなわち、前造と異なるは、根在苗先のゆえであります。

考玄解註

二五頁の任氏増註との違いを確認してください。

〔132〕

丙子	**大運**	癸卯
己亥	庚子	甲辰
乙酉	辛丑	乙巳
壬午	壬寅	

乙日亥月水旺に生まれる「正財格」か「印綬格」です。調候急を要するところ、年干に透丙し、時支午に肩だすきのように斜線で結ばれていますので、調候は適切。日干乙木は亥中甲木に根あって有情、透壬していますので、午火が酉金を制し切ることなく、酉金はよく生水し、助身は有情・有力、年支の子は助身に無情ですが、日干やや強となります。丙己並んでいますが、〝乙木柔と雖《いえど》も羊を刲き、牛を解く〟己土は制されているので、制水にはやや無力。用神丙、喜神火土、忌神水木、閑神金となります。大運を観ますと、

第一運庚子、子午冲、酉午蔵干の尅の情あって、全支個有の支。印太過し忌の傾向性ある運。

第二運辛丑、亥子丑北方全となり、制水の「薬」となる戊土なく、己土では力不及にて忌の傾向性大。

第三運壬寅、壬丙尅去し、忌の傾向性。

第四運癸卯、また忌の傾向性。

第五運甲辰、忌の傾向性ある運。

第六運乙巳、火旺運にて喜の傾向性とはなるものの、ここまで忌の傾向性が続いては、何才からの乙巳運か

にもよりますが、年齢的に遅きに失することにもなります。

任氏解命、〈大運東南陽暖〉と言っておりますが、東方木旺運を暖とは言えませんし、壬癸水生木の忌運が続いては、〈早年にして、科甲連登〉もなければ、五運もの忌運の後で、〈封疆〉などなれるわけがないのです。

〔133〕

己亥	大運	壬申
丙子	乙亥	
乙丑	甲戌	
壬午	癸酉	

乙日子月水旺に生まれる「印綬格」か「偏印格」です。亥子丑北方全くして透壬する、印太過も太過の命で、調候は丙と午にあり、特に乙日が丙と並んでいるので反生の功ある調候ではあるはずですが、太過の壬水と北方全の水により、反生の功はなく、調候として適切であるために、水温るんで、さらに沖天奔地の激流となります。己丙並んではいても、己土はあくまで己土で戊土ではなく、太過の水の「病」に対して「薬」とはならないのです。この干の特性を忘れるべきではありません。つまり水利灌漑の弁証法的発展をなすことなく、水多土流、水多木漂、生まれてはこなかったか、生まれても先天的身体障害ある夭凶命であります。翌年庚子年、亥子子丑の北方全以上となり、卑湿の己土生庚し、庚金さらに壬水と北方全以上の沖天奔地を生水し、無事でいられましょうか。

さらにその翌年辛丑年、北方全以上となり、流年干辛は生水する、さらに満3才壬寅年、寅木の根あるからと言って、よく納水し得ると思われますか？第一運乙亥の水旺運に交入したとして、どうなるか、この運乙己尅去しての、亥亥子丑北方全以上です。〈愚かなる俗論〉と言っており、〈赤貧洗うが如く〉ではあるが、結婚もし得る健康な体で、〈尅妻無子〉〈壬申運〉まで寿保ち得た実在の人であると言っているのです。典型的な夭凶命と断定して然るべきです。

『滴天髓』の方法論であると述べたところに「五氣偏全定吉凶」とさえ言われ、さらに「忌神入五臟而病凶」ともあれば、「何知其人夭。氣濁神枯了。」を任氏は一つも記憶していないのでしょうか。この命は、一方に偏り過ぎているくらいは解るはずです。

〔134〕

己未
癸酉
丁巳
丁未

〈袁世凱の命造が、これに当たります〉と言って、単純に陰の中和のみで云々することはできず、格局、用神、喜忌、運歳をよくよく観るべきである、と言っていることは正しいのです。（詳しい解命は一三七頁に掲載しております）。

〔135〕

己酉
辛未
乙未
己卯

大運

9才庚午
19才己巳
29才戊辰
39才丁卯

乙日未月土旺に生まれ、透己する「偏財格」です。調候（燥湿をも含める意）癸水必要とするのに一点も水ありませんので、月支の未は燥土となり、燥土は年支酉金も月干辛金も生じませんし、無水である限り、運歳に金が来ても金は全く強化されないのです。ですから、月干辛金は相令と言っても軟であり、強いものではないのです。日干乙木、未卯木局半会し、一甲三乙の根あるものの、月支未とは無情の時干の己土を制財しなければならず、日干弱となります。無印ですから、用神卯中の甲と取り、喜神水木、忌神火土金となるのです。本命、燥土不能生金が救いとなっている、と言えるのです。

第一運庚午、火旺運ですので、庚金は全く強化されることなく、攻身を受けず、ただ忌の午火に洩身となるのみです。しかも陰干弱きを恐れずの乙木、かつ根は有力ですから、それほどの忌象はない傾向性の運となるのです。

第二運己巳、前運同様に火旺運で旺火が生土し、財の忌象発生し始め、それに伴い洩身の忌象も加速されていく忌運です。

第三運戊辰、辰酉合去し、旺土重々となって財の忌象続出します。この大運戊土は固重で、前運の己土と比べものにならないくらい忌大の運です。

第四運丁卯、木旺の根あることになり、この丁火は、燥土不能生金の辛金を丁火尅辛、去とはなりませんが、辛金は全く無力無能にして攻身の作用全無となるので、比劫の喜象が徐々に生じてくる傾向性ある運なのですが、過去の忌の累積があるので、急速には良化しないものです。

これも単純な陰陽のみでは説明できないのです。

燥土不能生金ということの意を、よく理解してください。

〔105〕

辛	丑	**大運**	
辛	丑	2才壬寅	32才乙巳
癸	丑	12才癸卯	42才丙午
癸	丑	22才甲辰	52才丁未

癸日丑月土旺に生まれる「偏印格」です。年月干二辛、全支水源深い丑、これは「地全三物」が四物ともなっている例とも言えるもので「不載」、また調候急を要し二丙ぐらい必要となるのに、一丙も天干にない「不載」ということになる例とも言えます。つまり、金寒水冷、池塘氷結、寒湿凍土、用神取るものない下格で、生家貧賤、疾病多となるのです。

しかし、1才壬寅年、2才癸卯年に、第一運壬寅に交入することになり、寅中蔵丙が調候となる木旺の寅運、やや水多ですが納水、金水の流年は忌とはなるものの、やや生気は発します。

続く第二運癸卯は納水するのみではあるが、それほどの忌とならず、第四運乙巳、火旺調候運にて喜の傾向性、さらに丙午運、財の喜の傾向性多大となっていくものです。

このような女命は、中国の当時にあっては、結婚運がよろしく、結婚によって幸慶を得るものと看ます。しかし、これが一九九〇年代の日本の女命であったなら、独立自営して、成功する可能性があるものと看るべきです。つまり、その時代の社会、政治、経済などの環境によって、それぞれ違った看方をしなければならないのです。

ただ、いかなる時代であろうが、寒冷の忌の水の痼疾あることは同じですし、火の心臓系にも弱点あるもので、第六運丁未以降、水と火の疾病部位の精密検査を受けるべきなのです。

〔104〕

辛　丑

辛　丑

壬　寅

辛　丑

大運

26才甲辰

36才乙巳

46才丙午

56才丁未

（巻一、三九六頁の考玄解註を参照してください。）

地生天者。天衰怕冲。〔輯要・闡微・徴義・補註〕

《地が天を生ずるは、天衰え、冲を怕れる。》

原　注

丙寅、戊寅、丁酉、壬申、癸卯、己酉は皆長生の日主であります。甲子、乙亥、丙寅、丁卯、己巳は皆自生の日主であります。主衰えて冲に逢うのは根抜となって、禍さらに甚だしいものです。

任氏増注

「地生天者」とは、甲子、丙寅、丁卯、己巳、戊午、壬申、癸酉、乙亥、庚辰、辛丑を言うものです。日主が月令を得ざる生まれで、柱中また幇扶少なく、その身が印を用とするに、冲が根抜となると生氣絶してしまいます。ですから禍が最も重しとします。

しかし、日主が得時当令し、あるいは年時皆祿旺に逢い、あるいは天干比劫重疊、あるいは官星衰弱していましたなら、反って印綬が日干を洩生するを忌むものですから、冲破を怕れません。要するに、日主の氣勢を見て旺相なるは冲を喜び、休囚なるは冲を怕れるものです。日主をもって論じてはいますが、歳運における冲も同様です。

〔136〕

甲　寅　　**大運**　壬申
戊　辰　　己巳　癸酉
丙　寅　　庚午　甲戌
丙　申　　辛未

これは印綬に坐し、季春に生まれ、印氣有余するものです。また年甲寅に逢い、太過となっています。土当令といえども、木はさらに堅、寅申の冲に逢い、財星用を得るを喜びます。しかし、比肩蓋頭するを嫌い、冲も無力。早年運走南方、起倒異常、壬申・癸酉運二十年、寅を冲し、比肩を尅去し、成業興家。これを乗印就財と言います。

〔137〕

壬　申　　**大運**　戊申
甲　辰　　乙巳　己酉
丙　寅　　丙午　庚戌
丙　申　　丁未

これも印綬に坐し、また季春の生まれ、印綬有余するものです。年干壬殺、生印有情にて畏れるに足りません。嫌うところは二申が寅を冲し、甲木が根抜となることです。反って壬水の洩金・生木を喜ぶのです。運走丙午運、劫が申財を去らしめ、入学補廩登科。丁未運、壬水合去し、三たび科甲の試験に及第せず、戊申運、尅去壬水、三冲寅木にて、死亡しました。

この造は、壬水は甲木の元神ですから、断じて傷付けてはならないもので、壬水受傷するは、必ず甲木孤となるのです。およそ独殺用印となるもの、最も制殺を忌むものであります。

徐氏補註

「地生天」とは、丙寅、戊寅、壬申、戊申の四日、日主自ら長生に坐するものです。四柱他に幇助なく、もっぱらただこの一点の長生を頼みとします。精神聚集するところであるのに、冲に逢って根抜かれれば、禍をなすこと重いものです。他に祿旺等の支が分散してあるなら、そのようには言えませんし、この論も成立しないものです。

『百二漢鏡齋叢書』に、甲子、乙亥、丁卯、己巳なきは、日主を自生す、との句、この四日、その日主の印を用とする意義は通ずべきものがありますが、意は多少、別の要素を含んでいるのです。身印を用神とするような場合、当然冲してはいけません。

ただし、これは、用神損傷すべからずの意で、干支の精神聚るところではないのです。任氏増注も併せて同様に論じておりますが、やや混同している嫌いがあります。天元が地支相生を喜とするに至り、また別論をします。

〔138〕

戊午	大運	
乙丑	21才戊辰	51才辛未
壬申	31才己巳	
乙巳	41才庚午	

これは項城時代の内閣総理、趙秉鈞の命造です。丑月に生まれ、天寒地凍、天干尅洩交集し、壬水申に臨むを喜び、自ら長生に坐し、長流の水となすものです。また庚金の建禄であって水を生じます。年午、時巳にて、水暖金温、巳宮の丙火調候の用をなし、申巳刑合、殺身の機を暗に伏せしめています。運行南方、警道を巡る中に知遇を得、数年を経ずして、内務総長より組閣の命を受けたのです。未運甲寅年、三刑逢冲、その死を得ず。

〔139〕

辛巳	大運	
辛丑	12才己亥	42才丙申
戊申	22才戊戌	
甲寅	32才丁酉	

これは奉軍司令、姜登選の命造です。戊土小寒後五日に生まれ、水旺乗令、天干尅洩交集。戊土の申に臨むを喜ぶもので、自ら長生に坐し、丑中の辛金透干、傷官駕殺を用神となすものです。申寅一冲、殺身の機早くも伏しています。書に、「若在艮坤。怕冲宜静。」と。艮坤は寅申です。丁酉運十年、兵符を掌握し、勢い当たるべからず、丙運に入り、丙寅年、殺身の禍に遭いました。

考玄解註

天干が大変弱くなって、地支本気から生じられることを頼みとしているのに、その頼みとするものが冲され、去となることはよろしくないことである、と言っているのです。このことは、四柱組織・構造中での、一つは日柱を言い、他の一つは、喜用の冲に係わることを言っていると解することができると同時に、さらに、運歳でそのようになることはよろしくないことをも含めて、言っていると解すべきなのです。

つまり、普通格局である場合、

(1) 日干が弱となって、用喜を日支の印と取りたいのに、それが冲去されて頼むものがなくなる。

(2) 用神と取りたいものが去となる。

(3) 一点の調候が去となる。

(4) 原局の用神となる支が、運歳において去となる。

ことはよろしくない、と言っているのです。このことは拡大解釈していきますと、天干から生ぜられる支にも、また天干から尅される支にも、さらに天干が尅される関係となる支も、用喜という点から言えば全く同じことなのです。『滴天髓』はこのように、短い句の中に、隠された色々な共通の理を含めて言っているところが多々あり、それをどう解するかが、真義を解し得るか否かということになるのです。単に言われている表面的字句のみを解する限り、『滴天髓』の真義を理解したとは言えないのです。

徐氏はここを〈長生〉と解しておりますが、そんな浅薄なものではありません。しかもこの長生は火＝土としての「陽生陰死・陰生陽死」の生旺墓絶ですので、甲木は長生亥で、「地生天」とはならず、庚金の長生は巳ですから、ないことになる上に、乙亥・辛巳が言われておらず、戊申を入れて四日とのみ限定してもいるようでは、そんな程度のことしか言っていない『滴天髄』になってしまうのです。それでは『滴天髄』が泣きます。

〔136〕

甲寅	**大運**		
戊辰	4才己巳	34才壬申	
丙寅	14才庚午	44才癸酉	
丙申	24才辛未	54才甲戌	

一七三四年戊辰月に丙寅日なく、一七九四年戊辰月にも丙寅日はなく、一八五四年四月二十四日がこの三柱となります。立運約3才10ケ月、丙日辰月土旺に生まれ、透戊する「食神格」です。甲戊尅去し、寅申冲去するので、二丙と寅辰のみの構造となり、天干地支共に移動・接近して、寅中甲生丙生戊となり、土旺の辰中乙癸戊ですので、印生丙火、丙火寅中に根あって二丙団結しており、寅中本気甲と辰中本気戊で、甲木疏土ともなっています。用神戊、喜神土金水、忌神木火と一応なるものです。生金する財の金一点もない命です。これは「地生天者。天衰怕冲。」の例ではありません。このように、尅去、冲去して接近する「接近理論」は、『滴天髄』の「闢内有織女。闢外有牛郎。此闢若通也。相邀入洞房。」とある必然的理論の発展したものなのです。この私の提唱している「接近理論」は「貫通理論」へと繋がる〃エネルギー理論〃として公表したものです。（日本命理学会会報『天地人』7号～11号および『四柱推命学詳義』巻三に掲載してあります。参照してください。）

第一運己巳、火旺運、己甲合にて甲戊解尅し原局に戻り、巳申合にて寅申解冲して原局に戻り、やや忌となりますが、それほど大きな忌とはなりません。つまり火旺の巳は、原局辰に晦火納火され、月柱戊辰は直接生庚の情はないものの、日支寅の余気戊土と、生土される大運干己土が生申金となるからです。喜象さえある傾向性の運です。日干に無情となる年干甲は、寅に有情な根があるので、疏土開墾もし、運歳での申酉金を埋金とはさせない点も見落としてはならないのです。

第二運庚午、寅寅午の火局半会以上の情にて、日時支の寅申解冲し、原局年支の寅と大運支午は火局半会することにより、年支蔵干二丙となるものの、この火はよく湿土の辰に納火され、湿土生庚となるので、本来火旺運は忌でありながら、流年により、むしろやや喜の傾向性さえある運です。

第三運辛未、解剋解冲しないものの、湿土生辛、辛金弱で、忌となることありません。

第四運壬申、金旺運、解剋解冲しませんが、金旺にて五行流通し、申に有気の壬水は制火し切るほどではなく、寅中甲を生木もするので、財利・職位向上。喜の傾向性ある運。しかし、

第五運癸酉、甲戊解剋し、二丙接近、酉辰合去。癸水生木となる、無金で、忌もある喜忌参半の傾向性。

第六運甲戌、甲戊解剋し、戌辰冲去して、寅支接近。甲生丙と日干を生じ、二甲また剋戊土となる大忌の傾向ある運となるものです。

任氏解命の誤りは、

〈寅申の冲に逢い、財星用を得るを喜び〉と言っている点、さらに、〈比肩蓋頭を嫌い、冲も無力〉と言われては、一体冲が成立するのか、しないのか分からなくなりますし、庚金を用神として取れるが無力である、とい

う結論になるのか、これも分からないことになり、全く不正確な解命となっております。さらに、〈壬申、癸酉運、二十年、寅を冲し、比肩を尅去し〉と言っていますが、壬申運の申は原局の申寅冲を解冲はせず、原局年支寅とも、冲去とはならず、さらに、月干戊土あるため、制壬されて、〈比肩〉時干丙を尅去もしないのです。さらに、癸酉運は、癸戊合にて甲戊解尅、酉辰合去し、原局は二丙と甲・寅・戊五字しか残らない運となるのを誤って、癸丙尅去、寅酉冲去のように言っているのです。

〔137〕

壬　申　**大運**　戊申
甲　辰　乙巳　己酉
丙　寅　丙午　庚戌
丙　申　丁未

丙日辰月に生まれ、〈季春〉と言っておりますが、季春とは春の土旺のことです。暦によりますと、一七五二年四月十八日丙申刻がこの四柱となり、立夏五月五日十二時四十七分で、土旺の入りは十七日ですから、四立十八天前土旺で、立運約5才8ケ月です。一六九二年五月二日もこの四柱となり、同じく土旺で、立運約10ケ月となります。ですから、〈季春〉は正しいので、土旺として解命します。

丙日辰月土旺に生まれ、透甲する「印綬格」です。寅申冲去し辰申接近、休令の丙火と言っても日時干団結し、かつ甲木生丙日となっており、この甲も甲申殺印相生であって、よく疏土し、辰中の乙は陰干で役に立たないとしても、ないわけではなく、生丙はします。しかし、日干無根であって、強とは言えませんので、用神は甲、喜神木火、忌神土金水とするものです。水を忌とするのは、壬水は甲あるので、日干の丙を直接尅傷しませんが、運歳に壬癸水来れば、時干の有力な幇の丙を尅丙、癸水丙困となりますし、子が来ると、申子辰水局全以上となって、喜とは言えなくなるからです。

これも透甲しておりますので、「天衰」の甚だしきものとは言えず、用神甲とさえ取れるものです。寅申冲去しなければ、日干強となりはします。

第一運乙巳、第二運丙午、第三運丁未までは、一応喜の傾向性。

第四運戊申、一寅二申冲で解冲し、日支寅、月干甲は制土するに十分であり、それほどの忌とはならないのは、生丙された丙火は申中庚を制財するくらいですので、財の喜象さえあるのです。

第五運己酉、己甲合去、酉辰合去し、天干一壬二丙、支は一申となるのですから、攻身に耐えられず大忌となるのです。

任氏解命の誤りは、冲尅合局方とその解法を全く理解していないことで、そのため、〈二申が寅を冲し、甲木が根抜〉などと、『滴天髄』の「根抜」の真義を曲解もしているのです。たとえ二申と一寅が並んでいても、甲木が根抜などしないのです。さらに、〈丙午運、劫が申財を去らしめ〉など全く理の通らないことを言っているのです。これは、寅午の火局半会の情があるので、寅申冲の情専一とはならず、寅申解冲して原局に戻る理なのです。

さらに、〈戊申運、尅去壬水〉ともならなければ、〈三冲寅木〉はひど過ぎます。月干甲にて制戊するので、戊壬も尅去せず、原局寅申解冲することで、どうして〈死亡〉などの理があるのでしょうか。日干最弱の極となって、頼るものがない運などではありません。

〔138〕

戊　午	**大運**	
乙　丑	1才丙寅	31才己巳
壬　申	11才丁卯	41才庚午
乙　巳	21才戊辰	51才辛未

壬日丑月土旺に生まれ、透戊する「正官格」です。調候急を要し、二丙くらい欲しいところです。年支午火調候、時支巳火調候は申と合去し、丑午接近し、丑中に水源深い癸水の根あっても、また火土と生土された年干戊土が日干を攻身はしないものの、癸水は二乙を滋木培木し、乙木はさらに生午火となるので、日干弱となります。用神やむなく、丑中の辛、喜神金水、忌神木火土となるものです。これは、長生がどうのこうのではなく、仮に申巳合去しないとしても、日干弱であることに変わりはないのです。第五運庚午、庚金は二乙を制し、湿土生庚して、庚金高透する喜用の運です。つまり火旺運ですが、丑がよく納火し、火土金水と順生しているのです。乙木に洩らす忌はなくなっているのです。

〔139〕

辛　巳	**大運**	
辛　丑	2才庚子	32才丁酉
戊　申	12才己亥	42才丙申
甲　寅	22才戊戌	

戊日丑月水旺に生まれ、透辛する「傷官格」です。申寅冲去し、調候を失うものの、年月支接近して、巳中に丙火あり。しかし、甲木は丑中癸水により滋木培木されて、日干を攻身します。巳中の調候と助身となる丙を用神とし、喜神火土、

忌神金水木、となるものです。日柱戊申の申を長生とするのは、生旺墓絶を土と水に寄せていた旧時代の長生のことです。

第一運庚子、庚甲剋、忌が忌を制してそれほど忌とならず、
第二運己亥、やや忌の傾向性。

第三運戊戌、比劫運にて、喜の傾向性大。

第四運丁酉、金旺運にて、丁火が生土しても、巳酉丑金局全でそれほど制金の功なく、喜忌参半の傾向性。

第五運丙申、化殺生身と制金するので、喜の傾向性大。

徐氏解命の〈傷官駕殺を用神となす〉ものではありません。干の特性、いくら辛金が多くても、また旺令であっても、甲木を制することはできないばかりではなく、日干弱であるのに、辛を用神と取る理など全くないのです。そもそも命理学上、〈傷官駕殺〉などという用語はなく、あるのは「陽刃駕殺」です。〈丙運に入り、丙寅年、殺身の禍に遭いました。〉とあるのは、暗殺されたということですが、暗殺は、命理学ではなかなか難解な面があるのです。政治、社会、経済のその土地の諸環境の影響が多大であるからなのです。

丙寅年は満45才丙申運中であり、原局は申寅冲去したままで、運歳の二丙は、巳火に根ある上に、寅からも甲生丙生戊となって、有力な丙火は申中の庚を剋金し、年月干二辛を剋金し、また日干強となって、無依に近くさえなります。

これは年上傷官の忌ではあるものの、暗殺とまでは判らないことなのです。

天合地者。地旺喜靜。〔輯要・闡微〕

《天が地と合するは、地が旺じ、静なることを喜ぶ。》

天合地者。地旺宜靜。〔徴義・補註〕

原　注

丁亥、戊子、甲午、己亥、辛巳、壬午、癸巳の類、支中人元と天元と相合するもので、このことは財官の地に坐することで、財官旺じていれば、静なるが宜しく、冲するは宜しくありません。

任氏増注

十干の合は、陰陽相配するものです。五陽が五陰に合となるは財であり、五陰が五陽と合するものは官となるものです。しかし、陰旺じて陽に従わざるものあり、陽旺じて陰に従わざるものあり、合して化せず、争合・妬合・分合の別があるものです。官露れて支中の暗干に合するは、局に随って合せざるところなく、争妬の忌を分けざるところないものです。この節はもともと大変理あるところですが、ただ原注の変通少ないのみであると言えます。

天合地の三字は、須らく活看重視すべきで、重要なのは、その後の句の、地旺喜静の四字にあります。四支冲尅がないのは、生助の神があることです。天干衰えて助けなく、地支旺ずれば生があって、天干必ず心を開き喜んで合する心を懐くものなのです。もし地支の元神が透っていますと、上にあるので天干地に降り、昇り降りの情があって、この合は従の意に似ております。合財は従財に似ており、合官は従官に似ていますが、十干合化の理とは違います。静なれば安んじておられて、なお保ち守ることに堪えられるのですが、動ずれば歩むに危うく、支持を得難いのです。しかし、合というのはただ、戊子、辛巳、丁亥、壬午の四日間のみで、甲午日の如きは、本氣は丁で中氣が己ですので、丁を差し置いて己土が権力をもっぱらにして甲と合することができません。

己亥日、本氣壬、中氣が甲、どうして壬を出しぬいて甲が己と合しましょうか。癸巳日は、本氣丙、余氣戊、どうして戊が丙を押し退けて癸と合しましょう。

この三日は、天合地には入りません。合に応じて化しますが、化格となると、別の作用がありますので、その解明は化格の章に譲ります。

〔140〕

		大運	
己	巳		丁卯
辛	未	庚午	丙寅
壬	午	己巳	乙丑
乙	巳	戊辰	

支は南方を成しています。乗権当令、地は旺の極です。火炎土燥、脆金にして水源となるに難、天干衰極、日干の情は辛金になく、その意は必ず午中の丁火に向かって合従します。己巳、戊辰運は、生金洩火して、刑耗あり、丁卯、丙寅運、木火並旺、辛金を尅尽し、経営発

財巨万。

〔141〕

己丑	**大運**		
丙子	乙亥	壬申	
丁亥	甲戌	辛未	
庚子	癸酉	庚午	

これは北方を成し、地旺極、天干は火虚、木の生扶なく、また湿土生金、天干衰極。人は皆、殺重身軽として論じ、火をもって敵殺幇身とすべきなのです。戊寅年、金絶火生、また合去亥水、必ず大凶があるでしょう。果たせるかな、季夏に死亡しました。これは地支官星乗旺、また官の方を成し、天干無印、己土に洩丙、幇身するに足らず、これ天地合して、従官となるものです。甲戌運生火尅水、刑喪破耗、家業ことごとく尽き、癸酉、壬申運、丙火を尅尽して、財官を助起し、獲利五万、未運丙子年、回祿に逢い、二万の損失があったのです、人は皆火土幇身、午、未運を美としますが、全く違います。比劫奪財たるを特に知らないもので、反って大凶を致すものです。

徐氏補註

「天合地」は、戊子、辛巳、壬午、丁亥、甲午、己亥、癸巳の七日であります。天干と坐下人元が合するものです。合と化とは全く同じではありません。

今の命家は合を見ますと、皆化として論じますが、大変な誤りです。任氏増注もまた合をもって化とする誤りを犯しています。古人は命を論ずるに、最も合神を重んじ、合あれば精神団結し、合なきは氣勢散漫するとして、合があるか否かを云々したものです。また、合起祿馬貴人という言葉もあり、皆合をもって重要としたので、その化を取ったのではないのです。例えば、戊子日、戊と癸は合し、財が坐下しているので、他人が奪えないものであります。辛巳日、辛と丙は合し、官が坐下しているので、その情が専属、その氣団結、精氣のあつまるところです。ですから、冲動するは宜しくありませんので、「地旺宜靜」と言われているのです。これもまた、干支配合「順遂而精粹」の中の一つであります。

〔142〕

壬　子　　**大運**

庚　戌　　23才癸丑

辛　巳　　33才甲寅

壬　辰　　43才乙卯

　　　　　　53才丙辰

清の名臣、張廷玉の命造です。日元辛巳、辛と巳中の丙相合、官星の情はもっぱら日元に属し、吉神暗蔵、精氣は団結し、支刑冲は全くなく、地旺にして静、運行東南、太平宰相、卒して論文和、太廟に祭られ、富貴恩栄、清朝中最高とす。

〔143〕

辛　巳

己　亥

辛　巳

己　亥

尹文瑞公の命造です。四柱干支は皆上下相合し、巳亥冲論をもってしないのです。兩干無雑、官印成格、官帰坐下、吉神は暗蔵し、その貴はよく尋常の企及するところではありません。

〔144〕

丁　亥
己　酉
戊　子
丁　巳

大運
25才丙午
35才乙巳
45才甲辰

これは、楊毓琇の命造です。楊士琦の子です。日祿帰時、月令傷官生財、財は坐下、天地相合、財来就我、年もまた天地合しています。しかして、財官印となすをもって、閥閲の家の出身、火土金水と相生して順遂有情、自然清純。午運冲子、必ず挫折あり、辰運合食会財、航空奬券の一等を獲得、財通門戸という言葉はまことに虚語ではありません。

考玄解註

これも、天干と地支蔵干の関係を干合の視点から言っていることです。合の関係である、ということで、合が成立するということではないのです。干合の理は元来は五行の尅で、陽干と陰干の合は、陽干から見た財であり五行では尅、陰干と陽干の合は陰干の正官となる尅です。

つまり、支中蔵干が喜用となる財官であるなら、支冲、支合にて去の動、あるいは他の五行に化するのは、「地旺喜靜」と言っているのです。忌とするものを「喜靜」と言っているのではないのです。

さらに、重要なことは、この「構造論」となる初めのほうで言われている「順遂而精粋」ということの各論の延長線上にある、ということです。つまり、「順遂而精粋」となる日支であるなれば、これを冲去、合去、合化するのは「乖悖而混亂」となるのは宜しくない、という反語ともなっている、と解するのが真義であります。日支はまた配偶支でもありますので、男女いずれも配偶支が冲去するのは、配偶者との生死別の恐れも内包されているのです。しかし、天干と地支蔵干が合となる一組の干支がどれとどれか、本気、中気であるのか、余気であるのかを論じる必要は毛頭ないのです。そんな近視眼的なことを言っている限り、命の用喜忌は解らないのです。要は、四柱組織・構造にあることを知るべきです。

ただここで「地旺」と言っている旺は、旺相死囚休の旺でも、また強弱の意の強でもなく、しっかりしている、頼りとし得る、という意と解すべきで、作用として日干に有情で頼りとなるということです。ですから旺令であっても日干が弱となることもありますので、そうした場合は旺令の蔵干を「用事」とすることも生じてはくるものです。

さらに発展して考えますと、上下のみの干支ではなく、斜め下の支との関係でもある、と考えて然るべきことになるのです。日干を主として言えば、月支との関係、時支との関係でもそうであるし、また有情という点では、月干に対して、年支でも日支でもあれば、年干にとっての月支、また時干に対しての日支でもあるのですから、それらの関係の生剋制化を一点もゆるがせにすることなく、見極めることが大切である、ということまでも言っていると解すれば、この句は「天地順遂」「天地乖悖」の展開であることが解ってくるのです。

ですから文字通り、額面通り、一組の干支の天干と地支蔵干本気とが合となる、財となり官となって、用として頼むに足るものであるなれば、冲され無力となったり、冲去することは宜しくない、と解することが誤りであるとは言っていないのです。ただ、そのように狭義に限定して考えるのは『滴天髓』の真義ではないと言っているのです。

因《ちな》みに、徐氏が任氏増注で、任氏が〈合をもって化とする誤りを犯しています。〉と言っていますが、任氏増注の限りでは、そうは述べてはいません。ただ〈合は従の意に似ており〉として、〈合財は従財に似ており〉〈合官は従官に似ており〉と、似る、とまことに不明瞭な表現をしているのは誤解を招きかねません。つまり、徐氏は〈従財〉〈従官〉とあるのを化と誤解したのでしょう。しかも徐氏はその後で、任氏が〈十干合化の理とは違います〉と述べているところを読み落としたのでしょう。ですから任氏はここで、天干と地支蔵干が合化する、などとは言ってはいないのです。〈従〉に〈似ている〉と言っていることは、財が、官が、日干の用となることに柔順である、〈従う〉の意をそう表現している、と善意に解すべきところなのです。

しかし、ここでは合化するとは言ってはおりませんが、任氏挙例中では各所で、都合の好いように、無条件に合化させていることは確かではあります。

〔140〕

己巳	**大運**	丁卯	
辛未	庚午	丙寅	
壬午	己巳	乙丑	
乙巳	戊辰	甲子	

一六八九年八月二日乙巳刻がこの四柱で、土旺生にて、立運約8才となります。また、一七四九年七月十九日もこの三柱であって、これも土旺で立運約4才となります。一八〇九年己巳年の七月には壬午日はありませんので、一六八九年生か、一七四九年生かのいずれかで、立運も違えば、社会、政治、経済の諸環境は六十年もの違いがありますが、立運年数、環境など、ここでは全く無視し、「天合地者」の挙例として検討することにします。

壬日未月土旺に生まれるも、全支巳巳午未南方を全くし、蔵干五丙三丁、調候壬水の水源有情であることが必要です。つまり日干以外に壬水はありませんし、火炎土焦、焦土不能生金ですので、月干の辛金は金熔となって、生水の意全くないのですが、印ではあるのですから、「仮の従財格」となり、用神丙、喜神木火土となるものです。このような場合、調候がなくても、木火、食傷生財は喜となることには変わりありませんが、官殺の土は焦土となるので、官殺の喜はないものです。確かに日干壬水と午中丁火は干合の関係にあって喜ではあり、南方全くしても午中蔵干は変化せず「静」とはなります。しかし、これは仮従での喜となっているもので、真従ではありません。仮従であるからこそ、第五運丙寅まで一路喜用の運を巡って相当なる財利を得られはしますが、社会的地位は全くといってよいほどないものです。つまり、一言で言いますと、信も義もないところの横財ですし、法に触れることさえしかねない火の性情の猛烈さによるものです。第六運乙丑に至って「正官格」に変じて、喜神金水、忌神木火となって、刑法に触れることなきにしもあらず、で、第七運甲子必死となるものです。この造、「順遂」となるか、「乖悖」となるか、という点になりますと、調候がないので、「順遂」にして「精粋」の原局ではなく、「乖悖」に近いことになります。

任氏解命、ここでも〈午中の丁火に向かって合従します〉と言っておりますが、これは「仮の従財格」となる組織構造であってのことで、化と言っているのではありません。また、月支未蔵干二丁ともなるので、これも「天合地者」でもあります。また、休令とはいえ、月干辛金は年月日支の三丙三丁の猛火上にあって、火多金熔となるので、印でありながら、印の作用は全くなく、日干極弱となり、仮従となるのです。

〔141〕

己　丑	**大運**	壬申
丙　子	乙亥	辛未
丁　亥	甲戌	庚午
庚　子	癸酉	

丁日子月水旺に生まれ、全支亥子子丑の北方全以上となり、調候丙火は日干に近貼して、丙火生己土となっておりますので、この己土が多少は制水する能はあるものの、戊土ではありませんから「仮の従殺格」となるものです。用神壬、喜神金水、忌神木火、閑神土となります。

第一運乙亥は仮従のままですが、第二運甲戌の甲は去らず、甲木の特性あって、印の作用もあり、大運支戌は、北方全の「薬」とはならないものの、壬水を尅するので、「正官格」か「偏官格」となり、喜神木火、忌神土金水となります。忌のほうが大となる傾向性ある運。この運中死亡もないわけではありません。立運不明ですので、この運中の流年干支が分からないので、細察できないのです。疾病、財困、社会的・外部的圧迫の忌象多大です。

しかし、第三運以降の、癸酉、壬申、辛未運は、一路向上発展し、財により社会的地位を得るか、地位上昇して財利伴うか、いずれかになります。しかし第六運庚午、庚丙尅去し、火旺運で「衰神冲旺旺神發」となって、大忌の大忌の運となるものです。

この命も仮従となるので、「天合地者」とはなりますが、蔵干二壬です。

任氏解命、〈戊寅年、金絶火生、また合去亥水〉〈果たせるかな、季夏死亡しました〉とあるのは、〈合去〉は誤りですし、戊寅年は満齢49才、立運何才か不明ですが、壬申運中なれば死亡しません。しかし、その解命の後のほうで〈癸酉、壬申運、丙火を尅尽して、財官を助起し、獲利五万〉とあり、〈未運……〉の戊寅年となりますが、辛未運、普通格局になる訳なく、丙子年〈回祿〉火災に逢う、とありますが、類焼か家人の誰かの失火か分かりません。しかし、戊寅年の〈死亡〉などないはずです。〈寅亥合去〉の理などないのですが、もしあるとするなら、庚寅年、壬寅年、甲寅年、丙寅年があるし、特に甲寅年も丙寅年も、忌は戊寅年よりは大ですので、これまでに死亡している、ということになります。

第一、任氏は本造の格局も言わず、用喜忌も言わず、調候にも触れず、陰干の従しやすい特性の丁火も言わず、北方全きは、二子あるため解方はせず、他の支の冲合では方は解けない、という定義さえも全く理解していないので、〈合去〉と言っているのです。

丙子年の火災の理が丙火にあるということでしたなら、丙申年、丙午年、丙辰年、丙寅年も火災に逢うことになり、特に丙午年、丙寅年、一体どういうことになるのでしょうか。

〔142〕

壬子	**大運**		33才甲寅
庚戌	3才辛亥		43才乙卯
辛巳	13才壬子		53才丙辰
壬辰	23才癸丑		

辛日戌月土旺・金相令に生まれる「印綬格」です。調候日支巳中に丙火あってほぼ適切なる上、燥土の月支戌を湿土とさせる水が年柱にあって、湿土生金し、また時支辰も湿土で日干の辛を生金するので、日干強となります。

辛金の特性として〃壬癸の淘洗を喜ぶ〃ので、用神壬、喜神水木火、忌神土金となるものです。

大運北方から東方へと一路喜用の運を巡り、金白水清の象にして、食傷生財の喜でもあれば、財生官殺の喜ともなるのです。この命の良好となる点は、「天合地者。地旺喜靜。」などという一面的なことではなく、次のようになります。

(1) 調候の「天道有寒暖」がそのよろしきを得ており、

(2) 「地道有燥溼」がそのよろしきを得、

(3) 乙木の藤蘿繫甲と同義の庚金が幇身し、戌巳中にも辛庚金が蔵され、

(4) 土旺・金相令であり、

(5) 辛金の干の特性、壬癸の淘洗を喜ぶ、の壬水が時干に近貼して有情であり、辰中に蔵癸し、

(6) 全局の組織構造が、年柱壬子と、時柱壬辰が離れていて団結せず、たとえ申か来ても、巳があるため、申子辰の水局全とはならない。

(7) 丙丁の喜の干が巡っても、去とはならないし、巳や午が来ても去とはならず、攻身ともならない。その他十干十二支を配しても、大忌となるものはほとんどない。

(8) 大運一路喜用の運を巡る。

という点から「順遂而精粋」の部に入るのです。以上のことはすべて『滴天髓』の中で言われていることなのです。

〔143〕

辛　巳
己　亥
辛　巳
己　亥

辛日亥月水旺に生まれ、透己する「印綬格」です。巳亥沖は日支の巳で情不専となるが、日支は時支亥と沖の情専一となって冲去することにより、年月支の冲を喚起して、年月支も冲去、全支無根となり、日干は月時干の己土から生金されるのみです。用神運歳に待つしかなく、上格ではありません。これは「宜靜」であるのに、冲去して不喜となるものです。〈兩干無雑〉などという変格・異局・雑格ではないのです。

任氏は、「影響遙繫既爲虚」と『滴天髓』で言っていることを否定するとともに、「支神只以冲爲重」ということさえも同時に否定していることになるのです。

〔144〕

丁　亥
己　酉
戊　子
丁　巳

大運
5才戊申　35才乙巳
15才丁未　45才甲辰
25才丙午

戊日酉月金旺に生まれる「傷官格」です。調候とも助身ともなる丙火時支巳中にあり、時干丁火も助身、年干丁火は日干に無情であり、月干己土の陰干の幇は陽干の幇に比べて無力、しかし、この組織構造では土性支が一点もないものの、相対的に日干やや強となり、用神壬、喜神金水、忌神火土、閑神木と一応はなるものです。一応は、ということは、日干それほど強とはなっていないからです。ですから、土もそれほどの忌ではありません。

第一運戊申、第二運丁未も、それほどの忌とはならず、第三運丙午も丙火生戊しても、亥酉不傷ですので、それほどの忌とならず、第四運乙巳、乙己剋去はするもののそれほどの忌とはなりません。むしろこれまでの四運、喜象は消えないのです。つまり、年支亥中の壬水の財が喜となり、かつ酉金から生壬されるので、財ある生家環境が続いて悪化はしないし、さらに亥中甲の殺は一応閑神ではあるものの、忌ではないので、社会的地位ある生家ともなるのです。しかし、喜用運を巡っているのではないのですから、喜の作用は発しないといった程度の命運でしかないのです。

この命は徐氏が言うように、清純の命ではありません。また〈午運冲子、必ず挫折〉とならないのは、丙午運であって、午酉蔵干の剋あって、子午冲去せず、水源の作用は失わず、また丙火が生戊したとしても、金熔とも水塞ともならないのです。つまり、見落としてはならないのは、月干己土は湿土の上にさらに湿となって、火土金と、生酉金する有情な通関となっている点です。

誤解されては困りますが、土性支が一点もない、ということは、不安定要素がある、根なし草のような点があるもので、これが大運によって助長されることになるのです。これを「天合地者。地旺喜靜。」という皮相な面のみから見ることから、〈午運冲子、必ず挫折あり〉と断定する結果となっているのです。つまり、『滴天髓』に言われている「關内有織女。關外有牛郎。」とあることの真義を全く理解していないことに起因しているのです。

さらに、〈辰運合食会財、航空奨券の一等を獲得〉と言うことは、宝くじや馬券等のくじや射幸のことなど全くの偶然でしかないものは、命理学では解らない、とだけ申し添えておきます。

甲申戊寅。眞爲殺印相生。庚寅癸丑。也坐兩神興旺。〔闡微・徴義〕

《甲申、戊寅は眞の殺印相生をなし、庚寅、癸丑、兩神共に旺ずるに坐す。》

甲申戊寅。是爲煞印相生。庚寅癸丑。亦是煞印兩旺。〔輯要〕

甲申庚寅。眞爲煞印相生。戊寅癸丑。也是兩神興旺。〔補註〕

原　注

兩神とは殺印のことです。庚金寅中の火土を見、甲木が多いと財をもって論じ、癸水丑中の土金を見る、癸水多ければ幇身。甲木が申中の壬水と庚金を見るは、戊土が寅中の甲木と丙火を見るを真とするに如かざるものです。

任氏増注

支が殺印に坐するのは、この四日だけではありません。例えば、乙丑、辛未、壬戌の類もまた、これ兩神であります。癸丑比肩多いなれば、として、戊寅をどうして比肩無と言えましょうか。庚寅財星多ければと言い、甲申財星無とどうして言えましょうか。ただ庚寅、癸丑を真ならずとするものでもないし、甲申、戊寅を真となす根拠は薄弱でもあります。もし日主一字をもって格を論ずるとするなら、年月時をどのようにして理会するに安じていられましょう。まさにこの数日をもって主題を論じようとしているにしか過ぎないのです。用殺はこれを扶け、用ならざればこれを抑える、須らく四柱の氣勢、日主の衰旺の別を観るべきであります。身強殺浅なれば、財をもって滋殺すべきですし、身殺兩停するなら食神をもって制殺すべきですし、殺強身弱なれば、印綬をもって化殺すべきです。殺重身軽は貧にあらざれば夭です。制殺太過するは学成り難しとは言うものの、行運殺旺、また殺地に行くは、立ち所に凶災を見るのです。制殺するに、制殺の郷に再び行くは、必ず窮乏に遭うものです。書に、絡をまず推詳するに、殺をもって重しとする、とあり、書にまた、殺があればただ殺を論じ、殺がなければ用を論ずべきで、殺をゆるがせにすべきではない、とあります。

〔145〕

壬午　**大運**　癸丑
己酉　庚戌　甲寅
甲申　辛亥　乙卯
甲子　壬子

甲申日元で酉月の生まれ、官殺当権、午火が酉金を緊制し、子水が申を化して、所謂、去官留殺、殺印相生、木凋金旺ですので、印を用神とするのです。甲第連登、郎署〔尚書郎のこと。中級の役人〕より出て観察となり、臬憲〔司法官〕を従えて、封疆に転じました。

〔146〕

壬辰　**大運**　癸丑
己酉　庚戌　甲寅
甲申　辛亥　乙卯
甲子　壬子

これは前造とただ一字辰が換わっているのみです。俗論をもってしますと、前は制官留殺、これは合官留殺、功名仕路高下なし、としますが、天地雲泥の相違があるのをその方々は知らないのです。制とは尅去するもので、合は去るものあり、去らざるものがあります。辰土は財で化金して殺を助け、酉は正官ですから、化金し殺に加担するのです。これによって観ますと、清中に濁を帯び、財をもって病とするのです。ですから功名まごついたのみならず、刑耗、言い尽くせないくらいでした。ただ亥運、生に逢い、少しは有望、壬子運、木年に逢いましたなら、科甲の試験合格有望です。癸丑運、合去子卯、雲程阻まれ凶あって吉なく、甲寅運、申は沖破を被りますので、寿元に礙《さまた》げがあるものです。

徐氏補註

六十干支の中、地が天を尅すもの、十二あります。日支殺印相生となるものはこれに止まりません。どうして、単にこの四日だけを挙げたのでしょうか。その中に必ず原となる理があるはずでございます。甲申、庚寅、氣勢絶地に共に臨んでおり、戊寅、甲木祿旺の地ですので戊土もまた絶地。しかし、日元が絶地に臨むからと言って、身弱無氣と言い切ることはできません。肝要なのは、印綬長生の地である、すなわち、絶處逢生と言われるものである、ということです。八字中忌を化して喜となる、ということは、貴の徴の一つであります。ここで言われていることは、尅を化して生となすことで、精粋の象と言わず、何と言えましょう。癸丑もまた同様で、癸水の春夏に生まれるのは、氣勢衰絶、庚辛の金なければ、水源なきもので、氣勢偏枯に流れますが、癸丑日となれば、四柱無金とはいえ、丑中辛金ありて、支中、土金水の相生をなしていますから、源の源ありて水源絶えず、元機暗蔵、これ精神の寄るところなのです。ですから、この四日に生まれたものは、多くは大変貴格となる場合があるものです。この四日の外に、なお、庚午日が一日あり、咸池に坐するからと言って、ゆるがせにしてはならないのです。『三命通會』に庚金が午に坐したり、生月であれば、丁己共に明らかで、宜とすべきである、干支丙が来たって混雑とならなければ、水絶して多くは富と推測されるものである、と。そして注に、庚午日で午月に生まれ、丁己透るは、官印明露するもので、発達利名、ただし、水絶して比肩多きを要する、と言われています。この五日は決してゆるがせにすべきではありません。それを身弱としてはいけません。身弱は従論となります。

〔147〕

		大運
癸	未	40才丁巳
辛	酉	50才丙辰
甲	申	60才乙卯
丙	寅	

これは、劉鎮華主席の命造です。寅申は冲に逢い、甲木根抜に似ていますが、申宮殺印相生し、相冲して相成に適するを知らない人が多いのです。仲秋木老、金の斫伐は宜しく、辛金透干、丙火これを制し、大貴の格です。この理を明らかに知らなければ、必ず「従殺格」の論を誤ってしまいます。また丙火を見るのは、金の旺氣に逆らうので、従となり得ないのです。

〔148〕

		大運
庚	寅	
戊	寅	33才壬午
戊	寅	43才癸未
甲	寅	53才甲申

これは、張群先生の命造です。地支一氣、甲木透干、寅中殺印相生の理を知らなければ、従殺論とせず、必ず庚金制殺を用と取るのですが、従も、用庚も皆誤りです。庚金絶地に臨み、木堅金缺、決して制してはいけません。寅中丙火をもって用とし、殺印相生、命局すべて生き生きとしてくるのです。

〔13〕

辛卯	大運	
庚寅	33才丙戌	
庚午	43才乙酉	
己卯	53才甲申	

これは、前山東主席、韓復渠の命造です。庚金寅月に生まれ、日干午上にあり、庚金氣勢臨絶、従財殺としてしまうのは、寅・午の中で殺印相生となっていることを知らないからです。己土透出して用神となり、元機暗蔵、乙酉運に入って、乙は庚金に従化し、主席となったのです。虞洽老の命もまた、庚午日が己土の印を見るものです。つまり、丁己が斉透するのは富と推すの説に合致するものです。

〔149〕

丁巳	大運
乙巳	37才辛丑
癸丑	47才庚子
丙辰	

これは清の北洋総督、陳筱石の命造です。すなわち、庸庵老人です。癸水巳月生、氣勢弱極。時支に水庫の辰に逢うといえども、涸轍の水、何の足しにもなりません。好きところは日元丑に臨んで、巳丑また会局し、殺印相生となって、元機暗蔵しているところです。身弱にして財官に任ずることができないとしてはいけません。庚運に入るや、北洋を開府。現在、運は西方に転じ、年は大耄《たいぼう》〔八十、九十歳の老人〕に登り、山水を愛して老いてますます、その寿元、百才に達するでしょう。いたずらに馬齢を重ねるようなことはないのです。

考玄解註

ここも干と支蔵の干との生尅制化の有り様の一面を言っているところで、別に殺印相生というのは二組の干支のみではないし、両神が興旺となるのも二組のみの干支と限ったことではないのですが、それぞれ二組ずつの干支を言うことで、他の干支の情勢をも類推すべきであると言っていると解すべきです。さらにこれは斜め下の支をも含めて言ってもいるのです。そして、ここの文も「順遂而精粋」となることの一要素となる、と言っているのです。もちろん、ここでも前文のその支が「順遂」となるものであれば、「喜静」ということにもなるのです。

蔵干本気が殺となり、蔵干中気が印となる干支はこの二組だけでなく、癸丑があり、官印相生となるは、丁亥があります。しかし午中己土はありませんので、庚午は官印相生とはならないのです。

庚寅は本気財が中気偏官を生じているのを両神としているし、癸丑は本気己土偏官が印の辛金を生じているのでこれを両神と言っているに過ぎないのです。

壬寅は食神生財、甲戌は偏財生官、戊申は食神生財、丙申は偏財生殺等々の関係となるということを知っておかなければならない、ということなのです。

ここでは、それがよいとか悪いとかを言っているのでもなく、用喜忌を言ってもいないのです。格局さえも分からないのに、用喜忌をここで『滴天髄』が述べるようなことはしていないのです。あくまで、「順遂」の視点の延長線上にある一文なのです。

任氏増注は『滴天髄』に非難がましいことを言っておりますが、それは当を得ておりません。ここは前から引き継いでいる干支の生尅制化の有り様を論じている中での一句でしかないのです。

〔145〕

壬午	**大運** 癸丑		甲日酉月金旺生の「偏官格」か「正官格」です。調候丙火年支にあり、己甲干合して不化己土倍力、己土生酉金、申子水局半会して日干無根。金旺・木死令の日干甲は、弱にして湿木の憂いあり、用神は時干の甲としか取れません。相令の水は申子水局半会しているので、印は忌となり、さらに忌神は火土金となって、喜神木のみとなるのです。
己酉	庚戌	甲寅	
甲申	辛亥	乙卯	
甲子	壬子		

第一運庚戌、申酉戌西方全、制金する丙火の「薬」天干になく、天干壬水が制火し、年支午は酉金を制する力なく、子水が「薬」となる程度で、その上、大運干庚は二甲を断削する庚であり、大忌とさえ言える運です。

第二運辛亥、水旺の印太過の忌の傾向性。

第三運壬子、前運よりさらに印太過の忌の傾向性。

第四運癸丑、同様に忌の傾向性にて、この第三、四運は多疾多病、食傷の忌象も免れないでしょう。

第五運甲寅、第六運乙卯は木火よろしきを得ます。

任氏の解命、〈去官留殺〉ではなく、酉中庚辛あって、官も殺も去とならず、酉金が生水局半会し、水太過の忌となるので、印を用神に取ることはできないのです。

つまり、相令の水、この水局半会のみの単純仮数16で、水源あるプラスαであり、木漂となる死令の甲は2

しかありません。〈甲第連登〉などあり得るはずもなく、甲寅運に巡っても、それまでの四運が印太過の忌、疾病多、水智太過はまた不賢、これが続きますと、たとえ用神運であっても、突然変異などあるわけがないのです。調候も言わず、干合も言っておりません。

また、子刻をもって日の替わり目としておりますので、実は癸未日の遅い子の刻かも知れませんし、経度差によっては、生時丙寅刻であるかも知れません。

重要なことは、ここの文が「順遂」「乖悖」の延長線上にあることを忘れている点にありますし、この前の文の「喜静」さえ忘れ、水太過となる甲申をもって挙例としているのです。

また、〈去官留殺〉と言い、〈殺印相生〉とも言っていることは、誤りの上の誤りです。つまり、午酉並ぶのは、酉中庚辛の官殺は午中蔵干丙丁から制金はされても、倍力の己土は午から生土されて、かつ生金もしておりますので、その作用ほとんど減じることなく、申中殺の庚は水局半会して壬となっているので、殺印相生の申ではなくなっているのです。

〔146〕

壬	辰	大運	
己	酉	庚戌	甲寅
甲	申	辛亥	乙卯
甲	子	壬子	

癸丑

甲日酉月金旺生の「偏官格」か「正官格」です。己甲干合し己土倍力化、支は結果としては申子水局半会し、辰酉は合去、調候丙火なく、金寒水冷の局、池塘氷結、寒木にして生気なく、用神甲、喜神木のみ、他はすべて忌神となり、調候もないので前造より「位相」は劣ります。

任氏解命〈天地雲泥の相違があるのをその方々は知らないのです。〉と言っていますが、この組織構造、辰酉合去と申子水局半会の有り様を任氏は解っていないのです。己甲干合も無視し、調候さえも一言も言ってはいないのです。前造も本造も、もはや日柱甲申ではなくなっているのです。

〔147〕

癸　未	**大運**	40才丁巳	甲日酉月生の「正官格」です。調候丙火は時柱丙寅にあり
辛　酉	10才庚申	50才丙辰	有力、しかし申寅冲去し、酉未接近し、湿土生金される金旺
甲　申	20才己未	60才乙卯	の酉も、食傷丙によって制金されるので、用神は無情なる癸、
丙　寅	30才戊午		喜神水木、忌神火土金となるものです。いくら旺強とは言っても、干の特性からして辛金では劈甲できないのです。

第一運庚申、二申一寅の冲にて申寅解冲、殺印相生の運にして、丙火は大運干庚を制し切れず、官殺が攻身する忌の傾向性。

第二運己未、財の忌の傾向性。

第三運戊午、食傷・財の忌の傾向性。

第四運丁巳、食傷の忌の傾向性。

第五運丙辰、丙辛合去、辰酉合去して、透丙が忌とならぬ程度。

第六運乙卯、木旺運、乙辛剋去、癸水の滋木によって、喜の傾向性となるが、60才過ぎでは遅きに失します。

これは明らかに、生時の誤りです。

〈辛金透干、丙火これを制し、大貴の格〉などの理は全くありません。

〔148〕

		大運	
庚	**寅**	3才己卯	33才壬午
戊	**寅**	13才庚辰	43才癸未
戊	**寅**	23才辛巳	53才甲申
甲	**寅**		

戊日寅月木旺・火相・土死令の「偏官格」です。調候丙火十分であり、殺印相生となる日干に有情なる支は、月日時支ではあるものの、また、木旺一気の有情なる甲木によって、死令の日干は破土され、土性支の根なく、余気の戊土はあっても死令であり、四寅支の余気の戊は、甲木から制土されて、日干の幇とはならず、月干戊土の幇身あっても日干弱、用神丙、喜神火土、忌神金水木、となるものです。

第一運己卯、木旺運にて、忌の傾向性。

第二運庚辰、忌の庚は忌の甲を制し、戊土は辰に根あることとなって、喜の傾向性。

第三運辛巳、火旺運にて、喜の傾向性。

第四運壬午、寅寅寅寅午火局全以上の印太過となるところを、庚金が生壬して「薬」となる喜の傾向性。

第五運癸未、未支は日干の根となり、湿土生庚はするものの、火旺・土旺共に喜の傾向性。

第六運甲申、庚金劈甲して、甲木の攻身を無能とし、庚と申によって、木の忌象を減じる喜の傾向性。

徐氏解命、〈木堅金缺〉だから〈制してはいけません〉ので、用と取れないように言っておりますが、月干戊土死令とは言っても、殺印相生は、年月日の三寅であり、かつ、余気の三戊は弱とはいえ、生庚されている囚令の庚ですから、木旺の年月支の二寅中の本気甲の「薬」としての作用を十分果たしているのです。庚を用神と取れないのは、実は日干弱であるからに外ならないのです。こうした余気をも無視してはならないことも『滴天髄』は言っているのだと解すべき重要な点なのです。

　一般的に余気の土はあまりにも軽視されがちでさえあります。

〔13〕

辛　卯
庚　寅
庚　午
己　卯

大運
3才己丑　33才丙戌
13才戊子　43才乙酉
23才丁亥　53才甲申

　庚日寅月木旺に生まれ、寅午火局半会して、年支卯は火局半会の寅中二丙を生火し、時支卯は午の丙丁火を生火して、時干己土印あるので「偏印格」となります。用神己、喜神土金、忌神水木火となるものです。一路喜用運を巡り、相当発展し得る命造です。

〔149〕

丁　巳
乙　巳
癸　丑
丙　辰

大運
7才甲辰　37才辛丑　77才丁酉
17才癸卯　47才庚子　87才丙申
27才壬寅　57才己亥
67才戊戌

　癸日巳月火旺に生まれ、透丁丙する「正財格」です。調候とも幇身ともなる壬水なく、日支丑の湿土が晦火晦光しても、喜に欠けるところがあります。日干癸水は水源深い丑に坐し、辰中にも蔵癸はされていますが、日干弱。用神やむなく辛、喜神金水、忌神木火土となるものです。第三運壬寅までは洩身太過し、ほとんど喜となることなく、次いで第四運辛丑、第五運庚子、相当なる喜となるものです。第五運庚子の後、第六運己亥は水旺の喜の傾向性。第七運戊戌、戊辰冲去しても、大運干戊土が制水する忌の傾向性、第八運丁酉、第九運丙申と金旺の喜の傾向性が続くので、長寿となるのです。

上下貴乎情協。〔輯要・闡微〕

《上下情協《あわ》せるを貴ぶ。》

上下貴乎情和。〔徵義・補註〕

原注

天干と地支は、たとえそれが相生するものでないとしても、有情にして反背しないことが大切です。

任氏増注

天干と地支が互いに衛護し合って、背反し合わないことを貴ぶものである、と言っているのです。例えば、官が衰えて傷官が旺じていれば、財星が局を得て、旺じている傷官が財に洩らし、財が衰えている官を生助するとか、官旺じて財が多いなれば、比劫が局を得て、強い財官に耐え得るよう日干が強められるとか、七殺が重く用神を印とするのは財を忌むものですから、その財が破印しているような場合、財が比劫の地に臨んでいれば、比劫は制財して、用神印を安んじて用となし得るとか、身強で七殺が浅いのは財が七殺を生助してくれるのを喜ぶのですから、食神は七殺を制しますから、財が食神の上に干として控えていて、食神制殺するを妨げ、食神が生財して財が弱殺を滋すとか、財が軽く比劫が重いような場合、官があって、よく制劫して財を護るとか、もし官がなければ食傷があって劫を食傷に化し、食傷生財して、劫が財の分奪せしめなくするとか、といったような干支の宜しき配合であるのを、有情と言うのです。

しかし、官が衰えて傷官に遇っているのに、財星が現れていないとか、官が旺じ印がないのに、さらに財星が局を得るとか、七殺が重く用神印とするは財を忌むものであるのに、財が天干にあって地支の印を制しているとか、身旺殺軽いのは財を喜ぶのですが、天干財が劫支上にあるとか、財軽く劫が重いのに、食傷なくして官が令を失して制劫する力全くないとか、食傷があって化劫し軽財を生助しようとしても、印が月令を得て強力で食傷を制し化劫の力を削除しているとか、そういうような干支の宜しくない配合は、協ならず、つまり、命の調和・中和をもたらすための協力をしないものである、と言えるのです。

〔150〕

己巳　**大運**　己巳
癸酉　壬申　戊辰
丙寅　辛未　丁卯
庚寅　庚午

これは、日主二寅長生に坐して、年支祿旺にあって、用神正官とするに足りるようですが、しかしよく観ますと、己土と癸水は並んでいますので己土に尅されています。ところが幸いなことに、月令酉金旺じて生水し、しかもさらに巳酉が半会していますので、己土の氣は旺じる金に牽引され生金し、土金水相生となって、官星の根は固いので、用官として不足はないのです。ですから一生凶険に遭わず、名利兩全であります。

〔151〕

癸亥　**大運**　己未
癸亥　壬戌　戊午
丙辰　辛酉　丁巳
甲午　庚申

これは、官殺が共に旺じ、一見しますと凶命の如く見えます。しかし午時を喜ぶもので、生食制殺、時干に甲木透り生火洩水、旺殺は半ば化して印となって、衰木は長生二亥に遇って、この木根いよいよ固いのを頼りにするもので、上下情協、白手成家、発財数万となります。

〔152〕

甲寅　**大運**　甲戌
庚午　辛未　乙亥
乙卯　壬申　丙子
丙子　癸酉

日主専祿、時支子水これを生じ、年干甲木また祿旺に坐し、庚金を用とするものです。すなわち、火旺で無土にして、かつ火地に坐していますが、丙火を用としましても、子と冲となってその旺支を去らしめるからです。もし用神庚でなく、用神丙としましても、安頓の運がないのは、一敗如灰となった所以であります。乙亥運、水木斉来し、ついに乞食となりました。

〔153〕

乙　丑	**大運**	乙亥	
己　卯	戊寅	甲戌	
乙　亥	丁丑	癸酉	
壬　午	丙子		

己土の財は丑に通根、午に得祿し、身財並旺のように見えます。ところが多くの人は己土の財は比肩に奪去され、丑土の財は卯木に尅破され、午火の食神は壬水天干にあって亥水に尅され、何ら引化なきもので、所謂、上下無情に当たる命であることを知らないのです。初運は、戊寅、丁丑運で、財は生助に逢い、遺業は頗る豊かでしたが、一たび丙子運に交わりますと午火が冲去して、一敗尽失。乙亥運、妻子をも共に売り飛ばして、削髪して僧となったのですが、清規守らずして、遂には凍餓して死亡しました。

徐氏補註

〔次の句とすべて関連がありますので、次の句の項で訳します。〕

考玄解註

ここもまた別々に註をしますと、「始終」ということが「情和」「氣協」とどう繫《つな》がりがあるのか、『滴天髓』が真に何を言わんとしているのか、把握できなくなります。つまり、

「上下貴平情協。左右貴平同志。始其所始。終其所終。富貴福壽。永平無窮。」

を一文として理解しなければならないのです。『滴天髄』のどの句もすべて密接に関連しているものですが、特にここは干支の生尅制化の有り様を種々な方面から検討すべきであることを述べてきた結論として、四柱八字の組織構造をどのように理解すべきか、どのような構造が最高に良好なのかを言っているのです。この一連の句は、

「故天地順遂而精粋者昌。天地乖悖而混亂者亡。」

の、四柱組織・構造を統観する原則的方法論なのです。しかもこのことは、さらに、四柱構造の高低・清濁の無限段階の重要な一視点ともなりますので、

「配合干支仔細詳。定人禍福與災祥。」

は、またこの一連の句に尽きる、とさえ言えるのです。

ですから、任氏増注の生尅名をもって〈例えば〉と長々と述べていることを、上下や左右の関係として理解しようとしましても解るものではないのです。第一に、言っていることを整然と整理して納得することは、相当以上に命理が解っている人でさえ面倒であると同時に、多くの疑問さえ生じてもくるのです。その任氏増注の初めに述べている、〈例えば〉と言っているところを整理しますと、

官が衰えて、傷官が旺じていれば、財星が局を得て、旺じている傷官が財に洩らし、財が衰えている官を生助するようなことを、「上下情協」である、としているのです。この旺は強の意でありますが、言っている官が

天干にあるのか、地支にあるのか、その傷官が天干にあるのか地支にあるのか、〈財星が局を得て〉いるのは、当然地支である以上、正官と傷官は天干にあるわけですが、正官と傷官が並んでいる年月干であるなら、これは尅去となって無作用となってしまう。そのように去であれば、三合会局（局を全くする意）する支上に正官、傷官があっても、結果は財の三合を全くしているのみとなって、「上下情協」の理はないことになる、もし正官と傷官が離れているなら、一干を飛び越して傷官が正官を尅するということはない、それなのに〈財星が局を得〉れば、「上下情協」となるのか、ということです。

例えば、任氏の言っている条件に合致する組織構造を示しますと、上記の命造となるのです。正官は〈財星が局を得る〉のですから、衰えることはないのです。これをもって、「上下情協」などとは言えません。これは「化火格」となるという点では、上下・左右、情協、同志とはなりますが、任氏の言っている正官、傷官、財の関係ではなくなるのです。つまり、単純な生尅名のみの関係で説明してはならないのです。文章だけを読みますと、一応はもっともらしい理であると受けとられやすいのですが、実際にあり得る四柱八字を、言っている条件を満たすような構造にしますと、全く違ってしまうことが誠に多いのです。それは干の特性も加われば、調候も加わるし、月令の如何も係わり、五行十干の強弱の段階差も生じ、生尅制化の様相は全く違ってくるのです。

丙	甲	癸	戊
寅	午	卯	午

任氏増注で言っていることも、結局は四柱八字の組織構造上のことですので、上下・左右・前後・遠近、「始終」を一糸乱れることなく解命した上でないと、結論付けられないのです。それを単純に上下のみのこととし

ている点に大誤があるのです。つまり、〈例えば〉と言っていることは、四柱八字の構造から結論付けられることで、上下のみでは一言も結論付けることはできません。長々と空論を論じているに過ぎないのです。

むしろ、ここでは、分かり切ったことですが、上下と言うことを明確にしておくべきです。つまり上下とは、

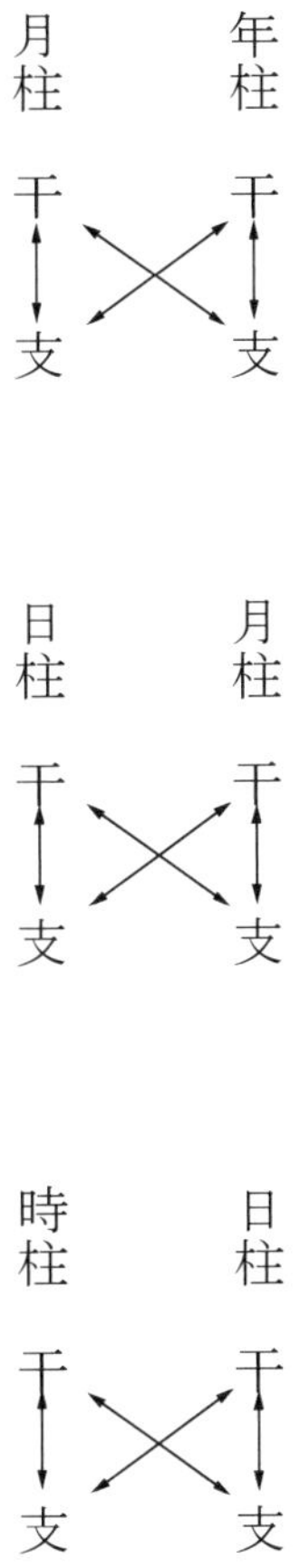

が密接な上下関係、生尅制化が有情となる構造なのです。

○年柱と日柱は、月柱を仲介としての情
○年柱と時柱は、月柱と日柱を仲介しての情
○月柱と時柱は、日柱を仲介しての情

があるということなのです。

ですから、挙例も、上下・左右、前後、遠近、「始終」をも含めての解命とします。ここでは本書を初めて読まれる方も、理解でき得るところまで読んでください。格局のことや用喜忌はまだそこの段階にまで至っておりませんので、格局以降の挙例は二度目以降に熟読するほうがよろしいのです。

〔150〕

		大運
己	巳	壬申　己巳
癸	酉	辛未　戊辰
丙	寅	庚午　丁卯
庚	寅	丙寅

まず、己癸剋は剋去、巳酉は金旺の金局半会で巳中蔵干は二庚に変化。丙庚接近しますと、時干庚は旺令で、三庚一辛の蔵干に根ある上下となり、丙火は二寅に有気で甲生丙となる囚令の丙火ですから、多少は制金するものの、去となる三庚一辛ではないこと。庚寅は「兩神興旺」と言われる二寅団結し、余気戊土は生庚する、金旺の巳酉金局半会に根ある庚は死令の二甲を破甲し、生丙の甲としての能はほとんどないこと。これが上下・左右、前後、遠近、次に「始終」を見るに、旺金の忌から「始」まり、一点の癸水去となっているので、金から水へと順生せず、水断節となり、次いで木火土と順生した上、忌の庚で「終」わる。つまり、忌から始まり、水断節し、喜の木火から忌の土金と終わっているのです。

格局は、「偏財格」か「正財格」です。用神は、太過する金を制さなければならないため丙と取り、喜神は木火、忌神は土金水となるのです。

任氏解命の〈用神正官〉とする月干癸水は剋去されているし、剋去されなくても、用神癸の理は全くありません。つまり、己土と癸水が剋とならないなら、生剋制化の剋がないことになり、それではもはや命理ではありません。

また大運の見方も誤っているようで、〈一生凶険に遭わず、名利双全〉と言っているのです。とんでもないことで、まず、生家環境あまりよいとは言えないところへ、立運何才か不明では、大変困ります。

第一運壬申、金旺の申より生水された壬水が日干を甚だしく攻身し、この十年間、いかなる流年干が巡っても壬水を去らすことはないのですから、火の忌象が発生し、金旺の申金は〝冲を重し〟とするので、二寅中の甲木をさらに剋傷し、木の忌象もあれば、財も太過して、この少年期、成長期の凶災は後々にも尾を引くことになります。

さらに、第二運辛未、火旺運の前四年の丁火ではあっても、下から上の辛金を剋すことできず、土旺六年やや燥とは言え、旺土に洩身するに耐えられず、食傷の忌象免れることはできません。前運の大忌の後遺さえ生じもします。二十年間忌の傾向性続き、

第三運庚午、午酉剋の情あって寅寅午火局半会以上とはならず、日干丙火は火旺の午の個有の支に通根し、日干強となって任財の喜の傾向性ある運となります。

第四運己巳、火旺運ですから巳巳酉金局半会以上とはならないものの、旺火生己土し、己癸解剋することによって湿土生金して、食傷と財の忌象生じます。前々からの運の後遺なお続き、

第五運戊辰、戊癸合あって己癸解剋し、辰酉の合にて巳酉金局半会解けるものの、日干食傷に洩らす忌の上に、さらに湿土生金し、財に任じることできず、一方庚金はさらに破甲すること大となり、大忌の運でさえあります。

第五運まで忌の傾向性が続いて、第六運丁卯、第七運丙寅は喜運と言っても、これまでの忌の象意がどの程度消滅するか、また、年齢的なこともあり、どの程度発展し得るかが問題です。

〔151〕

癸亥	**大運**	己未
癸亥	壬戌	戊午
丙辰	辛酉	丁巳
甲午	庚申	

丙日亥月水旺に生まれ、年月に二癸、二亥あって、日支晦火晦光の辰、生時甲午は木休令、火死令です。上下は、年月柱共に水旺一気団結し、亥中甲木、左右は、月干旺令の癸水は死令の丙を癸水丙困とさせ、時干甲木は生丙し午に座している。「始」まるところは忌の水旺の水、やや湿木の亥中甲、この甲は日干を生丙し、丙火は日支辰土を生土、金断節して、さらに木火と喜に「終」わる。本命の「始終」は忌から「始」まって、忌の金断節して、木火の喜で「終」わっているのです。

格局は「偏印格」か「偏官格」で、用神甲は日干に近貼して有力・有情、喜神木火、忌神は土金、閑神水となるものです。

〈旺殺は半ば化し〉と言っていることは大誤で、生甲するのは、辰中の癸水のみで、亥中甲は漂木の憂いさえあるものです。〈衰木は長生二亥に遇っている〉も全くその作用なく、旺強の癸水は攻身大にして、日干また忌の辰湿土に晦火晦光され、午支もまた晦光され、頼みとするのは時干の甲木の生丙のみです。これは、悪い関係となる「上下情協」なのです。木火喜にして土金忌であるのに、一路己未運まで忌運を巡り、どうして、〈白手成家、発財数万〉などと言えましょうか。

また、第五運戊午、一見喜運ではありますが、旺火午から生戊されはしても、原局の甲木に制戊されて、制水不能、午火の喜の作用も、旺令の亥中二壬より制火され、それほどの良好性は期し得られないのです。

〔152〕

甲	**寅**	**大運**	甲戌
庚	**午**	辛未	乙亥
乙	**卯**	壬申	丙子
丙	**子**	癸酉	

乙日午月火旺に生まれ、天干は甲庚尅、庚乙合の情不専、この庚は時支子に無情である死令の庚金ですから、甲乙を不傷、年干甲は日干乙に無情であるのみではなく、火旺の寅午火局半会の三丙一丁を生火、日支卯は、年干甲の根としては遠隔にて無情ではあるが、乙卯は時干丙と午を生火し、三夏の水は涸れやすく水源無情であるので、滋木培木の功は減じ、多少の救いは、午と丙が有情ではないという点です。

これが、上下・左右です。「始終」は忌の旺強の「病」となる火を甲生火とはするものの、土が断節し、金無力で金熔する上、子水に順生せず、乙卯は、生丙火することになって、忌重々。「始終」劣悪にして偏枯、乖悖、濁乱の命となるものです。

格局は子水があるために、「従児格」不成にして、「傷官格」か「食神格」で、食傷は化して傷官となります。用神やむなく壬、喜神水、忌神火土金、木は猛火を生火するので、忌となる可能性ある閑神となるものです。これも「虎馬犬郷。甲來焚滅。」に近い組織構造であることを知るべきですし、三夏以外の乙丙並ぶのは、反生の功あるものですが、火旺生では生丙の忌となるのみです。

第一運辛未、忌の傾向性。

第二運壬申、壬丙尅去し、庚甲は接近するも、申支は忌の火局半会に制金され、やや忌の傾向性。

第三運癸酉、四正が揃い全支個有の支にて、それほどの忌とはならないのは、大運干癸水が滋木培木するとともに、忌の午火が忌の酉金を制し、酉金生子水の作用もあるからです。

第四運甲戌、忌の傾向性。

第五運乙亥、水旺蔵甲する喜の傾向性。

第六運丙子、やや喜の傾向性。

任氏解命は誤り多々あり、特に〈用神丙としても、子と冲〉などあり得ましょうか、ましてやこの旺火〈用神丙〉とはいかなることでしょうか。これは「要在扶之抑之得其宜」と『滴天髄』で言われていることに全く反します。誤った解命で〈乞食〉にさせてしまっては、命理を学ぶ者は訳が分からなくなります。「天道有寒暖」さえ忘却の彼方なのでしょうか。

〔153〕

	大運	
乙丑		乙亥
己卯	戊寅	甲戌
乙亥	丁丑	癸酉
壬午	丙子	

乙日卯月木旺に生まれて卯亥木局半会し、蔵干三甲一乙となり、死令の己土は二乙によって、「乙木雖柔。刲羊解牛。」となり、年支丑に根あるとも、己土生辛生癸となります。時干壬は午火を制火し切れないのは、日干乙と木局半会した亥中蔵干二甲から生午火されているからです。

これが、上下・左右で、「始終」を見てみますと、去とはならない年支丑の土から「始」まって、土金水と順生して、忌となる木旺の乙木・卯木を生じ、木一気となり、時支の喜の午火で「終」わるものの、この午は生財の土に繫がらない組織構造となります。

格局は「月劫格」か「建禄格」です。比劫奪財されている財の己土は用神に取れず、生財につながる丙を用神とし、喜神火土、忌神水木、閑神金とするものです。

第一運戊寅、戊壬尅去する木旺の寅、忌大の傾向性。

第二運丁丑、丁壬合去し、午火生己土の喜も丑中金水と順生して、滋木する忌の傾向性。

第三運丙子、丙壬尅去しても、去とはならない用神午火は、子水より制火され、また水旺の子はさらに生滋木培木する大忌の運。

第四運乙亥、亥亥卯木局半会以上で透乙、木多火熄の大忌の大忌の運となります。

左右貴乎同志。〔闡微〕
《左右同志なるを貴ぶ。》
左右貴乎志同。〔輯要〕
左右貴乎氣協。〔徵義・補註〕

原　注
上下左右、全く一氣のものでないとしましても、生化宜しきを得て、錯雑背反しないことを貴ぶものです。

任氏増注

「左右同志」とは、制化宜しきを得て、左右を生扶して雑乱しないことを言います。例えば、殺旺身弱であれば、羊刃が殺と合したり、あるいは印綬が殺を化せしめたりする場合とか、逆に身旺弱殺であれば、財星があって生扶の助けとなったり、あるいは官星が七殺を助けたりする場合とか、身殺両旺であるのに、食神が七殺を制したり、あるいは傷官が七殺に敵対したりする場合とかを、同志と言うのであります。しかし、身弱なるに殺を財が滋し、助けたりするのは、財が禍となるものです。身旺であるのに劫財が正官と合してしまうのは、官が忘れられたこととなるのです。要するに、喜神は、日主に貼身透露していることが必要でして、殺を喜ぶのに殺と財とが親しくしたり、殺を忌むのに食が殺を制していたり、印を喜ぶのに印があって官が後にあったり、印を忌むのに財が先にあって印が後にあったり、財を喜ぶのに食傷に遇ったり、財を忌むのに比劫に遭ったりして、日主の喜神が、閑神の相助を受け、争わず妬合せず、忌むところの神は閑神の制伏にあって、肆逞を許さなかったりするのを、これも、同志であり、宜しく細究してください。

〔154〕

壬申	**大運**		
丙午	丁未	庚戌	
庚午	戊申	辛亥	
庚辰	己酉	壬子	

これは、丙火の殺が旺じているとはいえ、壬水の根固く、日主比肩の助、湿土の生あって、身殺兩停。用神壬の制殺するのは天干の同志であり、地支の同志は辰土であります。一つは制し、一つは化す。これは有情と言うことができ、大運金水の郷に至って、仕途顕赫、位階

は封疆に至りました。

〔155〕

壬	**午**	**大運**	庚戌
丙	**午**	丁未	辛亥
庚	**申**	戊申	壬子
戊	**寅**	己酉	

これは、前造と比べて見ますと、大して違いがないように思われます。それどころか、本造の日干は建祿に坐し、壬水はまた殺を隣り合わせで制しているのに、何ゆえ、前者は名利双収となり、本造は終身発しなかったのでしょう。

それはつまり、前造は、壬水は申の生地に坐して、制殺に権があるのですが、本造は壬水午の絶地に坐し、敵殺無力であり、前造は時干の比劫が幇身して、また生水することができるのですが、本造は、時上の梟神が剋水して、生食不能となっているからです。所謂、左右同志とはなっていないからであります。

徐氏補註

上下と左右は今まで述べて来た干と支の総まとめであります。地が天を生じ、天が地と合となって殺印相生となるのも、皆上下有情であります。

「左右氣協」は、例えば、甲子が己丑を見、丁亥が壬寅を見るは、干支上下・左右が相合しているもので、これを天地徳合と言うのです。さらに、上下・左右が交互に相合するような場合もあります。例えば、辛亥が丁巳を見るのは、巳宮の丙火は辛に合し、亥宮の壬水は丁に合する、丁巳が癸亥を見るのは、巳宮の戊土が癸に合し、亥宮の壬水は丁に合するのですが、こういうのを、真氣往来と名付けます。

月日時交互相合するのは、大貴の徴ですし、日月、あるいは日時交互相合するのもまた、貴氣をなすものです。格局をなすよりどころとはなりませんが、しかし、干支情和氣協し、氣勢団結、確かに一種の貴氣をなすものではありません。

この外、連珠、夾貴、夾祿、天元一氣、地支連茹、兩干不雜、皆干支配合によって生ずる、一種の格局となすのですが、重視し過ぎるのは、もとよりいけません。省略してこれを無視するのも、また大切な点を見失うものです。およそ好《よ》き八字で、氣勢団結しない命は一つとしてないものであります。

〔156〕

辛　亥	**大運**	65才壬辰
己　亥	35才乙未	
壬　午	45才甲午	
辛　亥	55才癸巳	

これは、南通張退庵の命造です。壬水建祿、兩辛相生、水勢奔流となり、己土陰柔で、堤防に不足。然るに午中丁火あって、二亥がこれを夾み、壬比争財。妙は天地の壬丁相合し、左右の甲己・壬丁相合して、情和氣協、祿馬同郷に坐し、己土官星透出し、官を用神となすところにあるのです。

運行南方、蒸々直上、壬辰運に至り、高年にして通緝《つうしゅう》に遭いましたが、官星無傷が幸いして、寿八十、九十才。

〔157〕

		大運
己	丑	
乙	亥	30才壬申
丁	巳	40才辛未
辛	丑	50才庚午
		60才己巳

これは、蒋光鼐の命造です。月垣の官印が用をなし、亥宮には壬水甲木両字あって壬は丁に合し、甲は己に合し、巳宮の丙戊庚三字、丙は時上の辛と、戊は丑中の癸と合し、庚は月干の乙木と合となって、四柱の氣勢は団結しています。それに官星得祿、天乙貴人がありまして、日元との配合は有情であります。

これ貴格とする所以であります。

考玄解註

上下の関係を前の註でも図に示しましたので、同様に左右の関係を図示しますと、

年柱　干 ⟷ 月柱　干
年柱　支 ⟷ 月柱　支

月柱　干 ⟷ 日柱　干
月柱　支 ⟷ 日柱　支

日柱　干 ⟷ 時柱　干
日柱　支 ⟷ 時柱　支

ですから、年日干支の干合、支合、相尅、相冲はありません。月時干支の合も、尅冲もないものですが、三合会局、方は冲合ないなら成立します。方を成す場合は、旺支の子午卯酉の冲があっては成立しません。

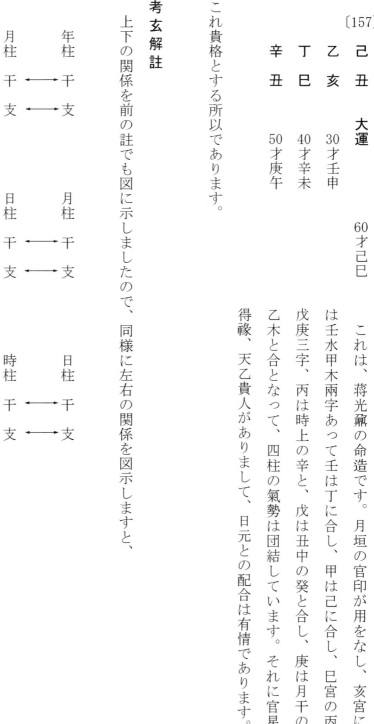

徐氏補註は誤りで、天地徳合そのものは貴の徴ではないし、また天干と地支所蔵の干との合も、さらに変格・雑格を無視すべきではないとするのも、神殺を言うのも、すべて誤りです。

〔154〕

		大運	
壬	**申**		庚戌
丙	**午**	丁未	辛亥
庚	**午**	戊申	壬子
庚	**辰**	己酉	

庚日午月火旺・金死令、調候壬水と有情な水源を必要とするのに、申支のみで十分であるのに年干に透壬し、申に有気となった壬水は制丙し、さらに月支午火さえ制しており、制火された月干丙は、日干庚を攻身することできず、日支の午火は湿土の辰に納火され、湿土辰は二庚を生金します。金は死令であること、また日干庚の根である年支申は遠隔にして、無情な組織構造です。「始終」を見ると、金水と年柱で順生しても、無木ゆえ断節して、火に繋がらず、後は火土と順生して金に繋がり、辰中癸水から乙木へと順生し、乙木も生火する四柱構造となっているのです。

格局は「偏官格」か「正官格」です。このような組織構造は、旺相死囚休という重要な強弱分別の視点が判りませんと、また、上下・左右、遠近の有情無情が解りませんと、日干強弱の分別ができない例と言えます。

日干は四柱八字という〃生命エネルギー〃の中心核をなすものであって、その中心核にとって、何がどの程度の喜となるか、あるいは忌となるかによって、〃生命エネルギー〃の変動が、流年の事象となって現れていくのです。年支は、この〃生命エネルギー〃の中心核とも言える庚に無情であっても、制火すること大であり、辰が納火することによって相対的に日干不強不弱のやや強となるものです。一応用神は煅庚の丁と取り、喜神木火、忌神土金、閑神水となるものです。

任氏の言う、〈日主比肩の助〉とか、〈湿土の生あって〉との表現は不正確で、年支申は日干に無情な上下・左右、遠近の遠の位置関係にあり、湿土の辰は日時の庚を生金はしても、年支申金を生じるには遠く無情であることを、正確に言うべきです。また、〈身殺兩停〉でもありません。結果的には、殺を無力化する、と言うべきなのです。

また、〈用神壬の制殺するのは天干の同志であり〉、〈地支の同志は辰土〉も不正確で、天干壬は「上下情協」ではあっても、上下・左右では滅火の勢いさえあり、辰は日支の旺火午を晦火晦光するとともに生金することになる、上下・左右である、と正確に言うべきです。

〔155〕

壬	**午**	**大運**	
丙	**午**	庚戌	丁未
庚	**申**	辛亥	戊申
戊	**寅**	壬子	己酉

庚日午月火旺・金死令に生まれ、調候壬水は水源有情であることが必要であるのに、年干に壬水あっても水源の申中庚金は、申寅冲去となり、壬水は涸れて水の作用を失う、上下・左右の関係となります。二午接近し、戊土は火炎土焦、焦土不能生庚となる、上下・左右でもあり、忌の火が燥土を生じ、燥土不能生庚となっている「始終」です。

この命も偏枯・混乱となっているものです。

格局は「偏官格」か「正官格」です。火多金熔となる構造で、やむなくの用神戊、喜神土金、忌神木火、閑神水となる凶命です。任氏解命の〈時上の梟神が尅水して〉などの理はありません。

〔156〕

辛	**亥**	**大運**	35才乙未
己	**亥**	5才戊戌	45才甲午
壬	**午**	15才丁酉	55才癸巳
辛	**亥**	25才丙申	65才壬辰

壬日亥月水旺に生まれ、調候丙火必要とするのに日支に午火あってほぼ適切。月干己土は卑湿にて生金し、金は生二亥水、亥中甲木に順生します。月支の亥中壬水によって生木された甲は、湿木にて生午火に難あり、しかし午火は亥中戊土を生じ、戊土は時干辛を生金し、辛金生壬水、壬水生甲となって、甲木は過湿の憂いがあります。格局は「建禄格」です。用神は甲と取りたいところ忌の壬水太過し、浮木・漂木ですから丙と取り、喜神木火、忌神金水、閑神土となるものです。徐氏解命の用神ですが、〈己土官星透出し、官を用神〉とするより、丙火をもって制印し、さらに原局己土が燥的となって多少制水もする丙火を用神とすべきなのです。己土は運歳に巡っても、生辛して、印が生水することになるので、閑神とすべきです。

〔157〕

己	**丑**	**大運**	40才辛未
乙	**亥**	10才甲戌	50才庚午
丁	**巳**	20才癸酉	60才己巳
辛	**丑**	30才壬申	

丁日亥月水旺生まれ、己乙尅去、亥巳冲去し、調候とも幇身ともなる巳を失い、助身する乙、亥中甲の嫡母も失い、四柱は丁辛と二丑となるのみとなります。水旺・火死令の日干丁火、二干二支となっては従することもできず、二丑土に洩

身もしなければならず、水旺の辛金生癸水するも、上下・左右、「始終」全く悪い組織構造となります。

--→辛　丁--→
--→丑　丑←---

格局は透乙する「印綬格」です。用神取るものなく、喜神木火、忌神土金水となるものです。

上記の組織構造であるのに、〈壬水は丁に合し、甲は己に合し〉〈丙は時干の辛と、戊は丑中の癸と合し、庚は月干の乙木と合となって〉から始まり、〈四柱の氣勢は団結しています〉とは一体どういうことでしょう。合したからと言って、それがどう生尅制化につながるのでしょうか。理解に苦しむところです。

始其所始。終其所終。富貴福壽。永乎無窮。〔闡微〕

《その始まる所に始まり、その終わる所に終われば、富貴にして福壽、永きこと窮まりなし。》

年月爲始。日時不反悖之。日時爲終。年月不妒忌之。〔輯要〕

始其所始。終其所終。福壽富貴。永乎無窮。〔徴義・補註〕

原注

年月を始めとして、日時これに反背せず、日時を終わりとし、年月これを妬忌せず。およそ局中の喜神を時支に引いて帰するところあるものを、始終ところを得るものであって、富貴福寿、永くして窮まりないものであります。

任氏増注

始めと、終わりの理は、干支流通し、生化して息まざることのないことを言っているのです。必ず接続して連珠、五行共に備わっていて、多いもの、欠乏するものは、合化の情あって、相互いに護衛しあって、純粋であることが必要なのです。喜ぶものが生に逢い、地を得て、忌むところのものは、尅を受けて無根、閑神は忌むものに加担せずして、忌むものを合化するのは功あるものとなります。四柱の干支は、一つとして棄てる物はなく、たとえ傷・梟・劫刃がありましても、また来たって格を輔け、用を助けるなれば、喜用は有情となりまして、日元は氣を得て、富貴福寿でない者はただの一人もいないのであります。

〔158〕

壬	**寅**	**大運**	
甲	**辰**	乙巳	己酉
丁	**亥**	丙午	庚戌
己	**酉**	丁未	辛亥

（大運：戊申）

年干の壬水を始めとし、日支亥を終わりとしますと、官生印、印生身、食神発用吐秀し、財は食神の覆となり、官は財により生ぜられ、傷官当令すると言いましても、印綬これを制して有情となります。年月反背せず、日時妬忌せず、始終ところを得て、貴は二品の位、富は百万、子孫は皆美にして、寿、八旬に至っています。

〔159〕

戊　戌　　大運
庚　申　　辛酉　甲子
癸　亥　　壬戌　乙丑
乙　卯　　癸亥　丙寅
　　　　　　　　丁卯

土生金、金生水、水生木、干支共に同じ五行の流れをなしています。ただ相生の誼しみはあっても、争妬の風は少しもなく、戌は財の帰庫、官清にして、印正しく、明らかに分かれ、食神吐秀し生に逢い、郷榜より出身して、天子の王廟に高位で仕え、一妻二妾、子は十三人あり、子また科甲及第して、連綿。富は百万、寿は九旬を過ぎます。

〔160〕

甲　子　　大運
丙　寅　　丁卯　庚午
己　巳　　戊辰　辛未
辛　未　　己巳　壬申
　　　　　　　　癸酉

天干、木火土金と順生し、地支水木火土と順生し、かつ支は干を生じ、地支に従って、年支の子水が寅木を生ずるを始めとしますと、時干辛金を終わりとなすものですし、天干に従って子水が甲木を生ずるを始めとしますと、時干辛金を終わりとするものです。これは天地同流で、まさに言うところの、「始其所始。終其所終。」であります。科甲連登して、極品の位に達し、夫婦斉美、子孫繁栄、科甲は孫子の代に至るも絶えず、寿は九旬に至っております。

徐氏補註

始終は、四柱干支生々して悖らざることであります。五行の氣は、四柱流通し得るは、生化息みません。情和氣協の極めてよき軌道となすものです。前文の和協は、わずかに上下・左右について言っているのみで、年月日時の全体の周流滞らざるを言っているのではなく、周流不滞する如くはないものであります。単に、和協するより勝っています。周流不滞するは、天干順食して地支逆悖せず、地支連珠して、天干混乱せず、上下有情、その福澤たるや並大抵のものではありません。この点、任氏増注に詳述されています。

また生化息まずとは、四方の運皆行きて可ならざるはなく、一生風浪起伏なく、福澤悠々として厚く、上々の格局であります。また別に一種の無形の氣勢渾々として美盛なる様相を示しているものがありまして、言葉ではちょっと言い尽くせないもので、これを無視してはならないものです。それは、好《よ》きところいずこにあるか、という以外言いようがないのです。八字は一字も換えることはできませんし、その順序配合も、一点も入れ換えることができず、その八字の配合それ自体がよい、というもので、これが最も上等の格局となるのであります。

例えば、清の康熙皇帝の命造が、ちょうどそれに当たります。

〔161〕

	大運	
甲午		31才壬申
戊辰	1才己巳	41才癸酉
戊申	11才庚午	51才甲戌
丁巳	21才辛未	61才乙亥

順治十一年三月十八日巳時生。千古の皇帝中唯一の人物と言われています。この命造、ちょっと視ただけでは、佳いところは少しもないように見えるものです。しかし無形の中に、自ずから一種の渾厚の氣があるのが理解できるのです。これ

を分析しますと、次のようになるのです。辰午の間に無形の巳を夾んで、戊土の得祿、巳申の間に午未を無形の中に夾んで、午未は日月の合であります。四柱地支は辰巳午申の間に未を無形の中に夾んでいます。戊土は時支巳に帰祿、丁印は午に帰祿、年時互いに交わって、精氣団結し、辰申は会局し、甲木透干して、財が弱殺を滋しているのを用となします。土は厚く、甲木が土を疏通せしめ、火暖水温、生意は生々溌剌としているのです。運程は必ずしも財殺を必要とするものではありません。まさに美運となすものです。

『滴天髄』に前説しましたように、「戊土固重。既中且正。靜翕動闢。萬物司令。」と。まさにこれに当たる帝王の造で、四柱八字、一つも閑雑するものなく、一字も換えることはできません。夾貴、拱祿を見ざるとはいえ、好命となるのであります。

〔1〕
辛　卯
丁　酉
庚　午
丙　子

乾隆帝の命造です。「殺刃格」で、四方拱夾、精神は団結し、福澤優るといえども、偏野桃花殺があって、貪淫好色の徴があります。これは、英華外露しておりまして、康熙帝の造は、中正蓄蔵、兩者を比較して見ますと、優劣は自ずとはっきりいたします。

考玄解註

注意すべき重要なことは、ただ五行が流通して「始終」さえよければそれでよいのではないのです。その

「始」まりが、喜であるか、忌であるか、そして五行流通する間にあって、どのように喜が有力・有情であるのか、忌がどれほど強化されていくのか、そしてその間、仮に断節しても、断節することが喜であるか、忌であるか、さらに流通して「終」わるところが喜であるか忌であるか、それがまたどの程度の喜忌であるか等々を詳察しなければならないのです。これが『滴天髓』の言わんとしている真義なのです。

また、年月を始めとすることの流通なく、時から逆に年月に「始終」あるものもあるのです。しかし、こうした「始終」は逆ですので、これをもって、「始終」よしと見てはならない場合もあります。

ここでもっと重要なことは、「富貴福壽。永平無窮。」とある点です。これについて、どの註を見ても、まるで原局のみで「富貴福壽」としております。しかし、喜忌の事象というものは運歳との係わりの中で生じるものですから、運歳を無視して、原局のみでそのようなことは断定できないのです。

そして、原局と運歳の喜忌を見る法も、実にこの「始終」にある、ことをも含めて言っているのが『滴天髓』の真義なのです。つまり、冲尅合局方とその解法の結果、天干五干なり六干なりがどのような干であるか、その関係の生尅制化、地支のそれの生尅制化を見極めて、五行の流通の間に喜となるものがどのように、どの程度に喜となって流通するか、忌となるものがどのような様相で強化されるか、弱化されるかを細察することによって、喜忌の結論を詳しく観る必要があるのです。

このことはほとんどの方が忘れている重要なところであって、「始終」の真義はここにある、と記憶しておくべきです。そしてそれが、「順遂而精粹」となるのか否かによって、「昌」とも、「富貴福壽」ともなる、と解してこそ、『滴天髄』の真義が理会されたことになるのです。

〔158〕

壬　寅	**大運**		
甲　辰	7才乙巳	37才戊申	
丁　亥	17才丙午	47才己酉	
己　酉	27才丁未	57才庚戌	
		67才辛亥	

一七二二年四月十七日己酉刻がこの四柱で、木旺にして、立運約6才8ケ月となります。年月柱で水木火土とまで順生し、金断節して、亥中壬水、甲木、丁火から、己土より時支の金に流通しており、丁火の特性、「如有嫡母。可秋可冬。」である旺木の甲が寅に根あり、壬水から生甲されている月干甲、また日柱丁亥は官印相生の甲、とよく旺木から相令の丁火は生火され、寅中丙火の根は無情ですが、次強となるもので、よく己土に洩秀し、己土は生酉金します。さらに言いますと、酉金生亥水ともなる「始終」よろしい組織構造となっています。

しかも日干丁火は陰干にして、弱きを恐れず、であり、また強と言ってもそれほどの強ではない点をも注意すべき必要があります。火の根が年支寅にあって無情であることが、たとえ火が来てもそれほど強とはならない要因となっています。

格局は「偏印格」か「偏官格」です。用神己、喜神土金、忌神一応木火ですが、火はそれほど忌とならず、閑神水となるものです。

卯が来ても酉があるので、東方全は不成、甲乙が来て己土が尅合去しても、湿土の辰の作用があり、丙丁が来ても壬水と尅合去して忌とならず、庚が来て庚甲尅去しても、丁火は寅にも辰にも有情となりますし、辛が来ても丁火制財の喜、壬癸が来ても化殺生身、寅は寅亥合去して、年支寅が接近、辰が来て辰酉合去しても、それほどの忌とならず、巳が来ても巳酉金局半会、巳亥沖の情不専でこれも忌とならず、午が来ても、亥水あり、湿土の納火する辰があり、年干に壬水もあって、忌となるほどではなく、未土は喜であり、申は申寅沖去しても忌とならず、酉が来て酉辰合去するとしても、それほど忌とならず、戌土は戌辰沖去するとも忌とならず、亥が来て亥寅合去しても忌とならず、子が来て、子辰水局半会するとも、甲・寅がよく納水しますし、丑が来て、丑酉金局半会しても、よく亥水が「薬」となり、また生甲するので忌とならず、むしろ喜とさえなるのです。

このように十干十二支を配してみて、忌となる干支の組み合わせは、甲午くらいしかありませんし、これとて甲己合去して、午は辰土に洩秀納火し、忌とはなりません。つまり、大忌となる干支はほとんど一つもなく、大運中相当な忌となる運は一運もないのです。

この十干十二支を配して、忌となる干支が少なければ少ないほど、好命となるものである、と言えますし、「始終」を見ても、忌はそれほどの忌とはならないのです。運歳においても原局との「始終」の喜や忌がどの程度のものかを細かく観て、一年を主宰するものを見る例を左に示しておきます。

丙午運の流年18才庚申年としますと、まず、冲尅合局方とその解は、天干は、丙壬尅去、他は情不専にて去となることなく、支も情不専にて、去とも化ともなりません。

壬 寅
甲 辰　丙午運・・・・庚申年
丁 亥
己 酉

原局、辰中癸水から始まりますと、水は忌の木を生じること原局のままで、運歳で増減もされ、木が生火し、大運丙午が旺じても、よく洩秀の喜となる己土を生土し、この湿土の己土は庚申、酉金を生じて財の喜大となります。金はまた生壬して、壬水生甲ともなることよりして、金・財の喜大となるもので、「順遂而精粋」となる一年である、となるのです。そこには庚金劈甲引丁し、丁火煅庚の美の実もあれば、食傷の洩秀の才能・能力発揮して、これが財・父の利財により、環境が良化向上となって、健にして無病、またよく水智向上する事象ともなるのです。

これも前運、前年の延長線上でのことです。

〔159〕
戊 戌　**大運**　甲子
庚 申　辛酉　乙丑
癸 亥　壬戌　丙寅
乙 卯　癸亥　丁卯

癸日申月金旺・水相令の生まれで、調候丙火は命中に一点もありません。年の土から「始」まりますと、土金水木と流通して、亥卯木局半会にて「終」わるものの、亥中蔵干二甲の木は死令で、月干と月支の旺じている庚金から制されており、それほどの洩身とはなりません。

日干は申中壬水に有気であり、相令ですので、やや強となるものです。しかし、申月生で調候丙が必要となるのに、調候丙火がなく、丙火へと順生しない点が惜しまれるところです。

格局は「印綬格」か「偏官格」か「正官格」です。用神甲、喜神木火、忌神金水、閑神土となるものです。この命も、日干それほどの強ではない点、陰干癸水である点がよろしいのです。忌大となる運は一運もありません。

しかし、財の火によって、五行流通するのは第六運丙寅からとなり、この運は、大運干丙が月干庚と尅去してしまいますが、食傷の甲乙木が寅中相令の丙火を生じ、さらに丙火また生土となる「順遂而精粋」となる運なのです。

〔160〕

甲	**子**	**大運**	
丙	**寅**	丁卯	辛未
己	**巳**	戊辰	壬申
辛	**未**	己巳	癸酉

己日寅月木旺・土死令の生まれで、上下はすべて相生、左右また年より相生する干と支となっており、始終は水より「始」まるなら、水生旺木、旺木生火、相令の火は死令の土を生じ、土は金を生じて、水には流通しないものの、時支未に根ある忌が喜を生じることで、一応比劫の土は忌となりますが、己土が忌となると食傷の金は喜となりますし、月干丙と時干辛が、日干己土を隔てて尅となっていない組織構造であり、これを「始終」よろしいと言うのです。

格局は「印綬格」か「正官格」です。己土の特性、「不愁木盛。不畏水狂。火少火晦。金多金光。」であり、

「若要物旺。宜助宜幇。」とあること忘れてはなりません。

死令の己土で、「宜助宜幇」となってやや強となっても、一応、用神辛への洩秀となり、喜神金水、忌神火土、閑神木とはするものの、「火少火晦」となりますので、火がたとえ強くなったとしも、それほどの忌とはなりません。

土が強くなっても甲が去らない限り、疏土して、金埋となるのを救応し、また金が太過することがあっても、丙火が制金し、「薬」となり、水が太過しても甲・寅がよく納水する、「不愁木盛。不畏水狂。」となる組織構造なのです。

〔161〕

甲午	大運		30才壬申
戊辰		0才己巳	40才癸酉
戊申		10才庚午	50才甲戌
丁巳		20才辛未	60才乙亥

上造は、一六五四年五月四日丁巳刻のもので、立夏は五月五日十九時五十一分ですので、立運約5ケ月となります。

戊日辰月土旺生まれの「建禄格」です。甲戊尅去、申巳合去し、天干戊丁と地支午辰の二干二支の組織構造となります。

つまり、火土強となって、死令の癸水は陰の乙木を順生し、乙木また生火して生旺土しますが、洩秀となる金に流通しないので、死令の癸水は水源なく、最弱となるし、疏土する甲も去っており、「始終」もそれほどよいとも言えず、干と干の相関関係もよいとは言えないことになります。

甲戌解尅する干は、戊・己・庚、申巳解合する支は、巳・未・申・亥となります。解尅、解合されますと、「始終」が変わり、大運中で解尅もすれば解合となるのは、第一運己巳であり、甲戌解尅のみするのは己巳運、庚午運となるのです。解尅、解合された場合、運歳の「始終」を観るべきで、冲尅を重しとして「始終」の間に、喜がどれほど有力となるか、忌がどれほど増減するかによって、大運の統管する十年間の吉凶の傾向性を正確に細察しなければならないのです。大運は、何度となく述べてきましたように、事象そのものを発生させるものではなく、あくまで傾向性でしかなく、事象は客観的時間の大単位である流年によって具象化されつつ経過していくものです。要するに、原因と結果の絶えることのない連続でしかありません。

つまり、原局があまりよい構造でないのは、生時丁巳であることに気付くことが大切です。格局は「建禄格」で、用神が取り難いこととなるのは、死令の辰中癸水は干の特性もあってあまりにも弱過ぎるし、乙木が化殺生身しても、無金であるのですから、用神やむなく至弱の癸と取らざるを得ず、喜神金水、忌神火土、閑神木となるものです。

本造、〈清の康熙皇帝の命造〉〈千古の皇帝中唯一〉と徐氏は言っておりますが、これは過大評価ですし、その理をすべて命中にない〈無形の中〉の〈夾〉としているのですが、ないものはないのです。生旺墓絶の建禄ということは、月令を得る土のみの建祿で、去ったものを帰祿とし、土と火は同じとする生旺墓絶は理論的に矛盾する謬です。去った甲木が疏土するといった理はないのです。つまり、生尅制化の尅がないということになります。

仮に剋去しないとしても、甲木疏土するのみではなく、囚令の甲木はさらに休令の午火を生火して、辰中無力とは言え蔵乙し、さらに癸水は生甲乙するので、己巳運は疏土する能はありますし、また、庚午運、死令の庚は剋甲に無力ですから、疏土の作用をなす、というように看なければならないのです。事象から命運をこじつけ、合理化しようとするのは大誤です。しかも、『滴天髓』以前三、四百年前の、命理がまだ試行錯誤を繰り返していた時代に逆戻りして、『滴天髓』の各論を否定し、都合の好いところだけ引用して、〈戊土固重〉だから〈帝王の造〉であるなどというご都合主義は許されません。ここで強調しておきたいことは、「帝王命」などというものはないということと、時代的背景と政治経済の諸環境を離れ、命理があるものではなく、帝王の後嗣となったのはその人の努力、才能、能力の結果ではなく、多くの賢帝とか名君とか言われた者は、その臣下に帝王以上の有能な人物がいたということを忘れてはならないのです。

この命も、生家・祖先・社会的地位あって、協力する多くの人もいた、くらいしか判らないもので、これをもって帝王命であるなどと言えないのです。

〔1〕
辛　卯
丁　酉
庚　午
丙　子

庚日酉月金旺に生まれ、辛丁剋去、子午卯酉の四正揃うので、去とは見ない理論がありますが、この四正の構造には二十四通りあり、生剋制化、旺相死囚休により同じものはありません。

この組織構造の上下・左右、前後・遠近、「始終」を見ていきますと、木から「始」まるとしますと、卯木は庚・酉金から劈甲され、接近した時干丙火に引丙、また、金旺・木死令であって、酉の蔵干庚辛金によって、卯中の蔵干甲乙は尅傷され、その作用を失いつつあるのは、子水が時支にあって、年支の卯木を生木できない位置にあるからです。丙火は土に順生しようとしても無土であるために、尅庚・酉となり、庚・酉金は生子水となりますが、水は木に流通せず、相令の子水は囚令の午の蔵干を尅し、火を弱めることになるのです。

この場合の丙は調候の作用も果たすものの、尅金することとなって、日干は弱となります。

この四正が揃う組織構造で、一番無難であるのが、五行の順流する酉子卯午とは言えるのです。次が、子卯午酉か卯午酉子とも言えます。ただ、これは地支のみで考えた場合であり、天干が加わりますと、また違ってきます。

どのような四正でも四正さえ揃えば、〈精神は団結し、福澤優る〉ものでもありませんし、ましてや〈偏野桃花殺があって、貪淫好色の徴〉などとも断定できないのです。

この命は乾隆帝の命造で、格局は「陽刃格」です。

以上をもちまして、干と支の生尅制化の有り様から、上下・左右、前後・遠近、「始終」ということが理解できたと思われますので、次として、命理学上の共通認識である、分別法としての格局論に移ることになるのです。

干と支の関係は、「構造論」にも係わり、最終的には「位相論」に至る、命の位相の高低の有り様の分類法に繋がる点も含んでいるのです。

格局論

財官印綬分偏正。兼論食傷八格定。〔闡微・徴義・補註〕

《財、官、印綬を偏と正に分け、兼ねて食傷を論じて八格定める。》

財官印綬分偏正。兼論食傷格局定。〔輯要〕

原注

形象、氣局より、格を最も重んずるものです。格の真なるものは、月支の神が天干に透っている場合であります。天干に散乱している干を、提綱に尋ねて得るところのものは、格ではありません。八格の外の、曲直等の五格も皆格とします。しかし、方局、氣象よりして定められたものは、格と言うべきではありません。前述の五格の外の、飛天・合祿等は格とは言っても、破害刑冲をもって論ずべきものでありますから、また格として言うべきものではありません。

任氏増注

八格は命中の正理であります。まず月令を得るところが何の支に当たるかを観まして、次いで天干にいかなる干が透出するかを看、そこで再び司令するものを究め、もって真仮を定めて、然る後に用を取り、清濁を分かつのが、順理を経ているのであります。もし月が祿刃に逢っていましたなら、八格の中には入らず、須らく日主の喜忌を審かにすべきで、別支の天干に透出するものを尋ね、借りて用となすものであります。そして格局には、正あり、変あるもので、正なる者は、必ず五行の常礼を兼ねているものであります。曰く、官印、財官、殺印、財殺、食神制殺、食神生財、傷官佩印、傷官生財であります。変とは、必ず五行の氣勢に従うもので、曰く、従財、従官殺、従食傷、従強、従弱、従勢、一行得氣、兩氣成形であります。その外にも多くの外格があり、多くの書に述べられてはいますが、共に五行の正理によるものではなく、ことごとく謬談に属するものであります。

『蘭臺妙選』に至りましては、奇格、異局や、納音やその他のものが混淆して、最も信ずべからざる荒唐なものであることは、いちいち論証するまでもないことであります。唐、宋以来の作られた格局が甚だ多く、皆虚妄の論であり、さらに吉凶の神殺があり、何人がこのような険しい語を使い始めたか知る由もありませんが、往々全くその信憑性、確率度はないものであります。誠意伯の『千金賦』に、吉凶、神殺多端であるが、命理は生尅制化の一理以外にはないものである、と、一言ですべてが言い尽くされております。つまり、壬辰日を壬騎龍背、壬寅日を壬騎虎背とするのに、どうして、壬午、壬申、壬戌、壬子を騎猴馬犬鼠の背と言わないのでしょうか。また、六辛日子時に生まれるを、六陰朝陽と言っていますが、五陰は皆陰であってどうして、独り辛金のみを朝陽とし、その他の干を朝陽としないのでしょうか、また、子は体は陽で用は陰、子中の癸水は、六陰の至であるのに、これを一体どうして陽と言い得ましょうか。また、六乙日子時に生まれるを、鼠貴格と言っていますが、鼠は耗であって、一体何をもって貴となすのでしょう、かつ十干の貴は、時支に皆あるものなら、どうして、他の干に貴を取らないのでしょう。それ誤謬であることは、いちいちこれを弁ずるまでもないことであります。その外、謬格が甚だ多く、支離滅裂、命理を学ぶ者は宜しく五行の正理によって格を細詳して、決して謬書に惑わされてはならないものです。

〔162〕

庚　辰　　**大運**

癸　未　　甲申　丁亥

乙　未　　乙酉　戊子

癸　未　　丙戌　己丑

この造は、三未支に通根し、なお中氣余氣あり、干に二癸透出し、まさに三伏生寒、貼身して生扶し、身庫に通根、官星が独り発して清く、癸水は湿土養金、生化悖らず。財旺生官、中和純粋、科甲出身にして、藩臬に至っており、官境安和であります。

〔163〕

己　丑　　**大運**

壬　申　　辛未　戊辰

丁　未　　庚午　丁卯

丙　午　　己巳　丙寅

この造、大勢を観ますと一見官星清く見えますが、どうして前造は富貴にして、本造は困窮の命であるか、解らないと存じます。それはこの造は無印で、官は緊尅、午未余氣禄旺とは言いましても、丑中蓄水、暗に午未の火を傷付け、壬水は申金の生に逢って、また丙火を尅し、さらに、己土が透出するも制水することができず、反って晦火せしめることを知らないゆえであります。

また、運中土に逢い洩火、尅洩交加して、これがゆえに功名遂げられず、資財も耗散する上に、刑妻尅子することになるのです。

細究しますと、己丑の二字の患があるゆえです。幸い格局順生して、氣象が偏ってはおりませんから、将来、木火の運を巡るにしたがって、初・中年運に屈抑されるとしても、晩運は必ず奮起して幸慶得られる、となります。

〔164〕

癸未
乙卯
丙午
辛卯

大運
甲寅　癸丑　壬子
辛亥　庚戌　己酉

これ官清印正格です。卯未木局半会を喜び、純粋の象です。ゆえに人となり、品格抜群、才華卓越、文望は高山北斗の如く、品行は清く正しく美なるものです。

惜しむらくは、印星太重で官星洩氣となって、神有余するも精不足する点です。よって功名直上できず、たとえ凌雲の志大なるも、意の如くならないのです。

格正局清であるよりも、財星が合に逢うを喜ぶもので、大才小用であっても、遂に名利兩全、仕路清高、優秀な人材を育て、その才を発するものであります。

〔165〕

辛	**卯**	**大運**	壬辰
丙	**申**	乙未	辛卯
癸	**卯**	甲午	庚寅
壬	**戌**	癸巳	

これは「印綬格」です。申金をもって用となし、丙火を病、壬水を薬とし、中和純粋、秋水通源、癸巳運に至って、金水生に逢い助け得て、科甲連登しました。壬辰運、薬病相済、部属より出て、郡守になったのです。辛卯・庚寅運、蓋頭の金、生火壊印することできず、名利兩全。

〔166〕

辛	**卯**	**大運**	壬辰
丙	**申**	乙未	辛卯
癸	**卯**	甲午	庚寅
甲	**寅**	癸巳	

これまた、申金をもって用となし、丙火を病、前造と一寅字が換わるのみですが、有病無薬、かつ病神を生助し、前造は名利兩全、本造はいたずらに空転するのみでした。申寅遥冲を嫌い、印綬は反って傷付き、木旺金缺、かつ月建は六親の位で、資財破耗を免れず、ただ、壬運帮身去病、財源、やや裕りあるも、辛卯・庚寅運、東方無根の金、功名進取できず、家業は小康に過ぎず、しかし格局正局真、印星乗令していますので、大志を懐き、才誇るものありといえども、遂に世に顕れることなき命です。

以上、数造に観た如く、格局は一論を採るべからざるもので、財官印綬等の格の名に拘泥すべきではなく、旺ずるは宜しく抑え、衰えるは扶けるが宜しく、印旺洩官するは財が宜しく、印衰なるに財に逢うは比劫が宜しいもので、これは不易の法であります。

徐氏補註

格局には、正と変があるもので、正は五行の常理に準ずるものです。財官印綬等の八つが正格とされるのです。変とは五行の氣勢に従うものを言いまして、専旺、従強、従化等の六つの変格であります。正格の名称は八つあるとは言いましても、実はわずかに六つで、官、殺、財、印、食、傷の六格で、財と印には偏正がありますが、一つと見なしてよろしいのです。建祿・陽刃は、専格とは成りません。例えば、財旺ずるによって、祿刃を用神とするような場合は、財格に属しますし、また食傷旺ずるによって、祿刃を用神とするような場合は、食傷格に属し、祿旺ずる場合も、洩の食傷を喜びますから、食傷格に帰するものであります。また、刃が旺じて官殺の制を喜ぶ場合、官殺格に属します。しかし、祿刃旺じて尅するもの洩らすものない場合、専旺格に属しますから、別に格を取る必要はないわけであります。変格は、形象氣勢に重点をおきまして、専旺、従強、従財、従官殺、従児、化氣の六格とするのです。専旺の一行得氣格は、曲直、潤下、従革、炎上、稼穡の五格です。兩神成象の中、我を生ずる局は、従強と同じとなりますし、我が生ずる局は、従児格と同じであり、我を尅する局は、同じく正格中の殺旺用印となり、我が尅する局は、同じく正格中の用財食傷を見るを喜ぶものとなりまして、看法相同じくするものです。『滴天髓』は看法に重点が置かれていますので、格局に関しては、省略されて詳しくは論じられていないのです。ですから、『子平眞詮評註』をどうか参照してください。

命理正格は、官殺、財、印、食傷、祿刃の八格に外なりません。看法は、生尅制化、会合刑冲の八法に外なりません。初め視ますと実に簡単なようですが、実際には強弱の間に変化限りなく、喜となり、忌となって、命造それぞれ々に同じものはないのです。四柱八字中、正格となるものは、十中八九であります。本書は、わずかに、五行の変を論じ、格局の高低の別を論及して、貧富貴賎の分かれるところのものを、正格常軌によって論じ、それも略して詳述はされていないのです。正格の変化を知らんとしても、明瞭には論じられていないのです。五行の変化を知るには、常理では知り尽くせませんし、看法の変化を知るためには、まず『子平眞詮』を読むことなくしては『滴天髓』は読むことはできないのであります。官殺財印食傷祿刃、これらは互いに作用し合って、その変化はすべて、四柱八字の配合にあるものです。ですから、格局の中に、どれを採って、正官格とするか、いずれを採って、財格、印格とするかの、清楚にして相混合しない分類を知ろうとしましても、本書ではなかなか知り難いのです。

『子平眞詮』は月令をもって提綱、主となしております。しかし、用神は全部が全部提綱に尽きるものではなく、全局の関鍵重心のものとしているので、用神としているのです。用神に従って格局が定まり、配合を補佐し、変化によって生ずるところとなるのです。次に例を挙げますが、ほんの一例にしか過ぎませんから、『子平眞詮評註』を詳しく学んで、細読していただきましたなら、用神を取るに対して、あれこれ迷うことはございません。浅薄なところで、いい加減に決定せず、熟習の後、また再びその変を窮め、循序よく先へ進むべきであります。

正　官

正官が用をなすは、財がこれを生ずべきであります。官星が有根にして、印があって傷官が害することから衛るが宜しく、身旺を喜びます。それは財官旺ずる運に巡ってもよく耐えられるからで、財をもって引となす、逢官看財と言われるのです。官星は月令得氣するをもって、上となします。次に良いのは、年時に官を見ることで、共に用となすべきです。刑、冲、破、害、傷官、七殺、貪合忘官を忌み、印多洩氣、時帰死絶を見るは破格となります。ただ貪合忘官は日主との合は無害で、閑神との相合するを忌むの意であります。破格、重き者は無用、軽き者は減福となるものです。

官星を損傷するは不可です。書に、用をなす財は刧すべからず、用をなす印は破るべからず、と言われ、「官星不可損傷」と言われているのです。しかし、財印太旺なれば、比刧を用としてこれを分かつべきである場合と、財をもって印を損ずべき場合があります。独り官星太旺なる場合は、ただ、印を用としてこれ化するのみであって、食神傷官を用として官を損ずべきではありません。けだし、官星太旺にして、食傷を見るは、尅洩交集をなし、日主が先にその害を受けるからです。官多従殺となる場合には、そのようには言えません。日主と官星が同旬、あるいは同遁、あるいは天乙貴人に坐したり、あるいは日主干支相合したり、互換得貴となったりするのは、皆、貴の徴となすものであります。例えば、甲子が辛未を見るのは同旬であり同遁となります し、己丑が甲子を見るは、干支相合、天地徳合と称するのです。また己の天乙貴人は子であり、甲の天乙貴人は丑ですので、互換得貴となるものです。他はこの論にならってください。

〔167〕

		大運
己	**卯**	
丙	**子**	24才癸酉
丙	**子**	34才壬申
丁	**酉**	44才辛未
		54才庚午

胡展堂の命造です。三奇格で、官星を用とします。財印夾輔、子は帝座をなし、午宮を正対の端門としています。卯酉は日月出入の宮で、東西対立、格局正大、また加えるものないのですが、惜しむところは傷官印地にあり、劫財が財郷に入る点で、もし、年と時とが入れ換わっていましたなら、丁卯、己酉となって、源遠流長、生々息まず、福寿たるや尋常の人の及ぶところではないでしょう。

〔168〕

		大運
甲	**子**	
丙	**寅**	27才己巳
己	**丑**	37才庚午
甲	**子**	47才辛未
		57才壬申

清の劉鏞の命造です。康熙二十二年癸亥十二月二十七日子時生まれですが、十二月十九日立春ですので、甲子年となります。月令官印並透する官印格となり、甲己合、子丑合の天地徳合、初春余寒あるので、太陽の照暖を喜び、土も木も、欣び勇んで向栄し、二官出干するも、印が透出してこれを化しますので、官が重くとも嫌いません。

運行南方、太平宰相となっています。

〔169〕

庚　寅　大運

己　丑　30才壬辰　60才乙未

壬　辰　40才癸巳

庚　戌　50才甲午

これは戴季陶の命造です。月令官旺、寒土寒水、火の調和宜しく、官は財の生を喜び、財官格です。壬辰運十年、最も落寞。

癸巳運の後、運南方に転じ、一躍発展しました。正官・正印の格は、人慈祥愷悌の性情です。

〔170〕

丁　亥　大運

丙　午　11才甲辰　41才辛丑

壬　寅　21才癸卯

己　酉　31才壬寅

これは前外交部長、伍朝樞の命造です。午中の丁己並透し、財官用を得て、貴となします。ただし、財官太旺、その重心は印にあります。財官印が全くし、三奇格と言えます。印を用神となしますが、無印でしたなら、身太弱となって、財官に任ずることができません。財官格とは言え、関鍵は印にあります。辛丑運十年、本極盛の時ですが、ただ丑字用神は入墓して、酉は喪門をなし、丑は弔客となり、喪弔斉会し、流年甲戌、財星合局、官印並傷して、没しました。

さらに、財印交差用官と、用殺は同じでして、「偏官格」の項を参照してください。傷官調候用官、また用殺も同じで、「傷官格」を参照してください。

正偏印

印綬は偏正を論ぜずして、身弱にして、財官殺食傷の重きものは、皆印綬の扶身するのを喜ぶものでありま す。印綬が月令に当たっていなければ、有根であることが必要です。月令に当たるも、有根であるのも皆用神をして取ることができます。およそ身弱で、用神印綬にして扶身する者、絶対に財が印を破ることがあってはなりません。偏正を論ぜず皆同様ですし、このことは、用神の財は劫すべからず、用神の官は傷すべからず、と言うことと同一の理であります。ただ、身強で印が旺じている場合、用神財として損印を可とする場合があります。

〔37〕

辛	亥	**大運**
庚	寅	25才丁亥
丙	子	35才丙戌
乙	未	45才乙酉
		55才甲申

朱珪の命造です。雍正九年正月十二日未時〔太陽暦日本の元号、一七三一年（享保十六年）二月十八日〕、丙火初春に生まれ、陽氣大地を廻り、木を藉りて春光を洩らすもので、その用神は必ず印にあります。庚辛を忌とし、財印交差ではありません。ただし、庚辛を見るは、損印の嫌いがあります。

ですから、官星を用として化財せしめ、生印しない訳にはいかないのです。寅亥一合は、尅を化して生となすもので、一生宦海無波の所以であります。

〔171〕

丁　巳　　大運
癸　卯　　28才庚子　　58才丁酉
丙　辰　　38才己亥
癸　巳　　48才戊戌

韓国鈞の命造です。丙火が癸を見、浮雲が日を蔽っている形ですが、月令卯木、官印相生するを喜びます。官印格です。大運財に遇い、官星あってこれを化せしめますし、官殺に遇っても、印がありましてこれを化せしめます。わずかに戊戌運十年、天干合去官星、地支卯と合となり、辰と冲、日元墓庫で大変安らかざる象があります。これを過ぎた後は、福寿長いものです。大体用印なる者は、福澤必ず優れているものであります。

この外に、財旺用印、官殺太旺用印、あるいは食傷太重用印がございますが、それは四柱八字の配合組織によるものです。さらにまた、殺刃用印がございますが、通関に属しますし、傷官用印は調候に属します。通関、傷官の項を参照してください。その例枚挙にいとまがありませんし、以後にも例として出てまいりますので、ここではこれくらいにしておきます。

正偏財

用財には必ず身旺であることが必要です。身旺であればよく財に任ずることができるのです。例えて言うなら、我々は精神健旺であれば、よく妻妾の奉仕を満喫することができますが、精神健旺でなければ、そうはいかないのと同じことであります。ですから、財旺身弱なるは、富屋貧人と称するのです。およそ、財は皆祿を喜びます。例えば、建祿、専祿、帰祿の如く、月令に、日支に、時支に、祿に逢うを喜ぶものです。用財にして祿に逢うは、貴ならず富むものです。刃劫が財を見るは、須らく食神傷官が転枢をなし、印綬幇身するは、須らく財印が相害してはならないものです。これが大要です。身旺用財は、最も比劫を忌とします。身弱用財は最も比劫を喜びます。財は支中に蔵され、干に露出するのは宜しくありません。干に露れていますと、比劫の運に、必ず争端が起こるものです。所謂、用の財をなすは、劫すべからず、と言われる所以であります。透干して日干と相合する場合、財は来たって我に就くものです。

また、財が日支にあれば、最も親しく密切なものとなし、皆、富格富裕です。財旺じて、成方・成局し、日元無根なら、棄命相従となり、従格を参照してください。

〔134〕

己	未	大運
癸	酉	23才庚午
丁	巳	33才己巳
丁	未	43才戊辰
		53才丁卯

これは、袁世凱の命造です。財旺生官、癸水は微弱、また、己土の制するところです。ゆえに用財にして、偏官を用としないのです。用財ゆえ食傷の地、皆美運となします。巳未は夾祿、また食神化劫生財となり、財に天乙貴人が臨んでおりますので、貴たるや人並みより優れたものでしたが、丁運丁巳年、比劫重疊、争財となって、逝去されました。

〔172〕

乙　亥　　大運
己　卯　　24才丙子
庚　辰　　34才乙亥
丁　丑　　44才甲戌

張作霖の命造です。財旺生官格です。用神財にあります。官運に行くは財運の美に及びません。けだし、官殺はよく生印し、財旺生官の清に及ばないのです。乙亥・甲運十五年、一生中の極盛時代でしたが、戌運に至り、官星入墓、戊辰流年、歳運相沖、火庫爆裂、爆破に遇って死亡しました。

〔173〕

庚　子　　大運　　57才己丑
癸　未　　27才丙戌
戊　寅　　37才丁亥
壬　子　　47才戊子

上海の名だる人で、先貧後富の葉澄衷の命造です。戊癸相合、年時に財星が得祿する富造であります。日元戊寅であることが宜しく、坐下殺印相生し、土旺の時に生まれ、身旺にしてその財に任じ得るものです。丙戌・丁運、日元は旺地を巡り、財富は日ごとに増し、用は印劫にあるといえども、もちろん、真の正財格であります。

〔174〕

癸　酉　　大運　　58才丁巳
癸　亥　　28才庚申
戊　子　　38才己未
丁　巳　　48才戊午

鉅商某富翁の命造です。用は時上の帰祿にありといえども、また真の正財格です。戊癸相合。財祿は子にあり、酉金相生、財旺の極で必ず印劫の助を喜びます。早年貧困でしたが、己未運に至り、一発の雷の如く発財しました。人生発跡するに時があるものですから、勉強努力しなくてはなりません。

以上、真の「正財格」をなすものですが、二命は貴、二命は富の例です。この外に、用官は必ず財の相生を喜ぶあり、用食傷は皆財にその氣を流動させるを喜ぶあり、これらは、配合用財となすものがあります。さらに、官傷交差は通関として、用財とすべきものがあり、陽刃で財を見るは、食傷を通関とすべきものがあります。通関の節を参照してください。

偏官

偏官は七殺とも言います。一つだけあれば、清く、偏官と称し、多ければ雑で、七殺と称します。用殺の法は、制と化に外なりません。制には用食神、化には用印綬があり、身強で殺浅ければ、すなわち仮殺為権とします。ただし制服するものがなくてはなりませんし、財の相生を喜びます。これを財滋弱殺格と言います。身強で殺旺ずるは、食神を用として七殺を制すべきです。これを食神制殺格とします。身弱殺強なるは、印を用として化すのが宜しく、食神を用として制すべきではありません。身殺兩停している場合、陽刃、七殺の類は、最も殺刃相合するが宜しく、合とならないなら、印を用として和せしむべきです。偏官は単用なきもので、必ず、食・印・財が相関連してくるものです。食神制殺は傷官も制殺することができます。ただ、その力が純ではありません。食神に較べて遜色があります。すなわち、陰陽干配合の関係です。つまり、日主が陽干でしたなら、食神も陽干、殺は陰干となり、陰陽相制し有力となすのです。傷官制殺の如きは、陰干と陰干の相制、陽干と陽干の相制となりまして、氣勢不純であります。

〔99〕

癸　未
辛　酉
乙　酉
丁　亥

大運
30才戊午
40才丁巳
50才丙辰
60才乙卯

閻錫山の命造です。身強殺旺にして制が軽く、運行制郷に巡りまして、大貴となる。乙木秋生まれ、生氣内に引きしまり、年と時とは亥未拱合、乙木の根は深く、残枝枯葉。これを刪除するを喜びはしますが、ただ殺には必ず制がなくてはなりません。制殺格の正なるものであります。

〔175〕

辛　酉
丙　申
庚　子
丙　戌

大運
25才癸巳
35才壬辰
45才辛卯
55才庚寅

北洋領袖、王士珍の命造です。月令建祿、庚金乗令、干に二丙が透り、辛金が丙と干合して一丙を去らしめるを喜びます。身強殺弱、仮殺為権、四柱無財と言っても、大運が財地に運行し、その欠ける財を補います。財滋弱殺であります。

〔176〕

癸　卯
乙　丑
己　亥
己　巳

大運
35才辛酉
45才庚申
55才己未
65才戊午

清の某省巡撫、馮煦の命造です。身殺兩停し、用印となります。寒土寒木、必ず丙火の調候が必須です。惜しむらくは運行西北。中年未展開あり、南方に転じて栄顕。戊午運、某省を開府、光復に逢って下野しました。これは国運転移の影響で、本身の運は尽きている訳ではありません。

〔47〕

乙亥	大運	46才甲戌
己卯	16才丁丑	
甲申	26才丙子	
乙亥	36才乙亥	

兩湖巡閲使、蕭耀南の命造で、殺刃格です。殺刃には二つありまして、（一）殺刃相合、（一）殺刃用印、であります。用印は殺と刃の氣を流通せしむる、所謂、通関で、その節を参照してください。これは殺刃相合格です。所謂、甲兄は乙妹を庚に嫁せしむ、と言われるもので、凶を吉に転化せしむるのです。乙亥運に至りまして、逐次発展、甲運に至って、全省の最高官階となり、戊運、任にあるのに病没しています。

〔177〕

丁酉	大運	74才甲辰
壬子	44才丁未	
丁酉	54才丙午	
壬寅	64才乙巳	

清の兩江総督、周玉山の命造です。官露殺蔵、月垣は七殺乗令して、財ありて生殺、身衰殺旺、用印にてこれを化せしむるが宜しいのです。運行東南、霖雨蒼生、兩江を開府して、東南の重鎮となりました。

食神

食神と傷官は一つですが、食神は氣は順にして純であり、傷官の氣は強にして雑です。ですから、傷官には印の制を用とするものがあるのです。そして食神はただ生財を喜ぶものです。用法は必ずしも同じではないので、兩格に分けるのです。食神が多くあったり、食傷並見したりする場合は、「傷官格」とします。食神を用とするには必ず身旺でなければなりません。原局に印があって、食と印とが相害しなかったり、印が支中に蔵され食神が透出していたり、さらに、財星が透干していますと、氣は流動しますので、最も上格となります。

〔178〕

甲申　**大運**
丙寅　24才己巳
壬申　34才庚午
庚子　44才辛未
54才壬申

清の阮元の命造です。寅中の甲丙が透出し、食神生財格の純粋なるものです。子申は合して、印は比劫に化している。食祿は不傷、食傷は本身の秀氣となすものですから、食傷を用とする者は、皆聰明抜群で、文学家にこの格局に当たるものが多いものです。食神を最も純正一流となすものです。食神が祿を見るは、天厨食祿となし、福澤です。食神は寿星とも言いまして、長寿であります。

〔179〕

甲午　**大運**
乙亥　21才戊寅
庚辰　31才己卯
己卯　41才庚辰
51才辛巳

宋子文の命造です。庚辰は魁罡で身旺、亥中壬水得祿、時上財星得祿、乙庚相合して、財は我に就き來たります。真正の食神生財格であります。

考玄解註

格局を定めるためには、十干と十干との関係を示す仮設代名詞である、生尅名を知り、その生尅名の持つところの作用や性情を十分に知らなければならないのです。

ここで『滴天髓』は「八格定」と言っておりますが、原注はもちろんのこと、任氏増注でさえこの「定」とあることの定論がなされず、多言を費やしてはいても、初学の人が「八格」をどう定めてよいか、途方に暮れるのみの註になっております。さらに徐氏補註に至っては、『滴天髓』では、格局に関しては省略されて詳しくは論じられていないため、『子平眞詮』を参照すべきであるとしているのですが、格局の用と、用神の用とが正確に分別されていませんし、「格局選定理論」も詳述されておりません。しかし、『滴天髓』に述べられている全理論を正しく整理していきますと、必然的理論として「格局選定理論」に帰着することになるのを、任氏も徐氏も遂に理解できなかったようです。

それだからこそ、任氏挙例には、生年月日時、節入日時分が言われず、土旺であるのか、木火金水の旺であるのかも明示されていないのです。

格局を定めるための最も重要な条件は、

「欲識三元萬法宗」

と言われている公理の中の人元である「蔵干理論」が正しく理論付けられなければならないことを、どの註者も誠に曖昧にしてきた、ということから、ここの註も曖昧となっているのです。さらに、

「載天覆地人爲貴」

に繋がる透干ということであり、さらに重要な旺相死囚休である、

「月令乃提綱之府。譬之宅也。人元爲用事之神。宅之定向也。不可以不卜。」

とある月支蔵干中のどの分野の生であるか、これによって、「宅」・格局は「定」とあるのです。つまり、その分野の五行が透干するか、透干しないなら、次に月支蔵干の何をもって格局の用とするか、透不透によって格局を「定」とするかの順序の理論が成立するのです。月律分野の占める日数の理となるのです。ただ、生月が土性支である場合、二気が旺じることがあるのですから、この「旺」が本気となる理です。

以上よりして、生年月日時が正確であれば、万人共通の格局が定まるのです。

以上が普通格局のことであり、この後に『滴天髓』は特別格局の論を展開しているのです。格局のない四柱八字はないものです。格局を大きく分けますと、

A、普通格局

B、特別格局

とに分類され、特別格局は普通格局に優先するものですから、特別格局に入らないもののみが普通格局となるのです。そしてここで言われる八格とは、日干が月令を得ない、ということを意味しているのです。「建禄格」「陽刃格」「月劫格」ということは、その他の特別格局とはならない、日干が月令を得ている、ということを示

している称であるのです。

普通格局の選定法は整然とした理論による順に従って定めればよいのです。それは、月支蔵干分野と、天干に同一五行のものが透出するか否かにより、その選定の順は該当分野の同一五行が天干に透出するならその蔵干の生尅名が格局名となるのです。

分野が透出しなければ、本気、中気、余気の順に同一五行が透出するか否かによって、格局を定めていきますが、蔵干すべて不透であるなら、該当分野の干の生尅名をもって格局とします。ですから、格局のない四柱八字はないのです。「比肩格」とか「劫財格」はありません。

ただし、土性支は生月二気旺ずることがあるので、木火金水が旺ずるのを本気と考えて、右の選定法に従えばよろしいのです。ですから、戊己日以外の日干で、辰未戌丑月の土の分野に生まれても土が天干に不透で、余気・中気共に天干に透出するなら、余気旺ずることがあることから、余気の干をもって中気に優先して「格」とすることとなるのです。この理論は、旺ということ、分野ということ、余気、中気、本気ということ、天干に透不透ということの理からの格局選定法となるのです。

次に、日干が月令を得る場合、

「建禄格」とは、比肩が月令を得ている、比肩が分野である、ということ。

「月劫格」は、劫財が分野であること。

ただし、甲日、丙日、庚日、壬日の場合、劫財が分野であるなら、これを「陽刃格」とする。という定義となるのです。

ですから、ここの挙例というものは、八格のみか、それに加えて、「建禄格」「陽刃格」「月劫格」の格局選定が正しく選定できるような例とすべきなのです。

ですから、格局選定においても、一貫した秩序ある理に基づいて選定すべきことなのです。

〈曰く、官印〔格〕、財官〔格〕、殺印〔格〕、財殺〔格〕、食神制殺〔格〕………〉といったような格局はないのであって、それらは単にある関係の傾向を示しているに過ぎないのです。またここでは、『滴天髓』は用神について言及してはおりませんので、徐氏の言うように〈用神に従って格局が定まり〉などとするものではありませんし、〈祿旺ずる場合〉は必ず「建禄格」か「陽刃格」「月劫格」であって、〈洩の食傷を喜びますから、食傷格に帰する〉ものでもありません。日干が月令を得て旺じても、必ずしも日干が最強となるとは限らず、日干弱となることも多いものです。

もし、財が最強となって日干弱となる場合、用神は制財するところの陽干をもってするのですから、このような場合「比肩格」とか「劫財格」としなければならない矛盾が生じ、「財官印綬分偏正。兼論食傷八格定。」とあることを否定することになるのです。

また、大して問題にすべきことではないと思われるかもしれませんが、〈わずか六つで、官、殺、財、印、食、傷、の六格〉とすることは、正財の意義、作用、性情と、偏財のそれとは全く違うものである、という基礎的認識・理解は不必要になってしまうので、やはり、「八格定」でなければならないのです。

〔162〕

庚　辰　　大運
癸　未　　1才甲申　31才丁亥
乙　未　　11才乙酉　41才戊子
癸　未　　21才丙戌　51才己丑

一七六〇年八月三日としますと、立秋は戊戌日、立運約1才となります。乙日未月土旺生で、土も火も不透ですので、分野に当たる「偏財格」となり、この命は調候でもあり湿ともさせ、さらに滋木培木ともなる癸水が必要であり、月時干に二癸透出しておりますので、燥土の三未は湿土となります。

さらに年支の辰も湿土ですから、年月支の湿土が年干庚を生金し、庚金は月干の水源となり、月干癸水はまた、年支辰中癸水に有気となるのです。乙木は四支にすべて有気となる四令の木で、四土揃っている旺土を疏土するところの甲木が不透、寅・卯の根もないので、日干は不強不弱のやや弱となることが「衰旺之眞機」です。蔵干分野は、生時不正確ですので分野が分かりませんが、未蔵干中で、乙木は休令の丁火を生火もしなければならず、また「刲羊解牛」とは言っても、囚令の乙木、旺令の己土を制するのに難があるし、制己土することにより乙木はそれだけ力量を消耗する、ましてや、乙木では戊土は疏土できません。化殺の癸をもって用神とし、喜神水木、忌神火土、閑神金とするのです。ここは八格を論じているところですから、八格の何に当たるかを明確に説明するだけで十分です。〈生化悖らず〉ということは構造論ですし、〈中和純粋〉と言っておりますが、干の特性として、甲木不透の土旺の土多であり、正官の庚金は日干に無情な干でもある組織構造ですから、中和とも純粋とも言えない構造です。

この原局のみでは、〈科甲出身〉とはならず、大運の過程の中での流年で合格することとなるのです。しかも、生家が生活に余裕あり、書物を買い、良き師につき、学ぶ余裕と知能なくては科甲の試験を受けることもできないし、当然健康であって病弱ではないことも重要な条件になるのです、父母も当然健でなければならないのです。

第一運甲申、甲庚尅去、金旺、化殺生身して忌とならず、

第二運乙酉、乙庚干合金旺にて化金し、酉辰合去しても、化殺生身にて忌とならないものの、甲木の疏土ないため、水智抜群と言えるほどではなく、20才庚子年、21才辛丑年であれば、科甲合格の可能性がない訳ではありませんし、〈藩臬に至った〉のも、大運の喜の傾向性の中での喜の流年でのみ事象が発生したのです。それもまた、過去の大運、流年の累積、さらに後遺によるところの累積の継続中の事象なのです。延々と喜の傾向性の大運が続いての喜の大運であれば、忌の流年であっても喜の事象が発生するものです。第一、ここは八格を論じているところであるのに、何格かを言っていないのです。

〔163〕

己	**丑**	**大運**	
壬	**申**	戊辰	丁卯
丁	**未**	辛未	丙寅
丙	**午**	庚午	
		己巳	

丁日申月金旺に生まれ、己土と壬水年月干に透出して金不透ですので、戊己土分野生であれば、「食神格」であり、それ以外の分野であるなら、「正官格」となるものです。調候は幇身ともなる丙火、時柱に丙午あってよろしきを得ますが、壬丁干合して不化ですから、壬水倍力となり、相令の倍力の壬水、丁火を貫通して制火に向かい、天干丁丙

ですが壬水の尅により、未午合は不化にて合去し、日干弱となります。嫡母の甲を用神と取りたくもなく、用神取るものない命となるのです。丙を用神としても、倍力の壬水から制されて、比劫の喜の作用を果たし得ないのです。しかし、一応は喜神木火とし、忌神土金水となるものです。

第五運丁卯より良好となりますが、それまでの運は喜のみとは言えず、忌の傾向性ともなる運もあるので、丁卯運に巡っても、急によくはならないのです。徐々に良化しつつ、第六運丙寅にて良化目覚ましいとは言えます。

〔164〕

癸	**未**	**大運**	辛亥
乙	**卯**	甲寅	庚戌
丙	**午**	癸丑	己酉
辛	**卯**	壬子	

丙日卯月木旺・火相令に生まれる「偏印格」か「印綬格」です。未卯木局半会し、年干癸水は滋木培木して生火し、日干丙はまた午に坐し、時支卯木も生火し、不団結なるも、印太過の忌です。丙辛干合、財倍力となるも、日干洩身すること少なく減力とならず、用神やむなくの無力なる辛、喜神土金、忌神木火、閑神水となるものです。

第一運甲寅、木旺・火相令にて寅午火局半会して寅蔵二丙、透甲生火し、日干旺強無依となる大忌の運で、多病多疾くらいですめばよいほうです。必ず痼疾残るのは、特に金の病、病源は火にあるのです。

第二運癸丑、丑未冲にて未卯解会し、やや喜の傾向性となるのは、丑が晦火晦光するためですが、癸水が滋木する忌の象はあります。

第三運壬子、子午冲去し、時支卯と未卯木局半会により、化殺生身する火の忌、木多の忌の傾向性。

第四運辛亥、亥卯卯未の木局全以上、辛金の制するところではなく、木多金缺の金の忌象、印と木の忌象が相次ぐ大忌の傾向性ある運。

第五運庚戌、燥土不能生金となる運で、金の忌象は避けられません。このように良好運は一運もないのです。

この命、壬辰刻生であればどうか、解命してみてください。

〔165〕

辛	**卯**	**大運**	壬辰
丙	**申**	乙未	辛卯
癸	**卯**	甲午	庚寅
壬	**戌**	癸巳	

癸日申月金旺に生まれ、透辛する「印綬格」です。辛丙合去し調候を失い、卯戌合去、接近し、二干二支となり、日干は転強、用神は接近する年支卯中甲、喜神木火土、忌神金水となります。

第一運乙未、乙辛剋にて辛丙解合し、未卯卯木局半会以上で、卯戌解合し木局半会残り、時干壬によって戌は湿土となるやや喜の傾向性。

第二運甲午、火旺の調候運、午戌火局半会にて卯戌解合、日支に卯木あって戌土は生金に向かわず、やや喜。

第三運癸巳、巳申合去、やや喜の傾向性。

第四運壬辰、辛丙解合、辰戌冲にて卯戌解合し、全支個有の支。喜の傾向性ある運。

第五運辛卯、辛丙解合、卯戌解合の木旺運、時干壬によって戌は湿土となり、湿土生金し喜の傾向性。

第六運庚寅、辛丙解合、寅申冲去して、結果的には喜の傾向性ある運となります。

〔166〕

辛卯　大運　壬辰
丙申　乙未　辛卯
癸卯　甲午　庚寅
甲寅　癸巳

前造と同様に、「印綬格」で、辛丙合去して調候丙火を失うが寅中蔵丙では不及。洩身太過の忌です。用神は庚、喜神金水、忌神木火土となります。

第一運乙未、乙辛尅にて辛丙解合し、未卯卯木局半会以上となって、調候あるとも木太過して忌の傾向性。

第二運甲午、午寅火局半会の忌の傾向性。

第三運癸巳、巳申合去、用神を失い、無印無根の日干癸水、陰干弱きを恐れずとは言え、日干無依となる、大忌の大忌の運、流年によっては死亡することさえあります。事故死もあり得るのは、食傷太過しているためです。

第四運壬辰、辛丙解合、寅卯卯辰東方全以上にて、またまた洩身太過の大忌。この運中死亡もあり得ます。

〔167〕

己卯　大運　34才壬申
丙子　4才乙亥　44才辛未
丙子　14才甲戌　54才庚午
丁酉　24才癸酉

丙日子月水旺の壬水か癸水分野生の「偏官格」か「正官格」です。用神甲、喜神木火、忌神土金水となります。生時か生日が誤りです。徐氏の「八格定」の註で、〈看法は、生尅制化、会合刑冲の八法に外なりません。〉と言っているのに、生尅制化の解命はなされておりません。

〔168〕

甲 子	大運		37才庚午
丙 寅	7才丁卯		47才辛未
己 丑	17才戊辰		57才壬申
甲 子	27才己巳		

己日寅月木旺・土死令の丙分野に生まれ、透丙する「印綬格」です。己甲干合不化にて甲倍力、丑子合は、天地徳合で不去。用神丙、喜神火土、忌神金水、閑神木となるものです。

徐氏は〈官印格〉と言っておりますが、『滴天髄』に「八格定」と言われていることに反します。丙分野の生まれですから、「人元用事之神」の月干に透丙する「印綬格」で、調候丙火適切であり、化官生身の用神でもあり、大運一路喜用の運を巡り、『四言獨歩』言うところの「己干用印。官徹名清。」。己土の特性、「若要物旺。宜助宜幇。」に合致するものです。

〔169〕

庚 寅	大運		40才癸巳
己 丑	10才庚寅		50才甲午
壬 辰	20才辛卯		60才乙未
庚 戌	30才壬辰		

壬日丑月水旺生の「陽刃格」です。調候二丙くらい必要であるのに、辰戌冲去し、丑寅が接近して調候丙はやや不及なるものの、ほぼ良好な組織構造であり、用神丙、喜神木火、忌神金水、閑神土となるものです。この命はまた、己土濁壬して生木もし、火が来れば、生己土して火土の喜ともなるのです。月干の己土が閑神ということではないのです。

徐氏はこれを正官の分類中に入れて、〈官は財の生を喜び、財官格です。〉と言っておりますが、「蔵干理論」

がないため、丑月に水旺・土旺があることを見落としたのでしょうか。また、「陽刃格」とする理が解らず、しかも用神は一神であるべきなのに、二神を用としております。大運順旋して、喜用の運を巡ったので、社会的地位向上していったもので、これが逆旋したなら、貧窮の人となるものです。

第一運庚寅、木旺運にて、天干庚は木旺ですから破木することなく、忌となることはほとんどありません。

第二運辛卯、寅卯辰東方全にて、喜の傾向性。

第三運壬辰、辰戌解冲するので、湿土生金のやや忌の傾向性。

第四運癸巳、火旺運、癸己尅去し、喜少の傾向性。

第五運甲午、火旺運、午寅火局半会、辰戌解冲し、喜の傾向性。

第六運乙未、四土揃って喜の傾向性となるのは、月干己土の根有力となるためであり、また日干それほど弱化もしないことによるものです。この月干己土の作用を見落としてはならないのです。よく言われる、陽刃帯殺よりもこの己土のほうがよろしいのです。壬日癸分野生の「陽刃格」ということを忘れてはならないのです。こうした点も「五行之妙」と言えるのです。

〔170〕

丁亥	**大運**		31才壬寅
丙午	1才乙巳		41才辛丑
壬寅	11才甲辰		
己酉	21才癸卯		

壬日午月火旺の丙分野に生まれる「偏財格」です。調候壬水と有情なる水源必要とするのに、年支亥中に壬水あるも、時支酉金は遠隔にて水源となるのに無情です。年支の壬水は涸れて、亥中甲は助火。午寅火局半会し、寅蔵二丙が死令の

酉を熔金する気勢、調候ともなれば、「病」に対する「薬」となり、かつ幇身となる壬水を用神とすべきですが、涸渇の壬は用神と取れず、かと言って酉の印ある以上、従することもできない下格となるのです。

大運第一運乙巳、火旺運、乙己尅去し、水沸となって、3才庚寅年、寅寅午の火局半会以上、寅亥合の情不専により、寅は個有の支。4才辛卯、卯木が助火、死亡しても不思議ではなく、6才癸巳年、7才甲午年、8才乙未年、とても寿保ち得るわけがありません。

徐氏解命は調候である「天道有寒暖」を全く無視し、火局半会をも見落とし、〈午中丁己並透し、財官用を得て、貴となします。〉、午中の己土蔵干とする考えにより、午寅火局を成す場合、蔵干が三丙一丁となることに至らなかったのでしょう。〈ただし、財官太旺、その重心は印にあります。〉という命理学上、重心、という用語も定義も明らかではないことを言い出し、さらに、〈財官印が全くし、三奇格と言えます。〉と格局を決めておりますが、この「三奇格」なるものも、実は『滴天髓』で「影響遙繫既爲虛」と言われていることの変格・雑格に属するものでもあります。ということは『滴天髓』が誤りであるとしていることに外なりません。誤りであるなら、そのよって立つ理論を堂々と述べるべきですが、その理に全く触れることはなく、あちこちに「三奇格」という格局を持ち出されては、混迷に陥ってしまいます。しかもその解命たるや、ある事象に合致させるためのもので、一片の理もないものなのです。さらに〈重心〉を〈用神となします〉と言っておりますが、これさえも午寅火局半会を無視しての用神です。さらにその後〈財官格とは言え〉と「三奇格」にして、「財官格」ということになっては、一体「三奇格」なのか「正財格」なのか「偏財格」なのか「正官格」なのか、分からなくなってしまいます。〈前外交部長〉となったのであれば、もちろんこの己酉の生時であるはずがないのです。真太陽時を知らないためでしょうが、もし生年月日が正しく、相当出世したものであるなら、左の命であったと考えるべきなのです。

丁　亥
丙　午
壬　寅
戊　申

上造「偏財格」で格局は変わりません。午寅火局半会は、寅申冲にて解け、全支個有の支。調候やや不及ではあるものの、幇身ともなる壬水が申中にあって水源有情となり、用神壬とし、喜神金水、忌神木火土となるのです。己酉刻生とは、天地雲泥の違いです。第五運辛丑、火旺の丙丁から尅辛され、用をなしませんが、丑の湿土が晦火晦光する、前四年水旺、後六年土旺の喜の傾向性ある運ですが、45才壬申年は、壬水原局亥に根あり、二申に有気であり、大運に水源あって、まさに火旺の丙丁、午を滅火するのに十二分以上となります。喜の大運であっても、太過太強となるのは忌となるもので、つまり中和が甚だしく破れ、水と火の忌象の疾病発し、癸酉年を経て病重く、甲戌年に没した、ということになるのです。これも大運喜であっても流年の忌によって死亡する、の一例と言えます。これを死亡年の甲戌年のみで説明しようとする限り、その理は解らないものです。

また戊土が制壬するのではないか、という反論が出るのも当然ですが、戊壬の原局の尅は、一方湿土となっており、原局の申中の庚金を生金、「燥・湿」の湿土となっていて、辛丑運の辛金は、原局丙丁火から尅辛されて無力にはなっているものの、壬申年にて、有力な根重々とある壬水が制丙丁、午火となることで、尅金された辛も有用な作用となり、原局湿土の戊土からも生辛されて、水勢甚だしく強化され、さらに制火・火滅に至る、ということになるのです。このような場合の疾病は多くは火にあり、火の病は実は、第三運21才からの癸卯運中に発しているのです。この痼疾は去ることなく、根治させない限り、時に大きく、時に小さく再発を繰り返し、壬申年には相当大きな病状となって現れたでしょうが、この年に死亡するとは限らないのが痼疾です。これも、生年月日が正確なものとしてのことでしかありません。

〔37〕

		大運	
辛	**亥**		35才丙戌
庚	**寅**	5才己丑	45才乙酉
丙	**子**	15才戊子	55才甲申
乙	**未**	25才丁亥	

丙日寅月木旺の甲分野生まれ、乙木透る「偏印格」です。亥寅合去、子未接近し、相令の丙火は旺令の乙より助火され、子中癸水が滋乙木して、乙はさらに丙火を生じ、未中に丁乙あり、日支子水は日干丙を剋すことできず、未土は湿土となって生金するので、用神一応己と取り、喜神土金、忌神木火、閑神水となるものです。

第一運己丑、亥子丑北方全となり、亥寅解合するも、己乙剋去し、忌の傾向性でも、大したことなく、

第二運戊子、湿土に洩身して生金の喜の傾向性。

第三運丁亥、二亥一寅の妬合にて解合、丁辛剋去するも忌とはならず、この三運、生家の財利向上、水智発し、才能も発する傾向性大。

第四運丙戌、丙火剋金するところを、湿土の戌が生金して、洩秀生財、やや喜の傾向性。これも水智による

ものです。

第五運乙酉、金旺財旺ずる喜神運。

第六運甲申、殺印相生の甲木助火し、金旺運にて、やや喜の傾向性ある運。

徐氏の解命が解りますか。〈その用神は必ず印にあり〉〈官星を用として化財せしめ〉〈寅亥一合は、尅を化して生となすもの〉だから、大運にかかわりなく、〈一生宦海無波の所以であります。〉。一体用神は、官の癸水なのか、偏官の壬水なのか、偏財の庚なのか、正財の辛なのか、偏印の甲なのか、印綬の乙なのか。徐氏が言っていることを、好意的に考えても、やはり〈その用神は必ず印にあり〉と考えられますか。〈寅亥一合は、尅〔壬水本気と丙との関係〕を化して〔化するは木ゆえ、亥は二乙、寅は二甲〕と生〔丙〕となす〉と言っているのです。年月干辛庚なのに化木するのでしょうか。つまり、この四柱八字と蔵干となっても、なお〈用神は必ず印にあります〉でしょうか？

辛　亥（乙　乙）
庚　寅（甲　甲）
丙　子（壬　癸）
乙　未（丁乙己）

〔171〕

		大運	
丁	**巳**		38才己亥
癸	**卯**	8才壬寅	48才戊戌
丙	**辰**	18才辛丑	58才丁酉
癸	**巳**	28才庚子	

丙日卯月木旺・火相令の乙木分野に生まれる「印綬格」です。丁癸尅去し、丙火は二巳に有根。用神壬の制火を取たくもなく、無金でもあるので、やむなくの用神癸、喜神金水、忌神木火、土は制癸水するので閑神となるものです。

第一運壬寅、木旺運にして寅卯辰東方全、二巳一丙を生火しても、庚金の「薬」なく、壬癸水は東方全を生木するのみの大忌の運。9才丙寅年、10才丁卯年、11才戊辰年、12年己巳年、大忌が続いて寿さえ危ぶまれるところです。

〈大運財に遇い（辛丑・庚子の財）………〉はまあよいとしても、第一運壬寅については一言も触れてはおりません。また〈戊戌運十年〉と言っておりますが、これは将来のことで、第五運戊戌はやむなくの用神癸を水塞とし、辰中癸水は旺令の卯木を生じ、卯木また助火の大忌の運。48才乙巳年の後、49才丙午、50才丁未年と大忌の流年が続きます。〈日元墓庫で大変安らからざる象〉くらいで過ごせるわけはないのです。これも年月日が正確であるなら、第一運壬寅を無事過ごし得たのですから、生時真太陽時の壬辰刻かも知れません。細かい事象不明ですので、類推に無理があります。徐氏が『滴天髄』を否定するように、〈官印格〉と言っているのは誤りです。

〔134〕

		大運	
己	未		33才己巳
癸	酉	3才壬申	43才戊辰
丁	巳	13才辛未	53才丁卯
丁	未	23才庚午	

丁日酉月金旺の庚分野に生まれる「正財格」です。酉巳金局半会して、調候とも幇身ともなる丙火は化金しており、相令の癸水は、酉巳金局半会の三庚一辛から生水され、年干己土は未に根あるので尅癸するというよりも、癸水は未と己土を湿にして湿土生金に有情であるので、制水はそれほどでな

く、癸水傷丁、やや金寒水冷となります。しかし、丁火の特性である「衰而不窮」、丁未刻の幇身有力ではないものの、「不窮」で、用神はやむなくの無力なる丁、喜神は嫡母の甲を最喜として、木火、忌神は土金水となります。

第一運壬申、金旺運、申巳合にて酉巳金局半会解け、調候とも幇身ともなる巳火有用となりますが、壬水申に通根して有力、攻身に向かうので、喜忌参半の傾向性。〃陰干弱きを恐れず〃を頼むのみです。

第二運辛未、弱きを恐れずを頼む運。

第三運庚午、火旺の調候運にて、巳午未未南方全以上と午酉尅の情がありますが、午酉蔵干の尅は冲ではないので、方は解けず南方全となり、日干も強化され、財も弱くなく、喜の傾向性ある運。

第四運己巳、火旺運ですので、この火旺の巳は金局には加担せず、喜の傾向性の運。

第五運戊辰、辰酉合にて酉巳解会し、戊土が制癸水し、忌が忌を制し、食傷生財の喜の傾向性ある運。

第六運丁卯、木旺運、卯酉冲、卯未未木局半会以上の情不専にて、金旺の酉巳金局半会の支中三庚一辛は、蔵甲乙を断削し、忌の傾向性とさえなり、〈丁運丁巳年〉流年巳年には旺相死囚休ありませんので、巳巳酉の金局半会以上、袁世凱が暗殺されたのは、日本軍の策謀によるもので、必ずしも命の然からしむるところとは限らないのです。侵略戦争という歴史的背景の中での暗殺です。多くの場合、この暗殺ということは、平時でさえもなかなか命理的には解せないものが多いのです。ましてや、戦争という巨大な異常状況下のことですから、これを命理的に合理化することはできないのです。

さらに解命中、〈癸水は微弱、また、己土の制するところです。ゆえに用財にして、偏官を用としない〉と言っているのは、金旺生にて、日支の巳が酉と金局半会を成して、蔵干丙ではなくなって二庚となるのを見落とし、しかも、湿土の年干己土と未土が生酉金し、さらに生癸水する。制するのと、生ずるのとの、力いずれが大であるのかを誤解しているようです。

つまり、金旺・水相・木死・火囚・土休令にして、前のほうで干支の有り様を論じた「四柱基礎理論」のところの、「地生天」であり、蔵干己土では天干の癸水を制することできず、「左右同志」で未土は酉金を生じ、また、年干己土も生金有情。仮に己土が月干癸水を制水するとしても、単に月支の酉から生水されるのみでなく、日支巳中の蔵干二庚から生癸水される相令の癸水ですから、

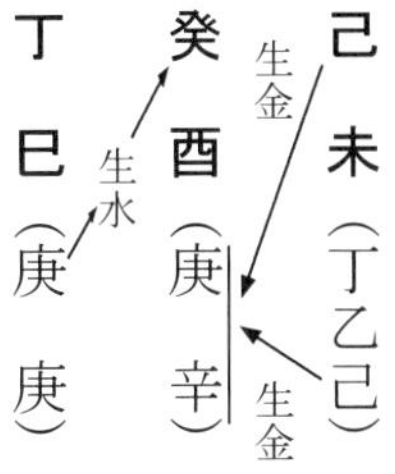

癸水無力と解するのは徐氏の大誤なのです。こうした点が『滴天髄』で言われているように、「始終」も、土生金、金生水から、木に流通しないことになるので、癸水傷丁が正理となるのです。そう解することこそ、『滴天髄』の真義なのです。

しかも、〈用財〉という〈用〉が用神の意であるなら、これも大誤であって、用神財と取れるのは、日干強となる場合のみです。ですから、〈用財ゆえ食傷の地、皆美運〉とあるのも、大誤の上に、さらに、〈夾祿〉〈天乙貴人〉を持ち出し、〈貴たるや人並みより優れ〉として、事象に合致させようとしているのは、これまた大誤となるのです。つまり、丁火の干の特性を忘れ、第一運壬申、第五運戊辰のいずれも、酉巳金局半会を解いて、

巳火個有の支となり、第三運庚午は巳午未未南方全以上となる、冲尅合局方の解法を見落とした初歩的誤りによるのです。

〔172〕

乙	**亥**	**大運**	
己	**卯**	4才戊寅	34才乙亥
庚	**辰**	14才丁丑	44才甲戌
丁	**丑**	24才丙子	

庚日卯月木旺の乙分野に生まれる「正財格」です。乙己尅去し、亥卯木局半会、湿土生庚するも、やや財多身弱の憂いがあります。用神庚と取りたいが、無庚、陰干辛金では干の特性として制財不能、やむなく用神己、喜神土金、忌神水木火とするものです。


第一運戊寅、木旺運にて、寅卯辰東方全の忌の傾向性。

第二運丁丑、湿土生庚して、やや喜の傾向性。

第三運丙子、亥子丑北方全くし、辰の生庚あるものの、丙火攻身の忌の傾向性。

第四運乙亥、亥亥卯木局半会以上の忌の傾向性。

第五運甲戌、喜忌参半の傾向性。戊辰年、死亡の理ありません。

徐氏の言う〈財旺生官格〉などはありませんし、〈財旺〉であっても、この財が生官するのは、、乙己尅去してのことで、乙己尅去しないのなら、財が時干丁を生官すること無情です。しかも、囚令の庚金、丑土が生金しても無根であって、日干弱となるのです。〈用神は財〉にあるものではありません。さらに、張作霖は日本軍による鉄道爆破で死亡したのですから、これを命理的に理由付けることは困難です。
生時乙酉刻になればどうでしょうか。

〔173〕

		大運	
庚	子		37才丁亥
癸	未	7才甲申	47才戊子
戊	寅	17才乙酉	57才己丑
壬	子	27才丙戌	

戊日未月火旺に生まれる「印綬格」です。癸戊合、戊壬尅の情不専、調候壬水と水源有情ではあるのですが、庚金生子水で十分であるのに透発し、かつ時柱は壬子刻。「不可過」と言われる調候太過の忌となり、やや財多身弱の憂いもあるので、用神は寅中余気の戊、喜神火土、忌神金水木となるものです。

第一運甲申、第二運乙酉は忌の傾向性ですが、第三運丙戌よりやや喜の傾向性となり、続く戊子水旺運も、よく戊土が制水し、喜の傾向性となるものです。

一九〇〇年（明治三十三年）七月に戊寅月はなく、一八四〇年（天保十一年）七月十八日遅い子刻がこの四柱です。立秋八月七日二十時五十三分ですので、徐氏の言う、〈土旺の時に生まれ〉ではなく、火旺の生まれです。土旺と火旺の生まれでは全く違ってきます。土旺の生まれになると、格局は「月劫格」で、水死令ですので、日干強となり、用神壬、喜神金水木、忌神火土と、全く正反対となります。ですから、〈真の正財格〉などではありません。

〔174〕

癸	酉	大運	
癸	亥	8才壬戌	38才己未
戊	子	18才辛酉	48才戊午
丁	巳	28才庚申	58才丁巳

戊日亥月水旺に生まれる「偏財格」です。調侯丙火急を要するのに時支巳中に丙火はありますが、調侯やや不及。助身はしますが、癸戊干合し癸水倍力、日支に子あるので、財多身弱の命となります。用神巳中の戊、喜神火土、忌神金水、閑神木となるものです。


第一運壬戌、それほどの忌とはなりません。

第二運辛酉、第三運庚申は、忌の傾向性。

第四運己未、己土制癸水にて、やや喜の傾向性。

第五運戊午、火旺の調候運にて生土、相令の戊土が制財し財利向上の喜運。

徐氏の〈真の正財格〉とあるのは、壬水司令しておりますので、「偏財格」の誤りです。

〔99〕

癸	未	大運	
辛	酉	10才庚申	40才丁巳
乙	酉	20才己未	50才丙辰
丁	亥	30才戊午	60才乙卯

乙日酉月金旺・木死令の生まれの「偏官格」です。調侯丙火なく金寒水冷、金旺の二酉に根ある辛金は尅乙、用神は年干で無情ですが、化官殺生身、滋木する癸、喜神水木、忌神火土金となるものです。

第一運庚申、申中壬ありますが、旺強の官殺が尅身する大忌の傾向性ある運。

第二運己未、財が忌の官殺をさらに強化する忌運。

第三運戊午、戊癸合化火、戊は丙に癸は丁に変化し、地支は全支個有の支、丙丁火の忌が忌の官殺を制するものの、洩身太過にて忌の傾向性ある運となり、

第四運丁巳、火旺運にて、制殺する喜あるものの、洩身ともなる尅洩交加の忌の傾向性。

第五運丙辰、湿土の辰が生金するとともに晦火晦光もするので、大運干丙はそれほど制殺できず、忌の傾向性。

第六運乙卯、木旺運ですが、一卯二酉の両冲にて忌の傾向性。

闇錫山の命とされておりますが、この命も生時疑問です。

徐氏の言う、〈身強殺旺〉ではありません。身弱にして官殺最強ですし、〈制が軽く〉ではなく、丁火では制金できず、尅洩交加と言われる調候のない下格です。〈運行制郷に巡りまして、大貴〉となることなどないのです。〈制郷〉とは火旺運のことですが、戊午の火旺運であって、戊癸干合化火の理にて、戊は丙、癸は丁となって、忌が忌を制するものの、洩身太過して忌の傾向性となるのに、突然の喜などあり得ないことです。仮に日干甲木であっても、干の特性の相違、秋令甲木収斂はしますが、乙木では庚を喜ばないものですし、辛金もまた喜ぶわけがありません。庚金劈甲引丁の理は乙木にはないのです。ただ、〃陰干弱きを恐れず〃という点を頼むのみです。

丙子刻生であれば、調候やや不及ですが、反生の功あって、子中に用神癸があり、有情となります。

〔175〕

辛　酉	**大運**		
丙　申	5才乙未	35才壬辰	
庚　子	15才甲午	45才辛卯	
丙　戌	25才癸巳	55才庚寅	

庚日申月金旺に生まれ、申酉戌西方全くし、調候は結果的に辛丙合去して接近、時干に残る調候丙の暖が殺であるため、「従革格」不成の「建禄格」となります。用神丙、喜神水木火、忌神土金となるものです。

徐氏解命は、申酉戌西方全を見落としております。

用神丙が去ることはありませんが、第四運壬辰は制丙し、晦火晦光の湿土辰が生金し、原局申酉戌西方全の大忌の運となります。

〔176〕

癸　卯	**大運**	35才辛酉	
乙　丑	5才甲子	45才庚申	
己　亥	15才癸亥	55才己未	
己　巳	25才壬戌	65才戊午	

己日丑月水旺に生まれ、透癸する「偏財格」です。調候二丙くらい必要であるのに、亥巳冲去して調候を失い、丑卯接近します。金寒水冷、池塘氷結となり、用神やむなく丑中己土としか取るものなく、喜神火土、忌神金水木となりますが、調候ない限り、喜の作用は期し得られません。

第一運甲子、亥子丑北方全にて、亥巳解冲して調候あるとも、水多の忌の傾向性。

第二運癸亥、水旺運の忌の傾向性。

第三運壬戌、調候巳火冲去のままで、戌卯合去する忌の傾向性。

第四運辛酉、金旺運、洩身太過の大忌の運。

第五運庚申、金旺運、申巳合で亥巳解冲して調候あるとも、洩身太過の忌の運。

第六運己未、調候なく、それほどの喜発せず、65才まで、むしろ忌が延々と続いて、たとえ65才からの第七運戊午、戊癸干合化火しても、年齢的にあまりにも遅きに失し、突然変異などあろうはずがありません。これも、生時の誤りです。

徐氏の言う〈身殺兩停〉ではありませんし、調候を言っている点は正しいのですが、いかなる運にて官吏となり得たかも言わず、「偏官格」と言っておりますが、水旺の透癸する「偏財格」です。

〔47〕

		大運	
乙	**亥**		36才乙亥
己	**卯**	6才戊寅	46才甲戌
甲	**申**	16才丁丑	
乙	**亥**	26才丙子	

甲日卯月木旺の乙分野生の「陽刃格」です。亥卯木局半会して、用神やむなく己、喜神火土金、忌神水木となります。

第一運戊寅、木旺・火相令、殺印相生の戊土生庚、やや喜。

第二運丁丑、丁火生己土、己土生庚となるが、日干は丑中癸水に滋木されて強化、喜忌参半の傾向性ある運。

第三運丙子、子申水局半会して、忌となるところを、丙火に洩身し、食神生財となるので、やや喜の傾向性のほうが大となり、第四運乙亥、亥亥卯木局半会以上となり、忌大の運。

第五運甲戌、戌卯合にて亥卯木局半会が解けても、日支申金は用をなさず、争財の忌運となります。

蕭耀南の命ですが、徐氏の言う〈殺刃格〉はなく、〈凶を吉に転化せしめる〉造ではありません。亥亥卯木局半会以上の忌となる〈乙亥運に至りまして、逐次発展〉し得たのでしょうか。また忌の甲が透る大運で、〈全省の最高官階となり〉得たのでしょうか。甲戌運は前四年金旺、後六年土旺で、〈甲運〉も〈戌運〉もありません。

この解命と事象から見ますと、「従旺格」とした大誤によるのです。官殺の申金あるので、「従旺格」にも、「曲直格」にもならないのです。それでも、〈殺刃格〉と言っているのですから、全くおかしなことです。

〔177〕

丁	酉	大運	34才戊申
壬	子	4才辛亥	44才丁未
丁	酉	14才庚戌	54才丙午
壬	寅	24才己酉	64才乙巳

丁日子月水旺の癸分野に生まれる「偏官格」です。調候となる丙火急を要するところ、寅中調候丙火あり、また幇身ともなる嫡母の甲木があります。年月干丁壬合去接近し、用神甲、喜神木火、忌神土金水となるものです。しかし、丁火の特性、「衰而不窮」、陰干弱きを恐れず、かつ「如有嫡母。可秋可冬。」とあることを忘れるべきではありません。

徐氏解命は、丁火の特性に一言も触れておりません。第一運辛亥にて亥寅合去するものの、以降の運では去ることのない、本命の契機となる寅支があります。

〔178〕

		大運	
甲	申	4才丁卯	34才庚午
丙	寅	14才戊辰	44才辛未
壬	申	24才己巳	54才壬申
庚	子		

壬日寅月木旺の甲分野に生まれる「食神格」です。雨水前の生まれですから、調候丙火を必要としますが、月干に丙あり、申寅冲は日支に申あって不去となるところを、申子水局半会することによって、年月支申寅の冲を喚起し冲去となります。申子は休令の水局半会で、水源の庚がありますので、去ることのない丙火を用神とし、喜神木火、忌神金水、閑神土となるものです。


第一運丁卯、木旺運、透丁する喜の傾向性。

第二運戊辰、申申子辰水局全以上の気勢にて、申寅解冲して、木旺、土旺共に喜の傾向性。

第三運己巳、火旺の用神運、己甲合去しますが、喜の傾向性。

第四運庚午、火旺の用神運にして、また庚甲尅、庚丙尅の情不専、喜の傾向性。

第五運辛未、火旺、土旺共に忌ならずの運。

第六運壬申、大忌の大忌の運となります。

〔179〕

		大運	
甲	午		31才己卯
乙	亥	1才丙子	41才庚辰
庚	辰	11才丁丑	51才辛巳
己	卯	21才戊寅	

庚日亥月水旺の壬水分野に生まれ、亥中の甲乙が透る「偏財格」です。調候丙は午中にあり、乙庚干合して不化倍力、己土印が時干に近貼して透出し、日支に通根。日干無根で用神庚と取りたくもなく、やむなく用神己、喜神土金、忌神水

木、閑神火となるものです。

徐氏が〈身旺〉と言っているのは誤りです。日干庚は休令にして、干合して倍力となった乙財を制し、時支卯中甲乙木をも制さなければならないのに、申・酉の根なく、己・辰土から生庚されても、旺令の亥水に洩身しなければならず、任財不能となる身弱の命です。神殺の〈魁罡〉であるからと言って、日干が強となるものではありません。もちろん、〈食神生財格〉ではなく、「偏財格」です。

影響遙繫既爲虛。雜氣財官不可拘。〔輯要・闡微・徵義・補註〕

《影響遙繫は既に虛となす。雜氣財官に拘るべからず。》

原　注

飛天合祿の類はもとより影響遥繫をなすもので、格ではありません。四季月生の人は、ただ、土を取って格とすべきで、雜氣財官格として論ずべきものではありません。建祿・月劫・羊刃に至っては、また、月令中の人元が天干に透るものをもって格と取るべきです。氣象形局に合わなかったなら、また格なきものです。ただ用神を取る。用神また取るところなきは、ただその大勢を看るべきです。上っ面でその窮通を断じて、格を取るべきではないのです。

任氏増注

影響遙繫とは、すなわち暗沖・暗合の格であります。俗書の、所謂、飛天祿馬がこれであります。例えば、丙午日、支全三午、癸酉日、支全三酉の如く、三に逢えば沖するとして、午は暗沖子水、子水正官を沖去、酉は暗合辰、辰土正官を合去するとするものです。なお、沖財、合財もあります。例えば、壬子日、支全三子、暗沖午火財、乙卯日、支全三卯、暗合戌土財、また、まず四柱に財官がないことが必要で、財官なきを真となして、まさに沖合すべきである、と言われています。

沖とは、散ずることであり、合とは、化であって、どうして我が用とすることができましょうか。四柱にもともと財官があれば、沖合は宜しからず、なお喜と不喜とがあるもので、どうして四柱財官なきが云々《うんぬん》されてよいものでしょうか。雜氣財官に至りましては、これまた画蛇添足。辰戌丑未、支蔵三干、それぞれ雜氣をなしますが、寅申巳亥もまた支蔵三干あるのに、どうして論じないのでしょう。庫中の余氣、格をもって言うことができますし、生地の神も格と言うべきです。また、雜氣財官は沖を喜ぶ、と言われています。例えば、甲木丑月生、雜氣財官、未の沖を喜ぶ、ということですが、未中の丁火は、丑中の辛金正官を緊貼して傷付けることとなるので、格は破れるものです。他支も同様です。もし、天干に透出していなかったなら、格と取り難いものです。

諸書に載せられているところによれば、祿を四種に分け、年を背祿、月を建祿、日を専祿、時を帰祿とする、と。また、建祿は官を喜び、帰祿は官を忌む、とも言われていますが、背祿専祿について言われていません。

また「日祿歸時沒官星。靑雲得路。」と号す、と。まことに所論の如くであれば、丙辛兩日生人、癸巳・丁酉時に逢うは、世に勉強せずして出仕する者となるもので、一字の祿をもって格とするなら、四柱の神は全くなきも同然となってしまいます。既に柱中の祿を美となすなら、どうして運が祿に逢うに、家を破り人が亡ぶようなことがあるのでしょうか。

そもそも、命は五行の理であるし、格は五行の正です。命を論じ格を取るのは、必ず五行の正理を究め、その根源の理を徹底的に知り尽くしてこそ、窮通、寿夭を明らかにできるものです。大体において、格局の真実にして純粋なるものは、百に一、二しかなく、破壊して雑なる者は、十中八、九であります。格として取るべきものない者は甚だ多く、用として尋ね得るべきものないものが少なくはありません。格が正にして、用が真であって、行運が悖らないなれば、名利必ず達するものです。格が破れて、用が損ずるのは、これを有病と言い、憂い多く楽は少なく、もし行運ところを得て、その破損せしむるところのものを去らしめ、その喜用の神を扶けるは、譬えて言いますと、人が永い間重い病気にかかって治らないところへ、大変良い薬を得て、治癒するが如きもので、貴ならざれば富むものであります。格として取るべきものなきは、その用神を尋ね、その用神が有力で、行運も安頓でありましたなら、また業を起こし、家を興すことができるものであります。格として取るべきものなく、用の尋ね得るべきものなきは、ただその大勢を看るべく、日主の向かうところと、運途とがその喜ぶところのものを補い、その忌むものを去らしめるなら、色々と苦労はするものの、飢えや寒さから免れるものです。もし、行運も取るべきものなきは、貧ならざれば賤です。もし、格が正にして用が真であっても、五行悖るは、志あれども一生伸び難いものであります。

〔180〕

己巳　**大運**　丙寅
庚午　己巳　乙丑
丙午　戊辰　甲子
甲午　丁卯　癸亥

これは、俗論をもってしますと、丙午日、支全三午、四柱無水、また、中年水運なく、飛天祿馬格として名利双輝と言われるものです。ところが午中の己土、巳中庚金、元神が年月に透出している火土傷官の真なるもので、傷官生財格であることを知らない人が多いのです。

初交己巳、戊辰運、洩火生金、遺業が頗る豊かでしたが、丁卯、丙寅運、土金の喜用は皆傷付き、回祿に逢うこと三度、また両妻四子を剋し、家業は破尽しました。乙丑運に至って、北方湿土、晦火生金し、また合化有情にて、経営獲利、妾を得て子を設け、家業大変振ったのです。甲子、癸亥運には北方水地、潤土養金して発財数万を得ました。飛天合祿をもって論じましたなら、水運を大忌とするものです。

〔181〕

丁丑　**大運**　己亥
癸卯　壬寅　戊戌
乙卯　辛丑　丁酉
己卯　庚子

乙卯日、卯月卯時に生まれ、旺の極み、最も丁火独り発するを喜び、その精英を洩らすを喜ぶものです。惜しむべきは、癸水剋丁、その秀氣を傷付けている点です。時干の己土は絶に臨み、癸水を去らすことができません。これがゆえに書香を継がず、初・中運の水木の地、刑喪破耗、家業漸消しましたが、戊戌、丁運、経営して発財巨万。飛天合祿をもってすれば、戊戌運はまさに大破となります。

〔182〕

丁未	**大運**	己酉	
癸丑	壬子	戊申	
甲辰	辛亥	丁未	
甲戌	庚戌		

支全四庫逢冲、俗論をもってすれば、雑氣財官となります。未丑の冲は、官星受傷せざるのみならず、庫根を冲去して、日主は辰の木の余氣に坐しますが、辰戌冲を嫌います。つまり、微根は抜かれて、財多身弱、かつ旺土、いよいよ冲し、いよいよ旺じ、癸水は必ず傷付きます。初運壬子、辛亥水旺の地、父祖の蔭庇有余、然るに一たび庚戌運に交りますと、財殺並旺して、父母共に喪い、刑妻尅子、己酉、戊申運、土が天干を蓋して、金をして生水せしめず、家業破尽、無子にして死亡したのです。

〔183〕

丁亥	**大運**	己酉	
癸丑	壬子	戊申	
甲子	辛亥	丁未	
辛未	庚戌		

甲子日元、丑月に生まれ、支北方を全くし、天干に辛癸、官印元神発露、丁火を尅去し、未丑遥隔にして、また水勢乗権、丑を冲することできず、正に中和の象です。土金水運は皆生化の情を得て、早く勉学の道に入り、科甲に合格するは、格局清寒なるによります。仕路よく、名利兩遂。前造は冲に逢って、官印が傷付けられ、名利成ること

はありませんでしたが、この造は不動にて、名を成し、利を遂げたのです。墓庫が沖に逢えば必ず発するとするのは、誤謬であることを知るべきです。

徐氏補註

正格・変格の外に、雑格がありますが、おおよそ、三つに分類することができます。(一)は正格・変格から出るもの、例えば、六一鼠貴〔六乙の誤植〕、六辛朝陽、日祿帰時、飛天祿馬、井欄叉、等の格で、看法は正格に同じです。(二)は五星の術の沿革から來て、納音・神殺を配合してなるもので、既に、五行の正変にあらざるもので、子平の術の範囲には属さないものです。しかし、永い間伝承されてきまして、牢として破り難いものです。所謂、影響遥繋に属するもの、これ一掃してなくしてしまうべきです。(三)は拱夾、連珠、干支一氣、暗沖、遥合の類です。これは干支の配合の関係によるもので、一種の看法をなします。氣勢はこれによって和協し、四柱はこれによって純粋なるかを知ることができるもので、格とは成しません。例えば、拱貴格、夾印格とはしないのです。拱夾をもって用となして休咎を論ずることができるのです。用神を別に取りますので、正格に属するもので、これは特別言わなくても明らかなことであります。さらに、雑氣財官の類は、任氏増注に甚だ詳しく論じられています。天干に透出、通根身庫、沖を待つことなく、地支会合するは、動じて用を得、沖を用とせず、透干せず、また、会支せず、庫内に蔵するは、もとより、用とすることはできません。沖して尅を被るも、また用とできません。特に用とすべきものがあります。それは八字必ず用財、用官の場合であります。四柱に用の財官なければ、やむを得ず、庫中の一点の財官を取って用とするのです。このような局勢の場合、必ず冲してはならないものです。冲するは必ず禍あるものです。例えば、戌中の丁火を用とするのに、辰の冲を見たり、辰中の癸水を用とするのに戌の冲を見たりする場合です。また合するも宜しくないのです。合すれば必ず咎があります。例えば、丑中の金水を用とするのに子と合したり、未中の乙木を用とするのに午と合したりするのは宜しくないのです。冲は、傷損であり、合は閉鎖することであるからです。俗論では、雑氣財官必ず刑冲すれば、後発す、とありますが、あるいはたまに冲を喜ぶ場合もありますものの、この論に固執すべきではありません。

雑氣財官

雑氣財官は、用を得る者が極めて少ないのは、透出することと財官用をなすことは何よりも重要なことだからです。透出しなければ、大体用とすることはできません。必ず財官を用となすべきところに、干透出せず、支会合せず、そのような場合、運程によって引出を見るは、まさに、真正の雑氣財官格となすものです。雑氣財官、冲を喜ぶの説、極めて信ずべからざるものですので、ゆえに、「不可拘」と言っているのです。用神は決して破傷すべからざるもので、冲することは損傷せしめることで、どうして害を及ぼさないで済まされましょうか。

また、合に逢うのは重々閉鎖することですので、忌とします。ただし、合の中でも分別すべきものがあります。例えば、戌が寅午を見て会するに、卯の合を見るは、反って引火・生火するものです。丑が酉を見て会するは、これまた金を引出するものです。丑中の辛金と癸水を用とするに、子を見て合となるは忌とします。須らく消息の意をもってすべく、一例で万事を律すべきではありません。このことは、雑氣財官にのみ限ったことではないのです。普通、用神入墓、冲合を忌むは、皆この理に同じです。雑氣財官、運程にて引出できないなら、一生困窮苦労して、発達期し難いものです。

〔184〕

		大運	
癸	**巳**	25才己未	55才丙辰
壬	**戌**	35才戊午	
癸	**酉**	45才丁巳	
壬	**戌**		

これは清の洪承疇の命造です。雑氣財官といえども、年支巳宮、財官祿貴、運行南方、財官引出。時代は明代、雲程直上。清代に移るは、丁運中まさに極盛の時で、辰運に没しました。二十年富貴功名、命にあらざるはなし、であります。

〔185〕

		大運	
癸	**亥**	24才己未	54才丙辰
壬	**戌**	34才戊午	
癸	**丑**	44才丁巳	
癸	**亥**		

これは友人の某君で、寒儒です。同じく、雑氣財官をなすも、同じからざるところは、丑戌一刑、財官が受損。洪造は、巳宮財官得氣、天乙加臨、これは財官鎖閉墓庫。運程同じではありますが、引出の法なく、出ずれば亥中の壬甲損ずると

ころです。科甲及第できず、文学一邑《ゆう》〔町・村〕の泰斗《たいと》〔泰山北斗の略。学問・芸術等の権威者のこと〕とは言え、終には老寒儒でした。午、丁巳、丙運中、一省の視学〔教育に関することを視察・監督する官名〕となったのみです。

影響遙繫

影響遙繫とは、夾拱・遙合等の類です。夾拱・遙合は、格局ではありませんし、また、用と取ることができないのです。八字の順逐精粋の一つをなすに過ぎません。貴と取るべきのみです。格局をなすのは誤りとは認めはしますが、一概に棄てて論じないのも、むせるからと言って食事を取らないことと同じであります。

〔186〕

甲申	**大運**	59才庚辰
甲戌	29才丁丑	
庚辰	39才戊寅	
壬午	49才己卯	

これ清の曾國荃の命造です。表面的に観ますと、財官用をなします。官星墓庫中にあり、会局して引出するといえども、財官は皆氣を得ておりません。何に従って貴と取るか、と仔細に考えてみますと、辰午は夾巳、申戌は夾酉、午申は夾未となって、辰から戌まで一順聯珠となっているのです。氣は西南に集まっていまして、一種の精神が暗藏されていて、富貴の徴となすものです。特に看法は、財官をもっ

て用となす。東方財旺の地に行きまして、貴顕れました。影響は見るべくして取るべきではないのです。特に精神の寄る所となし、取用の法ではありません。

〔187〕

癸卯	大運	53才辛亥
丁巳	23才甲寅	
癸卯	33才癸丑	
丁巳	43才壬子	

夾拱、命宮、胎元は用となす拠り所とすべきではありません。しかし、場合によっては参考とすべきです。例えばこの造の如く、癸水無根、従財格とすべきのようですが、巳と卯は水庫の辰を挟み、胎元戊申で、申と辰は癸水を暗拱するゆえ、無根の論をもってすべきではないのです。水木火三象順序、その氣勢に順ずるを用となします。ゆえに夾拱、命宮、胎元も、時によって参用すべきなのです。

考玄解註

「八格定」と言っていることから、次に言われている「従化」の特別格局とするもの以外はすべて格局として取るべきではない、格局取用には理論的取用法がなければならない、と言っているのがこの両句なのです。単に、

「影響」…その四柱八字の組織構造が何かに与える影響、何かから受ける影響、何かという命中には実際に存在しない影のようなものを、ある、とする考え方、つまり、原局に対して、巡ってくるかも知れない運歳を、

既にあるかのように考えるものを格としたり、

「遙繫」…四柱八字の分子構造は組み換えができないものであるものを、入れ換えたり、近付けたり、もしくはないものをある一字とある一字の間に入れたりと、不可能なことを勝手に操作して格としている。

ということだけでなく、普通格局と特別格局の範疇に入らないすべての変格・雑格を否定すべきである、と言外に意を含めて『滴天髓』は言っているところなのです。

しかし、どういう理論によって秩序整然と格局を定めるか、という具体的方法論については、『滴天髓』では全く触れられていないのです。そのため任氏増注も徐氏補註も「格局選定理論」が理解できず、曖昧模糊となって、多くの言辞を弄しながら、読者にはよく解らない、といった印象しか与えていないのです。しかし、『滴天髓』の作者はこの点はよく解っていたと思われるのは、『滴天髓』の全文を理論的に追究していきますと、否応なしに、前述しましたような「格局選定理論」に到達せざるを得ない、「八格定」なのです。

それは、「欲識三元萬法宗」の天元、地元、人元に始まり、「唯人爲貴」とある人元蔵干によることが、「月令乃提綱之府」となる「蔵干理論」となり、大運につながる蔵干分野となって、天元である天干との関連よりして、否応なしに「格局選定理論」へと帰着していかざるを得ないのです。こうした理論的裏付けがあるからこそ、『滴天髓』のような難解な理論が展開され得たのです。

こうしたことから、変格・雑格を否定し去る、ということは、いとも簡単でやさしいことではありますが、そうしたものを作らざるを得なかった、そうした命理学の試行錯誤を繰り返さざるを得なかった時代の真理を追究し、理と実証を合致させようとしていた命理追究の人達の長い苦悩の歴史を忘れたり、無視してはならないのです。そういう面から言いますと、任鐵樵氏も徐樂吾氏も真摯な努力を傾注していることには変わりがないのです。しかし、それが理論的に正しいか否かは別問題であって、その理論的矛盾や誤謬を発見していくことこそが、後に続く者の責任であります。

ある事実事象が分かっていて、それを八字の中で理由付けようとしているのが、任氏増注中の多くの挙例に見ることができることと全く同じことが、実はこの変格・雑格なのです。つまり、ある事実事象から、それを理由付けようとして、ある類型の共通性を無理に決定しようとしたのがこの変格・雑格であったのです。そういう点から言いますと、形態論であったとも言えます。しかし、その本質的理論なき単純的形態論であることに関しては、同じ実証が得られることはあったものの、同じ実証が得られないことから、また別の形態の類型を決めていったことの繰り返しと、ある種の形態論から単純発想として、思弁もされる別の形態も加わることによって、おびただしい変格・雑格が捻出されたのです。

つまり、事実と理論の弁証法的結論として、首尾一貫する一点として矛盾のない理論体系をもって、その理論通りの実証を得られるのが理論と言えるのです。それを逆操作して、事実事象から理由付けをする段階では理論とはなっていないのです。それが任氏のまた徐氏の挙例の解命となっているのです。そうしたことを含めて『滴天髓』を学びつつ、命理学の真髄を理解しようとしている以上、これらの変格・雑格を簡単に否定し去ることなく、やはり、それらの研究も疎かにしてはならないのです。それは誤りであるから、全く知る必要がない、と言ってしまうことは、任氏増注も任氏挙例も、徐氏補註も徐氏挙例もすべて誤りであるから、学ぶ必要も、矛盾を発見する必要もない、ということになってしまうのです。しかし、それでは『滴天髓』の真義の理解は得られないのです。

ここで変格・雑格のすべてを挙げ説明し尽くすことは、あまりにも厖大過ぎて取り上げるのは無理なことになりますので、省略せざるを得ません。しかし、それらを詳述した書は『四柱推命学詳義』をおいて外にはありません。

重複することになりますので、省略しますが、その変格・雑格にどういったものがあるかは、一応知っておく必要がありますので、次に列記しておきます。(詳しくは、『四柱推命学詳義』巻四　第四章　格局雑論中の第二節変格・雑格の項を参照してください。)

○飛天禄馬格　○倒冲禄馬格　○井欄叉格　○子遥巳格　○丑遥巳格
○拱禄格　○拱貴格　○刑合格　○合禄格　○夾財格
○金神格　○魁罡格　○日徳格　○日貴格　○専財格
○専禄格　○帰禄格　○福徳格
○六乙鼠貴格　○六陰朝陽格　○六壬趨艮格　○六甲趨乾格　○壬騎龍背格
○青龍伏形格　○朱雀乗風格　○白虎持勢格　○玄武当権格　○勾陳得位格

○年上正官格　○年上偏官格　○年上正財格　○時上正官格　○時上正財格
○歳徳扶殺格　○歳徳扶財格　○財官双美格　○四位純全格　○干支同体格
○五行倶足格　○両干不雑格　○天干順食格　○地支一字格　○天干一字格
○天上三奇格　○人中三奇格　○地上三奇格　○三合官星格　○雑気財官格

等々まだこの外にもあります。右の一番後の雑気財官格を、『滴天髓』では「不可拘」と言っていて、その意は「既爲虚」なのです。これは土性支の辰戌未丑月生のことです。土性支の生月、二行が旺ずることがありますので、そのいずれが旺ずるかによって、格局を定める法は既述の通りで、昔のように何でもかでも、支蔵本気をもって格と定めるべきではない、分野と透不透をもって、格を定める方法論にも繋がる点が、この土性支の格選定法の一理となっているのです。

この土性支月の生まれと、原注で四季月生の人は、ただ土をもって格とすべきであると言っている点も、また『滴天髓』の作者と原注者が同一人物ではないという証明でもあります。四立十八天が土旺であることは百も承知であるからこそ、「雜氣財官不可拘」と言っているのです。もし『滴天髓』の作者が原注のように考えていたとしたなら、すでに「八格定」と言っているのですから、わざわざ「影響遙繫」の後に取り立てて「雜氣財官不可拘。」などという必要は全くなかったのです。それに任氏増注でも言っているように、〈寅申巳亥もまた支蔵三干ある〉と言っているのですから、土性支のみを別に取り立てて注意を喚起する必要はなかったと言えましょう。

つまり土性月生は二行旺ずることがある、ゆえに「八格」を定めるのに特別な注意をすべきである、と『滴天髄』の作者は言っているのです。この点については、任氏も徐氏もその真義を理解していない註となっているのです。しかも任氏増注では、前のところで〈緊冲〔隣り合わせの冲〕は尅であり、遥冲〔一支二支を飛び越して冲の関係と見られる〕は尅ではなく、動である〉としていたのに、ここではそれが緊冲か、遥冲を言わず、〈冲は散ずることで〉〈合は化である〉と言って、「暗冲格」「暗合格」を否定する理にしているのです。では、〈散〉とは〈化とは〉の定義がされていないので、もう理解するすべがないのです。〈散〉とはどのように散るのか、散ったものはどのような作用が残っているのか、また、〈化〉とは、どうして、何に、どのように変化するのか、の変換理論も定律化されてはいないのです。

合化の理論は、まず天干の合化にその基本となる理論があるのです。つまり、甲己の合は、土旺の月に生まれて、二干並んで合の情が専一となるなら化して土となる、つまり、甲は変化して陽干の戊土となる、ということで、もし土旺でないなら化土はしない、それがそのままでその位置に残って何も変化しないことにすると、干合はない、ということになり、化もないことになるので、合去して二干は無作用となるとすることで、合があるということになる、しかし日干は合となっても化さないし去らないのであるから、これは妬合、一干と二干の合と同じであるから、日干と合となる相手の干が二干あるような状態となる、とすることで合があったことになるのです。このことからして、日干以外は去という変化が起きることで、尅があった、ということになるし、尅は化することがなく、当然日干も尅があっても化することがないので、尅ではない日干以外の干が倍力に変化することもない。これが天干の尅、合の理論なのです。つまり、尅は去ることとなり、変化することから、蔵干中の土性の干以外の干は、余気同士、中気同士、本気同士が尅となる関係となるのが冲であるから、冲去するのみでしかないのです。これも変化という意味においては化です。

支の合という点におきましては、「支合理論」があり、合はまた化する五行があることから、天干の情勢によって、化することがあり、条件に反するなら合去するのは天干と同様である、とする理論があるのです。ですから、支の合は無条件に化するものではないのです。そして、〈合は化す〉とは言い切れないのです。このようなことから、「暗冲格」や「暗合格」を否定することは極めて薄弱な理由でしかなく、他の変格・雑格をも否定する理にはならないのです。

また、天干に透出していなかったなら、格と定め難いものです。ということになると、格局のない四柱八字がある、ということにもなれば、反対に何でも天干に透出すれば「格」とするのか、もし月支蔵干、三干透っていたなら、何をもって格と定めるべきか、の理論も全く説明もされていないのです。

また徐氏補註は、変格・雑格を大きく三分類しているのはよいのですが、これらを理論的に否定し切ることができずして、『滴天髓』の「既爲虚」「不可拘」と厳然と結論付けているその真義が理解できないどころか、「三奇格」を持ち出したり、夾拱を持ち出したり、胎元をさえかつぎ出したりもしていることは、『滴天髓』以前の命理に逆行してしまっているのです。

〔180〕

己巳	大運		
庚午	丙寅	乙丑	
丙午	己巳	甲子	
甲午	戊辰	癸亥	
	丁卯		

丙日午月火旺に生まれ、支は一巳三午で、月干に透庚し、時干に印の甲木透出していますし、調候となる壬水一点もなく、官殺がありませんので、「真の従旺格」となり、用神丙、喜神木火土金、忌神水となるものです。しかし、調候がありませんので、火災土焦、焦土不能生金の局となるものです。「天道」である調候がない限り、たとえ喜用の運を巡っても、それほどの喜の作用はない、ということを度々述べてきました。つまり、年柱は忌となるものはありませんので、出生時の生家環境良好でありはするものの、焦土不能生金にて、生財の理ありませんので、大運において失財、財困の一路を辿っていくことになるのです。しかし第五運乙丑は、湿土生金の情があるので、「真の従旺格」の破格となるほどではなく、食傷生財の喜を発しはしますが、第六運甲子は、「真の従旺格」の破格となり、「衰神冲旺旺神發」となって死亡することになります。

任氏解命が、飛天禄馬としてはならない、と言っていることは正しいのです。この八字は、日干丙火、火旺月に生まれ、四柱重々の比劫にして、一点印あり、かつ官殺干支一点もない、という条件は、「真の従旺格」であって、〈火土傷官の真なるもので、傷官生財格であることを知らない人が多い〉と言うことのほうが大誤なのです。しかも「天道」である調候をさえ無視しているのです。この命が真実であるなら、甲子運、官殺旺じる運であり、寿あるわけがないのです。午中己土ありとするのも誤りです。

この命を、真太陽時、己丑刻生であるとするなら、「建禄格」か「陽刃格」となり、調候不及ではあるものの、用神丑中辛、喜神土金、忌神木火、閑神水となって、南方、東方運は忌の傾向性ではあるものの、乙丑運より好転し、甲子運、癸亥運は喜の傾向性となるものです。もちろん己丑刻生では、飛天禄馬格と言われる格には該当しないことになります。

〔181〕

	大運		
丁　丑			己亥
癸　卯	壬寅		戊戌
乙　卯	辛丑		丁酉
己　卯	庚子		

乙日卯月木旺に生まれ、比劫重々とあり、印もあるものの、丁癸尅去、乙己接近して、丑中辛金の殺あるため「従旺格」とはならず、「月劫格」か「建禄格」となり、用神は去ることのない己、喜神火土金、忌神水木となるものです。

第一運壬寅、木旺運にして忌の傾向性。

第二運辛丑、やや喜の傾向性となるも大した喜はない。

第三運庚子、子丑合去し、大運干庚は、己土生庚されて、制木の「薬」となり、やや喜の傾向性。

第四運己亥、水旺運となるものの、亥卯卯卯の木局全以上となり、木多土崩となる大忌の運。

第五運戊戌、戊癸合で丁癸解尅、一点の丁火生土して、食傷生財の喜の傾向性。

第六運丁酉、丁癸解尅はするが、これも「衰神冲旺旺神發」となって、死亡することになります。このように三卯旺木が並ぶと、蔵干三甲三乙となり、あたかも木旺の寅卯辰の東方全に近いような局勢なのです。

任氏の〈丁火独り発するを喜び、その精英を洩らすを喜ぶ〉は誤りで、さらに、〈癸水傷丁、その秀氣を傷付けているを惜しむ〉とするのも誤りです。丁火と丙火の精英の違いもあれば、単に傷付けているのではなく、丁癸剋去となり、乙己接近する理、「關内有織女。關外有牛郎。」とあることの真義が理解されていないのです。

また、格局、用喜忌にも触れておりません。

〔182〕

丁	**未**	**大運**	
癸	**丑**	9才壬子	39才己酉
甲	**辰**	19才辛亥	49才戊申
甲	**戌**	29才庚戌	59才丁未

一七二八年二月二日戌刻がこの四柱となります。土旺生で9才立運。辰戌未丑の四庫揃いますので、冲去と見てはなりませんが、土旺・金相・水死・木囚・火休令での生剋制化は当然あることで、丁癸剋去、調候厳寒の丑月ですから、二丙くらい欲しいところ一点も丙火なく、池塘氷結、凍土凍木、生気全くありません。丑・辰中の癸水は氷結しているものの、印であり、甲木疏土の幇も近貼しているので従することはできず、生気のない「印綬格」です。用神癸、喜神水木、忌神火土金となりますが、喜の運歳に巡っても調候がない限り、喜の作用はほとんどありません。この四支の生剋制化は、土旺・金相・水死・木囚・火休令として、その情を見ればよいのです。つまり、結果は土は最強となり、これを一位の強さとしますと、二位三位の強さはなく、五位になるのが水と木で、後はすべて六位から七位になり、これも調候がないために忌はさらに増幅し、喜はさらに期待できない、と考えて然るべきなのです。

丑の土旺から生辛され、辛金が死令の癸水を生じ、この癸水は未中の丁火を剋傷し、丑中の辛金は未中の乙木を剋傷、さらに、戌中辛金は乙木を剋傷、辰中癸水は戌中丁火を剋傷、という四柱蔵干の左右の有り様からして、癸水が四番目くらいの強さと考えて然るべきことになるのです。辰中乙木は丑中癸水から滋木されても、幇としては無力です。これもまた『滴天髓』言うところの「左右」なのです。

第一運壬子、第二運辛亥、共に水旺にて、丁癸解剋される喜神運でありながら、喜少の運とさえなり、第三運庚戌に至っては、攻身と財多身弱甚だしい大忌の運。以降も一つも佳となることのない運となるものです。

任氏〈支全四庫逢冲〉と言っておりますが、支中余気同士、中気同士の生剋制化を見ることが大切です。もしこの四庫揃うのを冲去としますと、日干戊己土は、土旺でも「稼穡格」をなさないことにもなってしまいます。四庫が揃う場合は去としないのです。この理は、子午卯酉の四正揃う場合、申寅巳亥の四生揃う場合も冲去とはしないという理と同様なのです。〈微根は抜かれ〉と言っておりますが、支中蔵干の生剋制化であって、死令の丑・辰中の印の癸水弱くても生甲木するので、「従財格」ともならないのです。結果は同じであっても、思考の過程や基本の考えが全く違うのです。

〔183〕

		大運	
丁	**亥**		36才己酉
癸	**丑**	6才壬子	46才戊申
甲	**子**	16才辛亥	56才丁未
辛	**未**	26才庚戌	

一七六八年一月二十三日未刻が上記の四柱であり、立運約6才。甲日丑月土旺生ですので、亥子丑北方全とは見ませんが、丑は水源深く、水涸れることなく、水勢は死令といえども冲天の勢い、調候二丙くらい必要なのに一丙もなく、池塘

氷結、金寒水冷、寒凍の木です。丁癸尅去し、「病」に対する「薬」の戊土なく、時干辛金は北方全の水源となり、時支の未土では制水の能なく、例えて言いますと、氷塊が激流に流されて、その中に漂う木のようなものです。このような印太過の命は、生まれてこないか、生まれてきても身体障害があるとか、全く知能低劣で、その多くは「ダウン症候群」とか「自閉症」と言われる人がほとんどです。夭凶命です。用神取るものなく、喜神も木しかなく、他はすべて忌神となる命で、翌年戊子年も、さらに翌々年己丑年も大忌、無事に寿保ち得ても、第一運壬子では必死となるものです。

任氏解命は大誤で、もし事実任氏の言うようであるなら、生時丙寅刻以外はないものです。また命理学上の用語に〈清寒〉という言葉はありません。〈寒〉であるなら、「天道」に反することになり、〈清〉ではなくなる論理で、〈寒〉という言葉には全くよい意味がなく、貧寒、寒儒と言われるのです。

〈正に中和の象〉でもなければ、〈土金水運は皆生化の情を得〉などあるものではなく、先天的障害ある夭凶命である、と断言して憚りません。〈仕路よく、名利兩遂〉と審察しましたなら、嘲笑されるのみです。

〔184〕

癸 巳	大運	
壬 戌	5才辛酉	35才戊午
癸 酉	15才庚申	45才丁巳
壬 戌	25才己未	55才丙辰

癸日戌月土旺生まれの「正官格」です。天干壬癸水一気のみで、戌は湿土となり生金し、調候丙火巳中にあり、やや不及の感あるものの、多少水温み、金も土も暖となって、日干無根で死令ではあるものの、強となり、用神は戊、喜神木火

土、忌神金水とするものです。しかし、このような組織構造となるのを、前のほうで言っている「精神」あるものとは言い難いのです。「精」を戊中辛金、酉中庚辛、日干に有情な壬水の帮が近貼し、しかも、日干無根にして、「神」となる「始終」の木断節している無木の命と言えるからです。

つまり、食傷洩秀となるものがないので、洩秀、才能・能力を発揮するには難があるのです。しかも、第一運辛酉の忌に続いて、第二運庚申、申酉戌戌酉方全以上の印太過にして、「薬」となる丙透出せず、大忌の大忌の運となり、15才戊申、16才己酉、17才庚戌年、尋常で済まされる流年ではありません。

生時誤りか、生日も誤っているのか。いずれにしてもこの命であれば、15才庚申運、さらに金水太過して無事に過ごせる命ではないと断定すべきです。原局天干壬水は、年支巳中丙火を滅火させます。〈運行南方、財官引出〉と言っておりますが、どうして南方運まで寿保ち得ましょうか。

〔185〕

		大運	
癸	亥	4才辛酉	34才戊午
壬	戌	14才庚申	44才丁巳
癸	丑	24才己未	54才丙辰
癸	亥		

癸日戌月の生、〈友人の某君〉と言っておりますが、一九二三年壬戌月には癸丑日はなく、上造は一八六三年十月二十一日亥刻の四柱であり、立運約4才3ケ月となります。つまり土旺・水死令の「正官格」です。調候丙火なく、池塘氷結の憂いあり、用神甲、喜神木火土、忌神金水となるものです。

第一運辛酉、第二運庚申と大忌の運が続きます。第三運己未、未丑沖去、大運干の己土一点では制水不能であり、しかも調候はないものの喜に転じ、第四運戊午は喜の傾向性大。第五運丁巳も同様で、次いで第六運丙辰、丙壬尅去、辰戌冲去し、調候丙火去となって、二亥中に蔵甲ありますが、やや忌の傾向性ある運。つまり「流前濁後半清」となります。

前造と共に、「雑気財官格」などとすべきではないのです。

〔186〕

甲　申	**大運**	39才戊寅
甲　戌	9才乙亥	49才己卯
庚　辰	19才丙子	59才庚辰
壬　午	29才丁丑	

庚日戌月金旺に生まれる「陽刃格」です。戌辰冲去して申金の根は接近し、調候である午火も接近して調候よろしく、庚金劈甲引丁となるものの、壬水あって丁火用神とは取り難く、用神甲、一応喜神水木火、忌神土金とするものです。

徐氏の解命は、既述のように、貴となったという事象から無理矢理に理由付けしているのです。生尅制化の理で見るべきであると言いながら、この命では格局にも触れず、〈影響は見るべくして〉と『滴天髓』の「既爲虚」とあることを否定し、〈取るべきではない〉と言っているのです。何を用神として取るのか、何が喜忌となるのかを明確にせず、〈東方財旺の地に行きまして、貴顕れました〉と歴史的事実を言っているにしか過ぎないのです。つまり、多くの人は、第四運、39才戊寅運から突然良好となった、39才以前は全く関係ないものである、として考えてしまう危険性があるのです。39才までがもし大忌であっても、そんなものは全く関係なく、突然変異を起こして、〈貴顕れました〉と信じてしまうのです。しかも、徐氏は大運前後五年の分断論に固執しておりますので、〈東方財旺の地〉は第四運戊寅の44才戊辰年、突然変異を起こした、ということになるのです。人の一生というものは、誕生の後の運歳の過去の延長線上での生命維持なのですから、忌運の後に喜運が仮に巡っても、過去の忌の後遺累積上における喜でしかないのです。

つまり本造は、年柱が環境良好であって、傾向性としての大運、第一運乙亥は水旺運にして亥中蔵甲の喜の傾向性。第二運丙子、丙火去ることなく、財官の喜の傾向性。続く第三運丁丑、丁壬合去はしても、湿土の丑は生金し、さらに金は生癸して二甲を滋木培木して、生午火となり、午火は丑中己土を生己する、と五行流通する間に喜となるものが強化され、減力されない喜の傾向性大。といった過去の後遺累積あっての、第四運戊寅、財旺の喜の傾向性ある運となっているのです。つまり、第一運乙亥より、水智・才能を発揮して、かつ、父母健の上、財豊か、本人もますます健で、性情も良好なる役割性格を形成していったので、この間、科甲の試験にも合格し、地位向上の条件を握ってきたのです。

つまり、〈影響遙繫〉など一切見る必要はなく、見るのは実際の四柱八字のみで十分であり、〈取るべき〉は格局であり、用神、喜神、忌神なのです。四柱八字のみが〈精〉であり〈神〉であって、八字以外の字は〈精神〉に関係ないものです。「精神」とは『滴天髓』で後に論じられている「構造論」中に言われているところの一視点でありますし、大変難しい定義をしなければならないところの用語です。こんな難しい言葉を用いては、命理を学ぶ者を混乱させるのみです。この「精神」ということは、「道有体用」に繋がる句として「人有精神」

とあるところの「精神」であって、用神と密接不離なる視点ですから用神の「真」なるか「仮」なるか、有力なるか無力なるか、その位置によって有情なるか、無情なるか、また、いかなる干や支が来てどのようになるか、さらには調候が適切なるか否か、の四柱八字中での一神の有り様が、すべてよろしいのを「精神」あり、ということになるのです。ですから、〈影響遙繫〉に「精神」があるとすることは、大誤大謬であると断言すべきなのです。

〔187〕

癸卯	**大運**	
丁巳	3才丙辰	33才癸丑
癸卯	13才乙卯	43才壬子
丁巳	23才甲寅	53才辛亥

癸日巳月火旺に生まれ、年月干癸丁は喚起して尅去し、癸丁接近。調候壬なく、火旺・土相・金死令の巳中庚は熔金され印の用をなしませんが、あることはあるのですから、運歳に水が巡ると、巳中の庚は印の作用を発して生癸水します。陰干従しやすく、「仮の従財格」となるものです。仮従の大運中は、用神丙、喜神木火土となりますが、焦土不能生金であり、金水は忌となります。調候ない限り、喜もそれほどの喜とならず、第四運癸丑、「正財格」に変じて、喜神金水、忌神木火土となる喜の傾向性ある運。第五運壬子、第六運辛亥も水旺の比劫旺じる運で「正財格」となり、喜の傾向性ある大運となります。

徐氏解命はまた大変な誤りです。〈無根の論をもってすべきではない〉のは、〈申と辰は癸水を暗拱するゆえ〉と言っておりますが、四柱にないものをあるように考えることは大誤です。しかも〈胎元戊申〉をもち出しており、この胎元戊申と、辰が水局を成す、ととんでもないことを言っているのです。命理が試行錯誤していた時代に逆行していますす。これでは、完全に『滴天髓』を否定する暴論となっているのです。

しかも〈水木火三象順序、その氣勢に順ずるを用となします〉と、二神を用神とするように言っているのは、用神は緊要の一神であるとする理に反します。この「用」と言われていることを作用と善意に解しますと、一体何を用神と取ってよいのか分からないことになります。さらに蔵干巳中戊庚丙であるので、〈三象順序〉とあることも理解できないことになります。さらにもっと重要なことは、調侯が全く無視されている、ということです。さらに『滴天髓』では、〈胎元〉など全く無視され、むしろ否定さえしているものを、徐氏がかつぎ出しているということは、『滴天髓』を謬とし、〈ゆえに夾拱、命宮、胎元も、時によって参用すべきなのです。〉とさえ言っているのです。さらに、この命は真従ではなく、仮従で、この点さえも『滴天髓』の「假從亦可發其身」をも忘れていることになるのです。

官殺混雜來問我。有可有不可。〔闡微〕

《官殺混雜、來たりて我に問う。可も有り、不可も有り。》

官煞相混來問我。有可有不可。〔輯要〕

官煞相混宜細論。煞有可混不可混。〔徵義〕

官煞相混須細論。官有可混不可混。〔補註〕

原　注

殺、すなわち官であります。同流共派のものは混とすべきであります。官は殺ではありません。各々門牆を立てているものは、混ずるは不可です。殺重いのは、官は殺に従いますので、混ではありません。官が軽く、殺が官を助けるのも混ではありません。敗財と比肩とが共にあって一番強いものであるなら、殺は官をして混ぜしむべきであります。比肩と劫財が兩者あい遇うなら、官は殺を混ぜしむべきであります。一官が生印することできぬような場合、殺が官を助けるのは、混んではありません。一殺が食傷に遇っているような場合、官が殺を助けるのも、混ではないのです。勢いが官にあって、官に根があり、殺の情は官に片寄り、官にたよる殺、歳が殺を助けて官に混ずるのは、不可であります。勢いは殺にあって、殺有權、官の勢は殺にたより、殺にたよる官、歳が官を助けて殺を混ずるも、不可であります。官が支蔵され、殺が天干に露れ、天干の神が殺を助けるとか、合官留殺するとかするのは、皆殺氣を成すものですので、官を混ぜしめてはならないのです。殺が支蔵され、干が天干に露出する場合、天干の神が官を助けたり、合殺留官するとかするのは、皆官象を成すものですので、殺を混じてはならないのものです。

任氏増注

殺、すなわち官である、というのは、身旺の場合は、殺をもって官とするので、そのように考えられるのです。官、すなわち殺である、というのは、身弱の場合、官をもって殺となすの意であります。日主が甚だしく強ければ、殺を制するものあっても殺が困るようなことなく、正官が命中に混じっていても、官が無根で殺に随行するとか、去官となるとかするなら、食神も傷官も用として可であります。合殺するのは総じてよいことで、合来、合去して命を清くするのは、独殺乗権と言い、独殺が制伏されなければ、住職皆清いものです。殺が多くとも制殺するものがあって、日主が通根して、権衛を保って、殺が印を生じ、印がまた生身するなれば、立身出世するものであります。日干が財に任ずることができ、そしてその財が殺を潤し生ずるなれば、科甲試験に合格し官吏として出世していくものです。しかし、殺が重くして、日干大変弱い場合は、貧乏でなければ夭折するものです。殺が微弱であるのに、制殺が過ぎるは、学問成ることなし、とは言っても、四柱のあり方がすべて降伏宜しいなら、年で制にまた逢うことは宜しくないものです。

殺は一位あるをもって権貴となすものでして、どうして時上に殺があることをもって尊しと称したり、制殺すれば吉であると言ったりするのでしょうか。それらは皆偽りでして、すべては調剤の功の如何にかかっているものです。借殺為権とは中和の理の神妙なる理を言っているのです。ただし、殺があって、衰弱したる日主を凌ぐようであれば、遂には必ず家産を傾けるものです。格局に吉神を得れば、遂には顕達するものである、などと言ってはならないことです。古書に、格局は詳らかに推し計るべきで、殺をもって重しとなす、と言われていることは、よくよく見究め、切実に考え、その用とするところの意義を精微にわたって研究しなければならない言葉であります。

殺に混ずるあって可なる場合、不可なる場合の理は、次のように言えるのです。例えば、天干の殺が甲丙戊庚壬であるような場合、地支卯午丑未酉子は、すなわち、殺の旺地であって、混ではないのです。また、天干の官が乙丁己辛癸であるような場合、地支の寅巳辰戌申亥は、すなわち官の旺地であって、混ではないのです。しかし、天干に甲乙、支に寅がある、天干に丙丁、支に巳がある、天干に戊己、支に辰戌がある、天干に庚辛、支に申がある、天干に壬癸、支に亥がある、官をもって殺に混ずるものとして、去官するのが宜しいのです。また、天干に甲乙、支に卯がある、天干に丙丁、支に午がある、天干に戊己、支に丑未がある、天干に庚辛、支に酉がある、天干に壬癸、支に子があるは、殺をもって官に混ずるものとして、去殺するのが宜しいのです。年と月の兩天干に一殺透り、年月支中に財があり、時に官星があって無根であるのは、官は殺の勢いに従っているもので、混ではないのです。また、年と月の兩天干に一官が透り、年月支中に財があり、時に殺があって、無根であるのは、これは殺は官の勢いに従うものであって、混ではないのです。勢いが官にあって、官が建祿の地支を得、官にたよる殺、年干が殺を助けるのを混となすものです。また、勢いが殺にあって、殺が建祿の地支を得、殺にたよる官、年干が助官するのを混となすものであります。敗財合殺、比肩敵殺するは、官が混ずるのが可であります。比肩合官、劫財攩官するは、殺が混ずるのが可なのであります。また、一官にして、印綬重きに逢うは、官星の氣を洩らしますので、殺があって官を助けるのは、混ではありません。一殺にして、食傷並見するは、制殺太過となりますので、官があって殺を助けるのは、これも混ではないのです。そして、もし官殺が並透して無根であるのに、四柱劫印重きに逢うような場合、混ずるを喜ぶのみではなく、財星があって、官殺を生助することが宜しいのです。ですから、結論的に申しますと、日主旺相であれば、混ずるを可とし、日主休囚するは、混ずるは不可であると言えます。次に、殺を分けますと、次の六類に分けられます。

（一）財滋弱殺格

〔188〕

己	**酉**	**大運**	
丙	**寅**	乙丑	辛酉
庚	**申**	甲子	庚申
庚	**辰**	癸亥	

壬戌

通俗な見方をする人は、春金失令、旺財が生殺をして、殺は寅の長生に坐しているから、扶身抑殺することが必要であるとするものですが、春金当令せずとはいえ、地支申に建祿、酉に帝旺、また辰時で印比が幇身していますので、弱中旺に変じ、所謂、木嫩金堅で、もしも丙火がなければ、寅木は存立し難いものとなります。もし、寅木がなければ、丙火は無根、財の作用を得て殺を滋すことが必要となるのです。木火の二つは、そのどちらの一つも欠かせないものであります。甲運学問に入り、子運、申子辰水局を成して、水生木、官吏として祿米を受けました。癸運、己土年干にあって、咎なく、亥運、寅と合、丙火の絶処ではあるが木の長生に当たる、絶處逢生で位階どんどん進みましたが、壬戌運、戌支来たって申酉戌の西方を成し、木も火も共に傷付きまして、出世発展が阻まれ、刑耗すること続き、辛酉運、劫刃肆逞、遂に死亡するに至ったのです。この造、西北金水運に行き、このようになったものですが、仮に、東南木火の運に行ったならば、科甲連登して、仕路顕赫たるものとなったと言えます。

〔189〕

丙申　大運　甲午
庚寅　辛卯　乙未
庚申　壬辰　丙申
辛巳　癸巳

この造は天干に庚辛三透し、地支は二支の祿旺に坐し、丙火は巳に建祿するも遠く隔たり、もし庚辛元神透露していないようでしたなら、火の祿ではなく、金の長生となるものです。この造も、用財滋殺であるのは明らかと言えます。辰運は木の余氣で、早くして出仕し、巳運、火の祿旺となりますので、科甲連登し、甲午・乙未運、木火並旺、藩臬にまで出世しました。この造は八字のみで観ますと、前造に大分劣るのですが、前造は、大運西北を行くに対して、この造は大運東南を行ったので、このような相違が生じたのであります。富貴は格局で定まる、とは言いましても、その窮通は運限にあるもので、命が好くとも、運が好いのには及ばない、「命好不如運好」と言われるのは、信じて然るべき言葉であります。

（二）　殺重用印格

〔190〕

戊子　大運　戊午
甲寅　乙卯　己未
戊午　丙辰　庚申
甲寅　丁巳

戊土寅月寅時に生まれ、土衰木盛ですので、最も午火に坐しているのを喜とするものです。寅午寅と火局を作りまして、さらに有情です。木旺二甲出干して、まさに言うところの、衆殺猖狂するを、一点の午火が殺を化するので、一仁可化と言われるのです。子は午を冲すること、寅を夾んでできず、子水の財は寅木を生じ、寅木午火を生ずる、その情は協け、寅は通関となっているのです。

しかもなお宜いことには、大運南方火土の地を行きますので、若くして仕官し、その盛名を馳せることができたのです。

〔191〕

己亥	**大運**		
丙寅	乙丑	壬戌	
戊子	甲子	辛酉	
甲寅	癸亥	庚申	

この造は格局を観ますと、前の造より勝っているように思われ勝ちであります。それは、本造では、印が長生に坐しており、前造では、印が冲に逢っているからです。しかし、そのように観るのは、前造は日干印綬に坐し、二寅の殺が来たり生拱し、日主が堅固であるのに、この造は、子水の財に坐し、財は反って生殺に向かって、日主に背き、しかも大運西北を走る、ということを知らないからです。

戊午年、中郷に官吏として名札が掲げられて、己丑年〔己未年の誤植〕、進士となったのは、この二年、比劫が幇身し、財星を冲去したためです。

壬運尅丙、壊印して、外艱、回祿に遭う。戊運は拱印となりますので、やや生色あるも、春月秋花のように、はかなく、長続きするものではありません。将来、特に辛酉運中、木多金缺、洩土生水、丙火を合去し、災禍を免れることはできません。

〔192〕

戊辰
庚申
甲子
甲子

大運
辛酉　甲子
壬戌　乙丑
癸亥　丙寅

この造は、木凋金鋭、厚土生金となるので、元来は畏るべき命なのです。支が申子辰の水局を成し、旺令の七殺の氣を生化して有情となる点を喜とするものであります。癸亥運、科甲連登し早くして仕路に光明あり、丙寅・丁卯運、制化宜しきを得て、仕は封彊の任にまでなり、宦途平坦、災禍、危難のないものであります。

〔193〕

戊午
丙辰
庚寅
丙戌

大運
丁巳　庚申
戊午　辛酉
己未　壬戌

この造は、天干に七殺が二干透出し、支は寅午戌の殺局を全くしております。喜ぶところは戊土原神が年干に透出していまして、化殺するに十分な力量があるという点であります。寅木は元来は破印するものですが、火局に会して破印するどころか、反って、培土の根源となっているのです。己未運中、科甲連登、庚申、辛酉運、幇身有情、宦海にその盛名を馳せ、今後、ますます光輝あるものと言えます。

〔194〕

癸亥
癸亥
丁卯
癸卯

大運
壬戌　己未
辛酉　戊午
庚申　丁巳
　　　丙辰

この造は、三癸、天干に透出し、支二亥、乗権乗令しております。喜とすべき点は、水源としての金が一点もない、二卯の印が、亥卯の木局を作って、生化宜しきを得ている、清くしてかつ純粋であるというところにあります。しかし、水源となる辛酉、庚申の両運は、功名順調ではなく、刑耗を多く見ましたが、一たび己未運に交わりますと、亥卯未の印局全く、己土は制殺して、功名直上しました。続く戊午、丁巳、丙運、仕は観察に至り、名利双輝となったのであります。

（三）食神制殺格

〔195〕

戊辰	**大運**		壬戌
戊午	己未		癸亥
壬辰	庚申		甲子
甲辰	辛酉		

この造、四柱に皆七殺がありますが、実は、三辰は水庫で、日干壬水の身庫であり、通根しているのです。喜とするのは、時干に甲の食神が透出して、この食神は辰中木の余氣であるのみでなく、妙となるは無金、つまり、金と木とが尅とならないという点です。まさに言うところの、一将当関、群凶自伏、甲木の食神が重々たる七殺をよく制伏し調和を宜しくする、の命であります。癸亥運に至りまして、食神が生に逢い、日主建祿に当り、科甲連登、甲運、県令となりましたが、子運、衰神冲旺にて、死亡しました。

〔196〕

庚申	**大運**		甲申
庚辰	辛巳		乙酉
甲戌	壬午		丙戌
丙寅	癸未		

この造は、甲木辰に坐し、余氣はあるものの、庚金両透し、申支に通根、研伐する形であります。最も喜とするのは、寅時、日干建祿、さらに妙とするところは丙火一点透出し、制殺することで扶身しているという点です。午運、寅午戌の火局を成して、中郷に名札を掲げら

れ、甲申、乙酉運、七殺祿旺に逢って、刑耗多端、その後、丙戌運となって、知県に選出されました。

〔197〕

壬　子　**大運**　丙辰

壬　子　癸丑　丁巳

丙　戌　甲寅　戊午

戊　戌　乙卯

この造は、年月に二壬子あって、七殺の勢い猖狂ですが、幸いにも、日時共に戊支に坐し、身庫通根し、しかもさらに妙とするは、戊土食神が透出し、戌に通根、制水するに十分であるという点です。また羨むべきは、大運一路東南を行くことで、扶身抑殺し、乙卯運中、水は絶、火は生となり、誠に美運で、仕は郡守に至ったのです。

〔198〕

壬　申　**大運**　庚戌

丙　午　丁未　辛亥

庚　午　戊申　壬子

丙　戌　己酉

この造は、兩七殺が当権乗旺して透出し、本来は畏るべきものですが、幸いにも年干の壬水は申に臨み、申は水源であり、庚金本氣で、水に通根していますので、制殺するに足るものであり、妙とするは無木である点です。つまり、水は木に洩らすことなく、火はまた木の助がないということです。申運、金水得助、宮廷に出仕し、酉運、支は西方申酉戌を全くして、大いに期待され、南宮の選を預かり、その後、金水運、休用皆宜しく、署郎より郡守となっていったのです。

（四）　合官留殺格（合殺留官、附）

〔199〕

癸丑	**大運**		
戊午	丁巳	癸丑	
丙午	丙辰	壬子	
壬辰	乙卯		

大運 甲寅

この造は、火長夏天、旺の極です。戊癸干合し、化火するを忌とします。壬水は辰に通根する水庫であり、妙とするは、年支丑に座し、晦火養金して蓄水することです。すなわち、癸水は丑に通根するので、合するとはいっても不化となり、不化は反って合を喜ぶものです。すなわち、壬水は不抗となるのです。これ、乙卯、甲寅運、剋土衛水して雲程直上し、癸丑運には地方長官より、県知事に至ったのです。壬子運、治中より黄堂に入り、名利裕如たるものとなったのです。

〔200〕

癸巳	**大運**	甲寅	
戊午	丁巳	癸丑	
丙午	丙辰	壬子	
壬辰	乙卯	辛亥	

乾隆三十八年四月十八日辰時、この造は任鐵樵自造で、また火長夏天、前造とただ一字、丑が違うだけです。しかし、命は天淵の隔たりがあります。丑は北方の湿土であり、よく丙火の烈しさを晦くし、午火の焔を収め、また蓄水蔵金しておりますが、巳は南方の旺火で、癸水の絶地であり、杯水輿薪、混を喜びて、清を喜ばないのです。前造は戊癸合して不化、本造は合して必ず化火します。癸水は殺を助けることができぬどころか、化火して劫となすもので、反って陽刃を猖狂たらしめているのです。巳中の庚金は水源として役に立ちません。壬水は水庫の辰に通根するとは言っても、金の滋助なく、清枯の象で、しかも、大運四十年木火の郷を行き、刧刃生助の地です。兄は父の志を引き継ぐことなく、名を成し、また弟は田畑が守れず、新しい事業を始めた所以でありま

す。骨肉皆死亡し、半生のなすことすべて浮雲の如く、卯運、壬水絶地、陽刃逢生、家産倒蕩、命の然からしむるところであります。

〔201〕

戊	**申**	**大運**	丁卯
癸	**亥**	甲子	戊辰
丙	**午**	乙丑	己巳
壬	**辰**	丙寅	

この造は、日主旺刃に坐しているものの、亥月の生まれですので、ついには休囚となり、五行無木。壬癸並透、支は生旺に逢っていますので、官と殺はそれぞれ門戸を立つ、と前述にあるところのものです。しかし、戊癸は合して癸水官を去らしめていますので、混とはならないものであります。

さらに宜しいのは、大運東南木火の地を行くことで、郷榜の出身よりして、とんとん拍子に黄堂を協佐すべく命ぜられたのであります。

〔202〕

戊	**午**	**大運**	丁卯
癸	**亥**	甲子	戊辰
丙	**戌**	乙丑	己巳
壬	**辰**	丙寅	

丙戌日元で、壬辰時に生まれ、辰戌冲となって、庫の根を冲去しています。壬癸並透するものの、戊癸合去、すなわち、去官留殺となるを喜とします。さらに、年支午刃の助火あり、火虚ではあるが有焔と言われるもので、金の水源なきを妙とするのです。前造よりもやや優れています。本造、科甲出身、旬宣の職、重職に就いたのであります。

〔203〕

壬申　**大運**　辛亥
丁未　戊申　壬子
丁未　己酉　癸丑
癸卯　庚戌

この造、日月共に丁未、時干の癸水の殺は無根、壬水官星の殺を助けるを喜ぶので、合は宜しくありません。幸い壬水は申に坐していまして、合しても不化、申金を用神とするものです。さらによいことには大運西北金水の地を行き、官殺を助起し、郷榜出身、仕途連登、県令から、司馬となり、位階黄堂と同じくなりました。

（合殺留官、附）

〔204〕

甲辰　**大運**　癸酉
己巳　庚午　甲戌
戊辰　辛未　乙亥
乙卯　壬申

戊土が巳月に生まれ、日主いまだ旺じないことなどありません。然るに、地支二辰あり、木の余氣もあります。甲己干合し、合殺留官を喜び、官星は建祿卯に坐し、さらに妙なるは、運途生化悖らないことで、これ早く任官に至った所以です。典籍〔官名、図書を司どる〕となり、制誥《せいこう》〔天子の詔を書き記した文書〕を通知し、侍従のお供をすることにもなりました。

〔205〕

丙辰　**大運**　乙未
辛卯　壬辰　丙申
庚申　癸巳　丁酉
丁丑　甲午

この造、春金当令してはいないものの、建祿に坐し、印に逢うので、弱中旺に変じます。丙辛合、丁火独り清く、去殺するのみならず、去劫をもするのです。

つまり、財を劫奪するものもなくなるのです。官は財の生扶あり、宜しいことは、大運が東南木火の地を行くことで、早くして制科の試験に毎回合格し、宦海において出世しました。

〔206〕

丙　辰
辛　卯
乙　亥
庚　辰

大運
壬辰　丙申
癸巳　丁酉
甲午　戊戌
乙未

乙亥日元、坐下逢生、また月令建祿、用財とするに足るものです。丙辛干合して去り、乙庚干合、木旺にして化金せぬのを喜とします。郷榜出身、丙申、丁酉運、火が天干を蓋い、その力を顕わすことができないようではあるものの、西方の金地に巡りますので、琴堂に出仕することとなったのであります。

〔207〕

癸　亥
戊　午
壬　午
己　酉

大運
甲寅　丁巳
癸丑　丙辰
壬子　乙卯

この造は、旺殺逢財ですが、その合を喜び、癸水亥の旺に臨んでいるので、合して化せず。すなわち戊土有情で、壬水抗することできません。合して化するは、化火となって無情となり、火生土するものです。運走東方木地、早くして青雲の志を遂げ、運走北方水地、去財護印、天をもかけめぐるほどの出世をするものであります。

（五）　官殺混雑格

〔208〕

壬　辰　**大運**　癸丑　丁巳　丙辰
壬　子　甲寅　戊午
丙　寅　乙卯
癸　巳

これは、壬癸当権、殺官重疊、最も喜ぶは、日干寅の長生に坐し、寅中の甲木よく納水し、化殺生身し、しかも時祿旺に帰する、官に敵するに足る、という点であります。さらに水源としての金が一点もないことを妙とするものです。印星を用とするに十分で、殺勢たとえ強といえども、畏るるに足りません。丙辰運、幇身、また己巳流年に、官の混を去らしめて、南宮に出仕し、宰相となりました。

〔209〕

甲　子　**大運**　丙子　庚辰　己卯
乙　亥　丁丑　辛巳
己　巳　戊寅
丁　卯

この造は、官は長生に逢い、殺は祿旺に逢い、巳亥冲破印といえども、卯木よく生火するを喜ぶ。寅運、合亥、化木生印、連登甲榜、庚辰・辛巳運、制官服殺、大邦をよく守り、名利共に優れたものです。

〔210〕

丙　辰　**大運**　戊戌　己亥　庚子　辛丑
丁　酉　壬寅　癸卯
庚　午
戊　寅

この造は、殺は生に逢い、官は祿を得、秋金乗令するを喜ぶ。さらに、辰土は洩火生金、中和を失わざる象であることを妙とするものです。喜ぶは北方水地を行くことで、庚子運、官の根を冲去、官吏として名声高く、辛丑・壬寅運、裕々たるものでありましょう。

〔211〕

戊 午　　大運　癸亥
己 未　　庚申　甲子
壬 申　　辛酉　乙丑
辛 亥　　壬戌

これは、官殺当旺、幸い日坐長生、時祿旺に逢っていますので、敵官攩殺〔攩は、うちひしぎ去る、の意〕に足るもので、印綬は財殺の氣を引通します。運走西北、金水の郷、少年にして科甲に及第し、ひろく管庫を経綸し、そのすぐれた功は推奨され、文章文学において世に知られる所以であります。

官殺混雑する者にして、富貴となる者、非常に多いのです。官殺当令する者、印に坐することが必要で、印は官殺の氣を流通せしめ、生化に有情たるものとなるのです。あるいはその氣が生時に貫通していても、また扶身敵殺に足るものなのです。もし生時に氣が貫通していなければ、しかも印綬に坐することもなければ、貧でなければ、賤であります。官殺が当令しない者にはこのことは該当できません。

（六）　制殺太過格

〔212〕

辛 卯　　大運　甲午
戊 戌　　丁酉　癸巳
丙 辰　　丙申　壬辰
己 亥　　乙未

時、独殺に逢うに、四食神が相制、年支卯木、辛金が蓋頭、秋木は元來疏土するに足らず、頼るところは亥中の甲木が殺を衛ることです。乙未運に至り、亥卯未木局を成し、捷報〔戦勝の知らせ〕は南宮にとどろき、名は翰苑に高く、甲午運、木は午に死、甲己合して化土、丁外艱、己巳年、また巳亥冲去して、死亡しました。

〔213〕

辛　卯　　**大運**
戊　戌　　丁酉　　甲午
丙　辰　　丙申　　癸巳
壬　辰　　乙未　　壬辰

これも、一殺が四制に逢っていますが、前造にはとても及ばないのは、亥卯の会なきがためです。早く学問の道に進みましたが、出世は思うように行かず、甲午運、化土の患はないとはいっても、刑耗多端、ただ自分の身には咎ないのみです。

〔214〕

壬　辰　　**大運**
丙　午　　丁未　　庚戌
丙　午　　戊申　　辛亥
壬　辰　　己酉　　壬子

二殺、四制に逢う。四柱に印を見ないといえど、殺透りて食神蔵されているし、殺は水庫に通根するのを喜とするのです。大体、夏火当権するに、水が無金で滋いません。酉運に至りまして、辰土を合去、財星滋殺、発甲し、庚運、仕途連登、軍の参謀となりましたが、戌運、燥土が壬水の根、辰を冲し、戊辰年、戊土尅壬して、死亡しました。

〔215〕

甲　寅　　**大運**
戊　辰　　己巳　　壬申
壬　辰　　庚午　　癸酉
壬　寅　　辛未　　甲戌

この造、五殺が五制に逢っており、土は当権していても木もまた雄壮で、幸いにも、日主二辰に坐し、身庫通根、また比肩の扶けを得ています。壬申運、日主逢生、冲去寅木して、その名、官吏として高揚され、続く癸酉運、県令より、黄堂を履み、名利裕々たるものがあります。

〔216〕

庚申	大運		
戊寅	己卯	癸未	
戊寅	庚辰	甲申	
庚申	辛巳		

壬午

これは二殺が、四制に逢っているものです。幸いにも、春木、時を得て、乗令しており、尅しても尽絶しません。午運に至りまして、土の不足を補い、去金有余、登科して県令に抜擢されましたが、甲申運、また食神の制に逢い、軍中にて死亡しました。

大体において、制殺太過の格は、官殺混雑の美なるものに、とても及ばないものであります。それはどうしてか、と言いますと、制殺太過は、既に殺は傷残され、再び制殺の運に行くは、十中九は死亡し、十中一は助かるものです。

官殺混雑は、ただ、日主坐旺し、印綬不傷、運程安頓であるなら、ほとんど富貴とならない者はないとさえ言えるのです。しかし、日主休囚し、財星が壊印し、独殺が純情で、一官不混であるなら、往々憂い多くして、楽少なく、志も伸ばし難いものであります。命理を学ぶ人はこの辺をよくよく審らかしなければならないものです。

徐氏補註

官殺混雑の説明は、任氏増注は陳素庵氏の『命理約言』の原文を採用し、議論も詳しく展開され、引證の例も詳しく明らかです。大体において、官は財ありて、財が官を生ずるを喜ぶものであり、七殺は食神の制するが宜しいものであります。所謂、各々その門戸を立つるものです。官殺の局は複雑で一つとしてまとめることはできません。

1、用財生官の局は、殺の相混を忌とします。
2、用印化官の局は、殺の相混を不忌とします。
3、用食制殺の局は、殺が重く制が軽いなら、殺重を忌みますので、さらに官の助を忌とします。
4、用食制殺の局で、殺が軽く制が重いなら、扶殺するが宜しく、官を見るを忌としないものです。
5、身殺兩停の局は、最も宜しいのは、印をもって和とすることがよいのです。
6、身軽殺重であれば、官が殺を助けるを忌とし、殺を忌み、官を見るを忌とします。
7、身強殺軽であれば、最も喜ぶのは、官殺を助けるもの、所謂、財滋弱殺です。

まあ大体このようで、その他の細かい点は、右の意を正しく把えれば理会できることであります。

原注に、官殺混じて不可なるは、各々門戸を立てる場合であり、混じて可なるは同流同止である場合である、と言われています。所謂、同流同止とは、官殺は同じく我日干を尅すもので、その尅制をまさに論じているものなのです。

官殺混雑は、財官相生の局を除いて、官星が清透するが宜しく、混雑外は宜しくありません。その他は、尅制太重を忌とするのであって、混雑を忌とはしないのです。制を用神とするも、化を用神とするも、可とするのですが、制と化を兼用するは宜しくありません。

〔217〕

丁　酉　　大運　　　　　　49才辛丑
丙　午　　19才甲辰
辛　酉　　29才癸卯
戊　子　　39才壬寅

丙丁の官殺が混雑している命です。しかし、用印化殺ですので、相混を忌としません。所謂、同流同止です。大運辰を最も美とするもので、癸は戊と合、潤土晦火、しかして生金するので、また佳とするものです。少年いかばかり得意満面であったことでしょう。しかし、卯運、四冲全備となり、破家の危うきあり、壬寅十年もまた、順境ではありません。須らく、辛丑十年に至って、湿土生金し、まさに、光栄を回復することができるでしょう。

〔218〕

癸　未　　大運　　　　　　37才戊午
壬　戌　　7才辛酉
丁　未　　17才庚申
戊　申　　27才己未

壬癸の官殺混雑です。しかし、丁火戌月に生まれて、土旺乗令、火多は土燥となりますので、水の滋潤が宜しく、時申金に逢い、財生官旺することを喜び、官殺混雑するを忌とするのではありません。かつ、殺の助官を喜ぶものであります。辛酉、庚申運、順風に帆を上げて、初めて社会に出て、某局の局長となりました。己未、戊午運、家に退き隠れて、一つも発展することがありません。

〔219〕

壬　辰
壬　子
丙　申
癸　巳

これは、官多従殺、同流同止で、混の論をもってしません。通関節に詳しく説明されています。

官殺の混を忌む、混を忌まずの論は、要するに、官が弱ければ、殺が弱い官を助けるを喜ぶし、殺が弱ければ、官が弱い殺を助けるを喜ぶもので、これを同流同止とするものなのです。

さらに、十干の性情の異なる点がありますし、それが季節・時令の関係によって、種々なる様相が生じ、そうした点からも、混が宜しい場合、混が宜しくない場合も生じてくる点も疎かにはできないのです。例えば、庚金が酉月・戌月に生まれましたなら、庚金剛鋭となりまして、丁火が煅金することなければ、成器となることはできず、天の氣は次第に寒となりますので、丙火の照暖がなければ、解寒することはできません。丙丁並見するを上々の格として、その一つを欠くは、格全からずとなすもので、これは、官殺混じて宜し、とするものであります。また、壬水が秋冬に生まれ、支が水局を成して旺であれば、戊土七殺、堤防をなすを喜び、己土官星を見るを忌とするものです。つまり、己土は止水する力に不足するどころか、反って濁水するもので、壬水を清くはしないのです。ですから、これは殺を喜び、官を忌むの例と言えます。

庚金の申月に生まれるは、必ず丁火を必要とするもので、丁火まさによく煅金し、丙火は無用、これは官を喜び、殺を忌むの例です。また、丙火は壬水を見るを日照江湖となすもので、相映成輝たらしめますが、癸水を見るは、陰霧障日として忌とするものです。このように、十干の性情と時令によって、喜忌異なるもので、単に、官殺のみではなく、正偏財、正偏印、食傷も同様で、生尅名で喜忌を云々できないものです。ありふれた一般の見方として、財官印を喜とし、殺傷梟を忌とする、初学の単純な考えに、いつまでも拘っていてはならないものであります。どうか細かい点までこうしたことを、探究していただきたいと存じます。つまり『窮通寶鑑評註』を詳細に研究していただきたい、ということになるのです。

考玄解註

この官殺混雑という点につきましては、昔から古歌・歌訣・詩断等で大変多くのことが言われてきましたのは、主として正官を吉神とし、偏官を凶神とする、まことに単純な考え方が根底となっていることから、延々と言われ、この『滴天髄』が書かれた時代にも相当流布されていたので、『滴天髄』の作者は『滴天髄』全文を十分理解できたなら、どういうのが「可」であり、どういうのが「不可」であるかは解るはずである、と言っているのです。つまり、

1、干の特性

であります。これは当然干と干との相関関係のことであって、甲にとっての辛金の正官は原則として制木できませんが、庚金の偏官は原則として、庚金劈甲引丁、甲木を成器とし、さらに火に有情であれば生丁火する、

といった弁証法性あるものとなります。しかし、乙木にとっては庚金正官は干合の情専一となれば倍力となって、攻身破木する関係となり、辛金偏官は原則としてただ攻身破木する関係となる、といった大変な違いがあるのです。ですから、干の特性を無視して、単に生尅名のみで云々することはできないことを、「有可有不可」と言っているのです。

2、「月令乃提綱之府」

でありますから、月令を無視しての、官殺の論は「有可有不可」なのです。これもまた干の特性が加わってきますので、同じ木でも秋令の甲木は収斂しているので、「庚金劈甲為成器」とするが、乙木は庚辛金の攻身には断削されるのみで耐えられません。また特に庚金の日干は、秋令で旺じているなれば、丙火の調候と丁火の正官の煆庚の両方を必要とする、といったことが生じるのです。

3、「天道有寒暖」

ですから、調候必要な時に、調候適切でありませんと、正官も偏官もその作用は誠に乏しいことになるのです。例えば、火が日干で火旺の生であれば、調候である壬水が水源有情でない限り、良好な全局の作用は激減するものです。金の水源がないとか、あるとも遠隔無情で火太過するは、壬水偏官も涸れるとか、水沸となって偏官の作用はなくなるのです。また、日干水で水旺月に生まれて、調候丙火がない限り、戊己土の官殺も、池塘氷結となり、全く生気ないことになるのです。

4、上下・左右、遠近、「始終」

を無視しての官殺は、これも「有可有不可」なのです。

年柱は原則として日干に無情ですから、日干にとっての作用ある正官・偏官でもないし、たとえ日干に有情な日支に官殺があっても、一点の支中蔵干官殺のみでは攻身・尅身はできなのです。

5、生尅制化、冲合局方

を無視しての官殺などは全く問題とすべきではなく、日干とその他の強弱を正しく分別しないままに、官殺のみを論ずるのは、言うなれば命理とは言えないのですから、問題にならない、という意の「有可有不可」なのです。

つまりは、『滴天髓』の全文の真義を理解していないことから、単に官殺の生尅名のみをもって、全く無駄なことを延々と述べているのです。

註の文章を理解するだけでも煩雑であり、これを仮に理解し得たとしましても、実造に直面しますと、多くの矛盾や誤りを招くことになるのです。ですから、任氏増注の、財滋弱殺格とか、殺重用印格とか、食神制殺格、合官留殺格、官殺混雑格、制殺太過格という格局は全局の気勢でしかないものですから、必要ないものです。格は「八格定」なのです。しかも、官殺混雑であるとか、ないとか言っている根底には、子午卯酉の蔵干を陰干のみで陽干がないこととしての論ですから、それがそもそもの誤りである、とさえ言えるのです。

徐氏補註はその点、任氏増注を〈詳しく展開され〉〈引證の例も詳しく明らかです。〉などとは言わず、後のほうで言っている〈十干の性情の異なる点がありますし、〉以降の註をさらに詳しく述べるべきであったのです。

〔188〕

己	**酉**	**大運**	壬戌
丙	**寅**	乙丑	辛酉
庚	**申**	甲子	庚申
庚	**辰**	癸亥	

庚日寅月生の木旺・土死・金囚令で、「偏官格」か「偏印格」です。調候丙火月干に透り、適切です。この調候丙火を殺とのみ見てはならないのです。調候は調候であって、攻身するのみではなく、土や金や木を暖め、水を温ませて生気を与えるものです。しかし、「不可過」の丙火がさらに強化されれば、攻身する丙火となってしまうのです。

「生方怕動」である寅申は冲去し、酉辰が接近することによって、辰土生金して、酉に根ある二庚団結、囚令といえども日干強となり、用神丙、喜神水木火、忌神土金となるものです。寅申冲去しても、「始終」よろしく、五行流通しており、かつ、この調候とも用神ともなる丙火は去ることもないし、少しくらい強くなっても湿土に納火されるものです。

第一運乙丑、丑酉金局半会して忌のように思われますが、乙木生丙するので、多少丙火は強化され、丑酉の金局半会を制して、それほどの忌とならず、乙財の喜象はあります。

第二運甲子、水旺運、申子辰の水局全にて寅申解冲し、子辰の水局半会残り、生金の湿土は水となり、酉は遠隔無情の根となり、申に根あっても囚令、かつ甲財を制さなければならず、甲から生丙され殺となったものにも耐えなければならないので、この運は忌の傾向性免れない運となります。

第三運癸亥、癸己尅去、接近し、亥寅合で寅申解冲しますが、日干は申と酉に根あって有情。辰の湿土生金により洩秀、水智発する佳運の傾向性大。

第四運壬戌、申酉戌西方全くするが、不団結で、壬水尅丙となり、丙火は去らぬものの制丙され、寅中甲は申中二庚に制木され、破木、火滅の忌象発生。また、己土濁壬の「濁」ともなる忌の傾向性。

第五運辛酉、金旺運ですが、酉辰合去して旺根なくなり、湿土も去となることから、むしろ相対的に調和に欠け、流年により喜忌参半の傾向性。

第六運庚申、金旺運にて、寅申解冲されても丙火の作用減じ、比劫の忌の傾向性多大となります。

よく任氏は何運で死亡、ということを言っておりますが、大運は喜忌の傾向性であって、すべての事象は客観的時間の流年で生じるものである、という理が解っていないようで、そういった表現をしているのです。しかもこのことは、旺相死囚休の重要理論が解らず、『滴天髓』に「休咎係乎運。尤係乎歳。」と言われていること、特に、「尤」とあることを任氏はよく理会できていなかったのでしょう。

〔189〕

丙申	**大運**	甲午
庚寅	辛卯	乙未
庚申	壬辰	丙申
辛巳	癸巳	

庚日寅月木旺に生まれ透丙する「偏官格」です。天干丙庚尅去し、年月支申寅冲は日支申との冲の情により、いったん解けるものの、時支巳との合の情により、喚起されて申寅冲去、申巳合去、全支無根となります。調候もなく、原局時干に一辛残るのみで、用神取り難く、喜忌は運歳に待つことになります。

第一運辛卯、木旺運、辛丙合にて丙庚解尅、調候ある卯木旺じ、日干は無根無印となりますので、この運中の喜神は土金、忌神は水木火となります。しかし、無根無印とは言え、二庚一辛団結しておりますので、それほどの忌とはなりません。

第二運壬辰、壬丙尅にて、丙庚解尅し、湿土の辰が庚辛を生金しますので、この運中、喜神水木火、忌神土金となります。

第三運癸巳、火旺運、二巳二申妬合の情あるも、全支無根のままで、大運支巳のみ。喜神土金、忌神水木火となり、忌の傾向性。

第四運甲午、火旺運で全支無根のまま。喜神土金、忌神水木火となる、忌大の傾向性。

第五運乙未、火旺運やや忌、土旺運やや喜の傾向性。

第六運丙申、金旺運、丙火は調候にて、喜神水木火、忌神土金となり、喜忌参半の傾向性。

本命一生を通じてそれほど良好なこともなく、かと言って甚だしく悪いこともありませんが、平凡以下でしかありません。

任氏の言う事象が正しいものとしますと、庚辰刻生で、調候なく、用神丙、喜神水木火、忌神土金となるものです。寅中丙火は調候とはなりませんが、用神としては取れるのです。財の甲木旺じ、庚金から劈甲され弱となるものの、丙火の殺を生火はするので、任氏の言う、「財滋弱殺」という局勢となりますが、「財滋弱殺格」という格局ではありません。あくまで「八格定」です。しかも、これらは「天道有寒暖」という大変重要なことを忘れた結果、調候を殺としてしまったのです。

当然〈丙火は巳に建祿するも遠く隔たり〉などではなく、冲尅合の結果、日干と時干の庚辛のみ残って、全支無根となるということ、「生方怕動」であることを知るべきです。生時庚辰刻と辛巳刻の大きな相違を理会してください。

〔190〕

戊	**子**	**大運**	
甲	**寅**	戊午	戊日寅月木旺・土死令、月時干に二甲透出する「偏官格」です。年月干戊甲尅去、戊甲接近し、寅寅午火局半会以上、蔵干五丙一丁となります。
戊	**午**	乙卯　己未	
甲	**寅**	丙辰　庚申	
		丁巳	

「天道有寒暖。發育萬物。人道得之。不可過也。」の調候太過の忌、印太過の忌となり、子水は月支寅中二丙を少しは制するものの、「薬」とはならず、接近する時干甲木を滋木し、甲木は生火と攻身、日干無根、用神取るものない夭凶命となります。立運不明ですが、多病多疾、第一運乙卯木旺、生火攻身、寿終わるものです。

任氏の解命は誤りでもあれば、〈殺重用印格〉などではなく、殺重にして用神取るものなしの印太過の「偏官格」です。任氏は、〈寅午寅と火局を作り〉と言っていながら、寅中蔵干戊丙甲としているのは、火局は作らない、ということになるのです。こんな不合理なことはありません。

しかもここでは今まで言ってきた「遥冲」を言わず、火局を成している寅中甲を〈生じ〉〈通関となっている〉と言い、〈しかもなお宜しいことには、大運南方火土の地を行きますので〉と全くあり得ない事象を真実のように言っております。

〔191〕

己	**亥**	**大運**	
丙	**寅**	乙丑	壬戌
戊	**子**	甲子	辛酉
甲	**寅**	癸亥	庚申

戊日寅月木旺・土死令の「偏印格」か「偏官格」です。亥寅合去して子寅接近。調候丙火月干に透出し、生戊土するとともに、時支寅中にもあって、殺印相生とはなってはいるものの、日干に近貼する時干の偏官甲木が、疏土する、日干無根にして弱、用神丙、喜神火土、忌神金水木となります。


第一運乙丑、亥子丑北方全となり、亥寅解合する、忌大の運。

第二運甲子、忌の傾向性。

第三運癸亥、忌の傾向性。三運とも財の忌象多発、良好なること全く望めません。

第四運壬戌、日干の根あっても、やや小康といった程度でしかなく、累積後遺の忌象はなかなか消えません。

第五運辛酉、金旺にして、辛丙合去し、無根の日干戊土は旺金に洩らし、金生水、水生木となる尅洩交加の大忌の大忌の運。


任氏解命で言う〈戊午年〉は満19才であり、〈己丑年〔己未年の誤植〕〉は満20才、いかなる運であるか、立運年数は不明ですが、〈この二年、比劫が幇身し、財星を冲去〉などしません。また〈戊運は拱印〉と言われていますが、火局半会する理はないのです。

〔192〕

戊辰
庚申
甲子
甲子

大運
辛酉　壬戌　癸亥
甲子　乙丑　丙寅

甲日申月金旺・木死令の「偏官格」か「正財格」か「偏財格」です。

調候丙火なく、全支申子子辰の水局全以上、蔵干は四壬四癸相令の水にして、庚金生水し、戊土の水利灌漑不及、二甲漂木の印太過と攻身の大忌この上ない、夭凶命です。用神取るものなく、喜神らしきもの一つもなく、第一運の辛酉運中か、それ以前に必死です。

〔193〕

戊午
丙辰
庚寅
丙戌

大運
3才丁巳　13才戊午　23才己未
33才庚申　43才辛酉　53才壬戌

一七三八年、一七九八年の二年の四月に庚寅日なく、一八五八年四月二十七日戌刻がこの四柱です。土旺・金相令で、立運約3才。庚日辰月土旺生で、透戊する「偏印格」です。

寅午戌火局全くして、三丙三丁蔵、月時干の二丙が両側から攻身し、金熔の憂いあり、月干の丙火と、日支蔵干二丙は、月支の辰が辛うじて晦火晦光と生庚はするものの、戊中二丁の根ある時干丙に甚だしく攻身され、日干弱。用神戊、喜神土金、忌神水木火。金の疾病は一方ではありません。第一運丁巳、火旺運、大忌の大忌の運。第二運戊午、火旺運、寅午午戌の火局全以上。戊土は燥土にて不能生金、いくら湿土の辰があるとは言っても天干二丙、地支蔵四丙二丁に囲まれては、とても納火し切れません。この二運中必死と言うべきです。

任氏の言うことが事実とすれば、真正生時、乙酉刻でしょう。月干丙火、午に根あり、寅に有気となる攻身の殺ですので、酉根あっても、用神戊、喜神土金、忌神水木火となるものです。

〔194〕

癸亥	**大運**	己未		
癸亥	壬戌	戊午		
丁卯	辛酉	丁巳		
癸卯	庚申	丙辰		

丁日亥月水旺に生まれる「正官格」です。調候必須ですが、命中になく、亥卯木局半会し、時支また卯であり、月時干二癸は攻身すると同時に生滋木もし、日干無根。嫡母あれば、「可秋可冬」とは言っても、仮に、大運に印巡れば、木多火熄となる夭凶命です。一路忌神運を巡ります。第二運辛酉、運中に死亡しても不思議ではありません。

これも、真正生時一刻遅い、甲辰刻でしょう。乙巳刻もない訳ではありません。

〔195〕

戊辰	**大運**	壬戌	
戊午	己未	癸亥	
壬辰	庚申	甲子	
甲辰	辛酉		

壬日午月火旺に生まれ、年日支の二辰が晦火晦光しますが、火旺生にて二戊土相令、月干戊土は日干壬水を制し忌となり、壬水は甲にも洩身するので、庚金を用神と取りたくも無金、また他に壬水もなく、やむなく用神癸、喜神金水、忌神木火土となるものです。

大運一路喜用運を巡り、順風満帆、忌は誠に少ないことになります。

何が〈一将当関〉でしょう、〈甲木の食神が重々たる七殺をよく制伏〉し得るのでしょうか。年月干二戊を、年支の辰土を、時干の甲が〈制伏〉するなら、上下・左右、遠近、「始終」を論じている『滴天髓』は誤りを論じていることになります。さらに〈子運、衰神冲旺にて、死亡〉として、死亡させていることです。〈子運〉などではなく、甲子運であって、忌の甲木は忌の二戊を制土して、子午冲・子辰水局半会の情不専の水旺で、日干の根となり、生甲の忌はあるものの、死亡とまでなる運ではないのです。しかも、これは「衰神冲旺旺神發」の理にはならないのです。

〔196〕

		大運	
庚	**申**	2才辛巳	32才甲申
庚	**辰**	12才壬午	42才乙酉
甲	**戌**	22才癸未	52才丙戌
丙	**寅**		

一七四〇年四月二十九日寅刻がこの四柱となり、土旺にて立運約2才2ケ月、「偏財格」です。辰戌冲去して、申寅接近し、丙火は申中庚を制金しても、月干の庚は制甲木また二庚は寅中甲を破木し、日干弱。用神はやむなく壬、喜神水木、忌神火土金となります。これも尅洩交加の命で、壬水が来ますと、壬丙尅去しますが、洩身がないだけでも良好となるので、用神やむなく壬と取れるのです。


第一運辛巳、辛丙合去、巳申合去してもそれほど喜とならず。

第二運壬午、壬丙尅去し、寅午戌火局全の情にて、辰戌解冲し、午寅火局半会残る、むしろ忌の傾向性。

第三運癸未、癸水が化殺生身、滋木培木するとともに、癸水丙困とさせる喜の傾向性。

第四運甲申、申寅冲去し、むしろ忌の傾向性。

第五運乙酉、申酉戌酉方全くする大忌の運。

第六運丙戌、丙火の忌は忌の二庚、申を制しはしますが、洩身の忌の上に、財多身弱の忌の傾向性。

任氏解命、これも辰戌冲去し、時干丙火は接近する申金を制し得ても、年月干の二庚は制することできない組織構造であるのを、甲を飛び越して〈扶身〉するように誤解し、接近する申によって、「甲申殺印相生」と言われている『滴天髄』を無視しております。さらに用喜忌を言わず、〈午運、寅午戌の火局を成し〉は辰戌原局に戻り、午寅の火局半会の蔵干は、原局土旺・木囚令の寅は二丙、大運支火旺の午一丙一丁となって、日干無根の洩身の忌であることを喜であるかのように言っているのは大誤です。これは第二運壬午のことで、洩身の忌であり、大運干壬と原局丙が尅去となるので、「薬」としての作用も、助身の功も失うため、忌となることが解っていないのです。さらに言いますと、原局寅中一丙では原局天干の二庚を制金できませんし、大運支午は火旺であっても、原局土旺の辰を生土して、湿土生金するとしても、午支が天干二庚を制することはできず、申金さえも制するには不十分なのです。むしろ有力となった庚金から攻身される忌象さえ生じる、尅洩交加の忌の傾向性ある運であることが解っていないのです。

しかも、〈甲申・乙酉運、七殺祿旺に逢って、刑耗多端〉と、二十年間の長きにわたっての忌運が続いたにもかかわらず、〈丙戌運となって、知県に選出〉など果たしてあり得ましょうか。つまり、辰戌解冲され、忌となる洩の丙火が二庚一申を制するには、湿土の辰に晦火され、湿土の生金もあるのですから、無理があります。さらに丙火の洩身の忌は二戌の財を生じるため忌でもある点、さらに財多身弱ともなる点、見落としてはなりません。〈知県〉など疑問大ということになるのです。60才過ぎのことでもあります。

〔197〕

壬 子	**大運**	丙辰	
壬 子	癸丑	丁巳	
丙 戌	甲寅	戊午	
戊 戌	乙卯		

丙日子月水旺に生まれ、二壬透出して二子、戊土時干に透出して、日時支戌で子戌が並ぶので、湿土、生金の情あり。つまり、月干の壬と日支の戌は、これも殺印相生の形となり、戌中二丁ありますので、「仮の従勢格」となり、用神壬、喜神土金水、忌神木、火は閑神とするものです。


第一運癸丑、癸戊合去しますが、喜の傾向性ある運。

第二運甲寅、第三運乙卯、木旺の印旺運にて、「偏官格」か「正官格」に変化し、喜神木火、忌神土金水となる喜の傾向性ある運。

第四運丙辰、仮従のままで喜の傾向性。

第五運丁巳、比劫運にて普通格局となり、喜忌参半の傾向性。

第六運戊午、火旺の午火は二子の旺水に冲され、生戌土の情なく、制官殺は大したことがないので、やや忌の傾向性。


ここでも、「甲申戊寅。眞爲殺印相生。」と『滴天髓』が言っているところの天干と地支蔵干の生尅制化の理をよくよく理解したなら、壬と戌の関係も殺印相生と考えてよろしいのです。任氏自身も増註でそのように言っているのですが、忘れています。さらに、「地道有燥溼」も忘れて、日支の戌が湿土となることさえも見落とされているのです。さらに、前例〔195〕の月支一午と、大運の子で冲の関係となるので〈衰神冲旺にて、死亡〉と死亡しているのに、この例ではもっと旺となる原局子、大運午と冲の関係となるのに黙して語らずです。これは格局選定の誤りでもあれば、『滴天髓』が「假從之人亦發其身」と言っている真義を理解することなく、大運による格局の変化、喜忌の変化という重大な理が解らなかったという点にもあります。さらには、時干が日干を飛び越して、年月干支を制するとしている大謬の例と解すべきです。

〔198〕

壬 申	大運	庚戌	
丙 午	丁未	辛亥	
庚 午	戊申	壬子	
丙 戌	己酉		

庚日午月火旺・金死令に生まれ、調候壬水の水源有情であること必要であるのに、年支申中にあり、天干尅合は、結果として年月干の壬丙尅去し、庚丙接近し、日干は年支申に根あっても、午戌火局半会して、また月支に午の根ある丙火は金熔。しかし、制官殺する壬水有情であるため、従することできず、「偏官格」か「正官格」となり、用神取るもののない下格です。喜神せいぜいが湿土のみ、忌神水木火となります。

第一運丁未、前四年火旺運は忌、また後六年土旺運も未土は燥土不能生金に近く、忌の傾向性ある運。

第二運戊申、戊土湿土となり、納火生金するので、やや喜の運。

第三運己酉、申酉戌西方全くし、午戌火局半会を解きますが、西方は不団結で、原局火旺の団結する一丙二午より制金されて、酉支は根としての力弱く、調候申中壬水も失い、また己土は燥土となって不能生金となる忌の傾向性ある運。

任氏解命の誤りを指摘してください。

〔199〕

癸　丑　**大運**
戊　午　丁巳　癸丑　甲寅
丙　午　丙辰　壬子
壬　辰　乙卯

丙日午月火旺に生まれる「建禄格」か「陽刃格」です。調候壬水、年時干に透出し、辰に坐し、さらに年支丑ですので、調候よろしく、年月干癸戊干合火旺ゆえ化火し、丁丙に化し、日干最強、一応、丙壬並ぶは輔映湖海の象、用神は去ることのない壬、喜神土金水、忌神木火となります。

大運、第四運甲寅までは、一路忌神運。甲寅木旺運は、甲戊尅にて癸戊干合化火を解きますが、寅午午の火局半会以上にて、木旺の甲木が生火し、また壬癸水は生甲して、制火に向かわず、かつ丑・辰土までも制土する旺木です。流年によって寿終わることもある大忌の運です。

任氏、初めのほうで、化火と言い、後のほうで〈癸水は丑に通根するので、合するとはいっても、不化〉と言っておりますが、そのような理は成立しません。干合の情専一であって、火旺であるなら化火が正理です。しかもこれを〈合官留殺格〉の例としておりますが、〈合官留殺〉と言う真意は、正官を去らすことが喜となる、ということです。この例は合官して化火するので、反って忌となる例です。しかも、本造を木火が喜のように解して〈乙卯・甲寅運、尅土衛水して雲程直上〉と言い、大誤を真意のように言っていることです。木旺の乙卯も甲寅も大忌の大忌で、乙卯の乙では癸戊解合せず、忌の火をさらに助火する大忌。また、甲寅運の甲は、癸戊は解合しても、寅午午火局半会以上ですので、「虎馬犬郷。甲來焚滅。」となるのに、どうして〈尅土衛水〉の理があるのでしょうか。大忌の運であるのに、〈雲程直上〉などなり得ますか。とんでもないことです。

〔200〕

癸巳	**大運**	甲寅	丙日午月火旺に生まれる「建禄格」か「陽刃格」です。調候壬と湿土の辰ありますが不及。癸戊干合化火し、火は旺強太過、用神は壬、喜神土金水、忌神木火となります。前造よりはるかに劣るのは、一丑がないことによります。
戊午	丁巳	癸丑	
丙午	丙辰	壬子	
壬辰	乙卯		

大運も前蔵と同様に一路忌神運を巡りますが、第三運乙卯運中でも寿危ういものです。丙午、丁未年、甲寅、乙卯年、戊午年、いかなる流年であっても死亡しておかしくない、とさえ言えるのです。

ですから前造を癸戊干合不化とする理はないのです。不化なら去あるのみで、化も去もないとすることは干合はないということになってしまうのです。然るに、前造を不化とし、本造を化火するので、〈命は天淵の隔たりあり〉〈癸水の絶地であり、杯水輿薪〉と言っているのは、不化の癸水のことであるのに、〈必ず化火〉と言い、忌象を色々と述べておりますが、本造そのような忌象があるなら、前造と大した違いはあるものではありません。

つまり、用神、喜神、忌神、前造も本造も全く同様なのです。

〔201〕

戊申　大運　丁卯
癸亥　　　甲子　戊辰
丙午　　　乙丑　己巳
壬辰　　　丙寅

丙日亥月水旺に生まれ、透壬癸する「偏官格」か透戊する「食神格」です。戊癸合去、丙壬接近して、時干壬水は申・亥に有情となり、日支午に坐してはいるものの、死令の火でもあり、攻身に耐えられず、用神亥中の甲、喜神木火、忌神土金水となります。

第一運甲子、甲戊剋で戊癸干合を解き、支は申子辰水局全と子午冲の情不専、壬水は申・亥に無情となるが、大運支子水を甲木が納水するので、やや喜の傾向性となるものです。

第二運乙丑、やや忌の運。

第三運丙寅、木旺・火相令にて、大喜の傾向性。

第四運丁卯、卯亥木局半会する喜の傾向性の運。

第五運戊辰、戊土制水する、むしろ喜の傾向性。

第六運己巳、火旺運、戊癸解合して喜大となります。

〔202〕

戊午　大運　丁卯
癸亥　　　甲子　戊辰
丙戌　　　乙丑　己巳
壬辰　　　丙寅　庚午

丙日亥月水旺・火死令の「偏官格」か「食神格」です。戊癸合去、丙壬接近し、戊辰冲去、亥午接近、丙壬、午亥の四字となる。用神は化殺生身の甲、喜神木火、忌神土金水となるのです。

第一運甲子、戊癸解合、水旺の子はよく滋木培木し、甲木助火の喜の傾向性。

第二運乙丑、やや喜の傾向性。

第三運丙寅、木旺運にて喜大の傾向性。

第四運丁卯、前運同様、木旺運にて喜の傾向性。

第五運戊辰、戌辰解冲して、制水と洩身の忌の傾向性。

第六運己巳、戊癸解合、巳亥冲去して忌運とするのは、用神亥中の甲が去ってしまうからです。

第七運庚午、午戌火局半会にて、戌辰解冲し、火は洩身して戊辰が生庚し、庚金生壬の忌の傾向性ある運となります。

〔203〕

壬	**申**	**大運**	
丁	**未**	3才戊申	33才辛亥
丁	**未**	13才己酉	43才壬子
癸	**卯**	23才庚戌	53才癸丑

一七五二年七月二十八日卯刻がこの四柱です。土旺にして立運約3才。「食神格」となります。年月干壬丁合去、丁癸接近し、申中に壬あって、月支の未土を湿土にして生申金、接近する癸水の根となり、癸水は傷丁するとともに、未卯木局半会を滋木して、嫡母有情。丁火の特性、「衰而不窮」であり、

用神甲、喜神木火、忌神土金水となります。

第一運戊申、金旺運、忌の戊土が制癸水する、忌少の運。

第二運己酉、酉卯冲にて、未卯木局半会を解くが、己土尅癸し、それほどの忌とならず。

第三運庚戌、戌卯合にて、未卯木局半会を解き、嫡母不及とはなるが、大運干庚金が生癸するので、やや忌の傾向性。

第四運辛亥、亥卯未未の木局全以上、印太過となりますが、忌少、しかし疾病避けられず。

第五運壬子、子申水局半会して、壬水攻身する大忌の運。

第六運癸丑、水源深い丑支に坐す癸水がさらに尅身するとともに、洩身ともなる忌の傾向性。

しかし全運すべて、丁火の特性を忘れるべきではありません。任氏解命の〈合しても不化、申金を用神とする〉も大誤であれば、〈大運西北金水の地を行き、官殺を助起し、郷榜出身、仕途連登〉と言っていますが、土旺生にて丙火の助丁なく、卯未の木局半会の生助あるので、それほど太弱とはならないものの、弱の丁火です。壬丁合去して癸水接近し、湿土生金、金生壬する癸水は、一方では生木し、傷丁もするので、用神甲とするもので、用神庚とは取れないのです。つまり、庚金が原局に来ますと、尅木と生癸水する庚の財を、丁火は煅庚不可能であることを理解すれば分かることなのです。用喜忌を間違えての事象ですから、これもまた虚偽です。

例えば、第五運壬子の水旺運を見てください。子申水局半会に根ある旺強の壬水に、どうして丁火は耐え得られますか。

また、水旺透壬する冲天奔地の水に未土は土流となり、一甲三乙、囚令の木は、過湿となり、生丁にも難あることになるのです。同じ木局半会でも、蔵干三甲一乙となる木局半会との相違があるのです。

〔204〕

		大運	
甲	辰		癸酉
己	巳	庚午	甲戌
戊	辰	辛未	乙亥
乙	卯	壬申	

戊日巳月火旺に生まれる「偏印格」か「食神格」です。二辰の湿土は晦火晦光するものの、調候壬水ない点が欠けるところです。甲己合去、戊乙接近し、日干二辰に根あって、乙木では戊土を制することできず、日干強で、用神甲、喜神金水木、忌神火土となります。


第一運庚午、二辰が納火して、湿土生庚の喜の傾向性。

第二運辛未、辛乙尅去、未卯木局半会し、やや喜の傾向性。

第三運壬申、申巳合去しますが、日干は壬水を制さなければならず、財の喜の傾向性。

第四運癸酉、金旺運、洩秀と生財の喜の傾向性。

第五運甲戌、卯に根ある甲木がよく疏土する喜大の傾向性。

第六運乙亥、水旺運、甲己解合し、甲木は、月干己土、年支辰を疏土し、水木の喜大の傾向性。

任氏解命、〈合殺留官を喜び〉と言っておりますが、干の特性を全く無視し、乙木では官の作用はないのですから、生尅名のみでその作用を見ているのは誤りです。

〔205〕

		大運	
丙	辰		乙未
辛	卯	壬辰	丙申
庚	申	癸巳	丁酉
丁	丑	甲午	

庚日卯月木旺に生まれる「偏財格」か「正財格」です。丙辛合去して、庚丁は移動・接近するとともに、庚金は申に坐し、辰・丑の湿土から生金されて、日干強となります。用神丁とするよりは、庚金劈甲引丁する、甲を用神とすべきで、喜神は水木火、忌神土金となります。

第一運壬辰、洩秀生財、また生丁して、壬水が尅丁するのを減じ、喜大の傾向性。

第二運癸巳、火旺運、癸丁尅去、巳申合去、喜の傾向性。

第三運甲午、庚金劈甲引丁、丁火煅庚の美となる運。

第四運乙未、乙木は生丁とともに尅己土し、印の忌を減じるやや喜の傾向性。

第五運丙申、金旺の忌ではあるものの、卯木を生丙し、丙火助丁して、よく煅庚、煆申金となる美の運。

第六運丁酉、前運ほどではないものの、煅庚の美となるのは、丁辛尅にて丙辛解合することにより、やや喜の傾向性ある運となります。

〔206〕

		大運	
丙	辰		乙未
辛	卯	壬辰	丙申
乙	亥	癸巳	丁酉
庚	辰	甲午	

乙日卯月木旺に生まれる「月劫格」か「建禄格」です。丙辛合去して、乙庚接近、乙庚は干合して庚金倍力化し、庚金は卯亥の木局半会の「病」に対する「薬」でもあり、湿土の二辰が生庚もすれば、辰中癸水が滋木もしますので、用神庚、喜神火土金、忌神水木となるのです。

これは木旺・火相・土死・金囚・水休令で、卯亥木局半会して、蔵干三甲一乙となり、年支辰中休令の癸水が卯を滋木培木し、時支辰中癸水が日支蔵干二甲を滋木することにより、倍力の庚金が湿土生金されても、また庚金は生二癸となっているといった、生尅制化によるものです。もしこのように、生尅制化の「始終」がわかりませんと、多くは日干弱としてしまうのです。注意すべきは、いかなる干が来ても、丙辛解合はしないということです。

第一運壬辰、生木するやや忌の傾向性。

第二運癸巳、火旺運、巳亥冲にて、卯亥木局半会を解き、五行流通、忌の癸水が滋木培木しますが、喜の旺火巳に洩秀し、旺火は喜の二辰を生土し、喜の土はまた用神庚を生庚し、喜の庚は少しは忌の癸水を生じる、この流通の過程で、喜が生々強化されています。つまり、この運は、喜の傾向性が誠に大となる運と言えるのです。

前述の「始終」のところで、運歳も「始終」の視点から観るということを述べた一例としてここで説明しておきます。このことは、いかなる運歳でもこのように観るべきなのです。結論としての喜忌のみを述べているのですが、常にそうした観方をしての結論なのです。

第三運甲午、甲庚尅にて乙庚干合が解けても、庚金劈甲引火する、喜の傾向性ある運。

第四運乙未、亥卯未木局全となるものの、用神の庚の作用は減じません。〈用財とするに足る〉ということの謬がお解りになったでしょう。

第五運丙申、金旺運で二辰が生申金となっても、丙火尅庚とのみ見てはなりません。つまり、忌の木は喜の丙火を生じ、喜の丙火は喜の財を生じ、財の土は旺金を生じて、というように五行流通する喜運。

第六運丁酉、庚金劈甲引丁、丁火煅庚もする間にあって、「始終」美となる喜の傾向性。

〔207〕

癸	**亥**	**大運**	
戊	**午**	甲寅	丁巳
壬	**午**	癸丑	丙辰
己	**酉**	壬子	乙卯

壬日午月火旺に生まれる「偏財格」か「正財格」です。天干癸戊合と戊壬尅の情不専、調候壬水は有情な水源を必要とするのに、年支亥中に壬水あっても、日干にも、また水源酉とも無情であるのみではなく、二午から生土された燥土戊土より制癸水され、亥中壬水も制水されて、塞水の上涸れ果ててしまいます。

また、亥中甲木は午火を助火し、しかも午火旺ずる蔵干丙丁は、死令の酉の蔵干庚辛を熔金、さらに午火は己土を生じて燥土となり、燥土となった己土が攻身、また不能生金でもあり、日干は戊己土の燥土より攻身され、夭折すること疑いのない凶命です。

用神取るものなし、とせざるを得ないのは、たとえ一壬が来ても、戊土より制水されてその作用を果たせないし、癸水などでは問題にならず、亥も戊土と二午より制せられ、酉金も水源となることができず、子水が来ても「衰神冲旺冲神發」に近いこととなって塞水。せいぜい辰か丑の湿土が晦火晦光しようとしても、戊土の根となって攻身することになってしまうからです。つまり、いかなる干支が来ても、日干を扶けることができない命なのです。

生まれて来なかったか、生まれても、生日の翌日より、癸未日、甲申日、乙酉日、丙戌日、丁亥日、一週間、から十日間の間に異常発生しても当然のことであり、翌月己未月、翌年甲子年、とても寿保つことはできません。仮に乙丑年まで保つことができても、3才丙寅年、寿保つことができるでしょうか。

〔208〕

壬　辰　**大運**　丙辰
壬　子　癸丑　丁巳
丙　寅　甲寅　戊午
癸　巳　乙卯

丙日子月水旺に生まれる「偏官格」か「正官格」です。辰子水局半会して二壬透り、かつ癸水も透出し、水多木漂、水多火滅の憂いあるもので、壬水の特性「通根通癸。冲天奔地。」の組織構造です。しかも壬水月令を得て旺じ、水局半会さえしているのです。仮に用神甲としましても、第一運癸丑、丑子合で水局半会が解けたとしても、丑は水源深く、尋常の晦火晦光はできないどころか、冲天奔地さらに凄まじく、水多木漂、水多火滅となり、第二運甲寅まで寿保ち得るか否か。仮に保ち得たとしても、尋常な虚弱体質で済まされる訳はなく、痼疾大。これは年柱大忌でもある上に、大運癸丑の大忌が重なるからです。

第二運甲寅、木旺ですので、これを10の力量としても、30以上の水勢を納水し得るか否か。癸丑運の後遺がいっぺんに消えるのか否かです。このような冲天奔地の凶命で、〈宰相〉になれるのでしたなら、命理は信ずるに足らず、万人誰でも〈宰相〉になれるということです。『滴天髄』に言う壬水の特性も、生尅制化の理も、上下・左右、遠近、「始終」の理もすべて否定することになります。

〔209〕

甲　子　**大運**　己卯
乙　亥　丙子　庚辰
己　巳　丁丑　辛巳
丁　卯　戊寅

己日亥月水旺に生まれ、甲乙透出する「正官格」です。調候とも助身ともなる丙火急を要するのに、亥巳冲去して、時干丁では調候の功も、「若要物旺。宜助宜幇。」の「助」の功もなく、池塘氷結となる下格の命です。相令の甲乙木も漂木となって、「乙木雖柔」で尅己土もされて、無力であっても用神やむなく丁としか取れず、喜神火土、忌神金水木となるものです。年干の甲は攻身する甲木などではありません。下格とはいうものの、己土の特性を忘れてはならないのです。

第一運丙子、調候とも助身ともなる丙火大運干に透出する、喜の傾向性。

第二運丁丑、亥子丑北方全となり、この北方全の水を、忌の甲乙、卯木がよく納水するとともに、生丙丁火ともなり、日支巳火は助身と調候ともなって、忌とはならず、むしろ多少喜の傾向性ある運。

第三運戊寅、戊甲剋去、寅亥合にて亥巳解冲。大運支寅は日干己土にとって、官印相生となる喜の傾向性。

第四運己卯、卯亥木局半会の情にて、亥巳解冲し、月支巳が戻るも、甲乙木から、大運干己土は剋土され、幇身の効はありませんが、多少の喜の傾向性。

第五運庚辰、辰子水局半会し、亥巳冲去のままで、忌の庚は忌の甲を劈甲、また丁火煅庚すると言っても、むしろ忌大の傾向性。

第六運辛巳、火旺運にて、二巳一亥の冲により巳亥解冲する。喜用の運となります。

任氏解命の謬点を指摘してください。

〔210〕

丙　辰	**大運**	辛丑	
丁　酉	戊戌	壬寅	
庚　午	己亥	癸卯	
戊　寅	庚子		

庚日酉月金旺に生まれる「建禄格」か「陽刃格」です。天干変化なく、地支辰酉合は酉午蔵干の剋で解合しますが、午寅火局半会は、酉午が蔵干の剋ですから情不専となって不成、全支個有の支となります。

調候丙火は年干にあって、午、寅中に二丙あり、調候太過。辰は年干丙火を晦火晦光、納火するとともに酉金を生じますが、酉金は、寅中甲木より生ぜられた日支午火により溶金され、日干の根としては有力ならず、時干の戊土は燥土不能生金であり、生身に難あり。よって日干弱となります。遠隔にて日干には無情ですが、用神は辰中戊、喜神土金、忌神木火、閑神水となります。

第一運戊戌、用神運ではあるものの、燥土不能生金にて、印太過の傾向あってやや忌運。

第二運己亥、水旺運、湿土生金してやや喜の傾向性。

第三運庚子、庚丙尅去して、幇身の庚金は去りますが、大運支子が午火を冲することにより、酉金を熔金するのを防ぐ。やや喜の傾向性。

第四運辛丑、湿土の丑が、原局の火太過をよく晦火晦光、納火するとともに、辰、丑土が生金する、喜の傾向性。

第五運壬寅、時干戊土が大運干壬水を制水することにより、火太過の薬とはならないが、戊土は湿土となって、湿土生金にも向かう。しかし、壬水生寅木ともなり、寅はまた生火もする。尅洩交加の忌の傾向性ある運となります。

任氏解命、

○〈殺は生に逢い〉は、年干丙火と時支寅が有情な位置関係であるかのように言っております。

○〈庚子運、官の根を冲去〉で子午冲去するように言ってもいるのは謬ですし、〈官吏として名声高く〉も虚偽であることになります。

〔211〕

戊　午
己　未
壬　申
辛　亥

大運
10才庚申　50才甲子
20才辛酉　60才乙丑
30才壬戌
40才癸亥

一七三八年七月七日亥刻がこの四柱で、火旺にして、立運約10才。壬日未月火旺生で、透戊己土する「正官格」です。調候とも幇身ともなる壬水、日支申にあって水源、助身も有情。午未合去し、申亥が接近し、己土濁壬して生金するとともに、亥中甲をも生木する。年干戊土は日干を攻身などはしません。日干強となり、用神甲としか取るものなく、喜神木火、忌神金水、閑神土となります。

第一運庚申、第二運辛酉、大忌の大忌の金旺運。「始終」は土金水となるのみで、どうして一命保つことができましょうか。

〔212〕

辛　卯
戊　戌
丙　辰
己　亥

大運
6才丁酉　36才甲午
16才丙申　46才癸巳
26才乙未　56才壬辰

一七七一年十月二十六日亥刻がこの四柱で、立運約6才となります。丙日戌月金旺に生まれ、透辛する「正財格」です。日干丙ゆえ調候は不要。卯戌合は戌辰冲にて解け全支個有の支。年支卯木は日干の印として無情であり、休令とはいえ四食傷の土に囲まれ、洩身太過となるので、制食傷する有情な亥中の甲を用神とし、喜神木火、忌神土金水となるものです。

第一運丁酉、金旺運、丁辛尅去し、丙火は年支卯に生火有情となると考えるは大誤です。単に酉卯冲、酉辰合の情不専とのみして、それ以上の生尅制化を考えない人が多いのですが、「以冲爲重」と『滴天髓』で言われている意を理解してください。つまり、酉辰合によって不去となるのは、湿土が旺酉金を生金するということですから、生金された旺金酉は卯を冲するし、亥中壬水をも生壬するということです。原局と大運の「始終」を見るとどのようになりますか。土金水の忌が強化されるのみで、喜となるものが少しでも強化されるでしょうか。

第二運丙申、丙辛合去し、前運とほぼ同じように、忌大となるものです。

第三運乙未、乙木は原局の金旺の辛金に尅木されて、己土さえも制すること不能となっており、日干丙火さらに未土に洩身しなければならないのです。どうしても〈亥卯未木局を成し〉ますか。卯戌の合がないと、任氏は勝手に冲尅合を決め、甲午運〈甲己合して化土〉させ、甲戌の尅がないとしているのです。しかも、6才立運ですので、甲午運は36才、己巳年は38才です。立運は正しいだろうと思い、大変面倒ですが、また逆算してみました。一七一一年十月に丙辰日はありません。死亡を確認している以上、一七七一年ということになるのです。一七七一年生なら、己巳年は一八〇九年ということになり、任氏は一七七二年生まれですから、任氏存命中に確認できたことでしょう。ただし、立運が間違っているのは一体どうしたことでしょうか。

〔213〕

		大運	
辛	**卯**		甲午
戊	**戌**	丁酉	癸巳
丙	**辰**	丙申	壬辰
壬	**辰**	乙未	

丙日戌月金旺に生まれる「正財格」か、土旺に生まれる「食神格」です。天干丙壬尅、地支卯戌合は戌辰冲により解け、全支個有の支となります。日干丙火は太過する四食神土に洩身し、また時干壬水から制尅されて太弱となりますが、陽干丙火の猛烈の性あって、遠隔無情

ではあるものの、年支印の卯木、日時支の二辰中に印の乙木、また戊中丁に有気となっているため、従することはできません。

五行は偏枯し、尅洩交加となっており、用神は、食傷を制すると同時に、化殺生身、生日干する卯中の甲と取り、一応喜神木火、忌神土金水、となります。なお、土旺生の「食神格」の場合、火は日干を扶けるとともに、食傷の忌も強めるため、閑神となります。五行の濁乱偏枯した位相の低い命であります。

第一運丁酉、大運干丁は陰干で扶身に全く役立つことなく、また地支は酉卯冲、酉辰合の情あって全支個有の支ではあるものの、酉は湿土の二辰から生金され、冲を重しとする卯木を尅制する、食傷生財、財生官殺となる大忌の傾向性ある運。

第二運丙申、大運干丙は助身するより、生土に向かい、前運に続く金旺運。食傷生財、財生官殺、殺制日干となる忌の傾向性ある運。〈早く学問の道に進みました〉とありますが、酉・申運の幼少期から学問ができる環境ではありません。

第三運乙未、乙辛尅去、未卯木局半会の情ありはするものの、全支個有の支。前四年火旺は未支に通根し、日干は移動・接近して、年支卯木に接近、生丙されても、前二運の忌に続く、喜忌参半の傾向性ある運。後六年土旺の未運も食傷の忌が強まり、喜とは言えません。

第四運甲午、甲戊尅去、丙壬は移動・接近し、全支個有の支となる午火旺運にて、丙火やや強化され、喜となる傾向性ある運。〈甲午運……、刑耗多端、ただ自分の身には、咎ないのみです。〉となったのです。

〔214〕

壬辰	大運	
丙午	丁未	辛亥
丙午	戊申	壬子
壬辰	己酉	庚戌

丙日午月火旺に生まれる「建禄格」か「陽刃格」です。調候壬水は水源有情であることを必要とするのに、年月干の壬丙尅去し、丙壬接近して、時干壬水二辰に有情となって、調候はよろしいのですが、金断節し、二午は二辰の土に洩身し、二辰中の二癸に有気となる壬水に制火され、二辰中の二乙が、水木火と生火するので、日干強となり、用神壬、喜神土金水、忌神木火となります。

大運一路喜用運を巡り、一路向上するものの、第六運、水旺の壬子運は、喜忌参半の傾向性となります。

そしてまた、〈酉運に至りまして、辰土を合去〉、とありますが、酉が二辰と合去など前代未聞のことですし、合去した酉が〈財星滋殺〉するのでしょうか。さらに、〈戊運、燥土が壬水の根、辰を冲し、戊辰年、戊土尅壬して死亡〉と言っておりますが、これは第四運庚戌であって、〈戌運〉などではないのですから、辰の湿土は生庚金し、庚金生壬して、戊壬の尅の理は成立しないのです。戊辰年は数え年37才ですが、それ以前の27才戊午年は、第三運、己酉運中のことですので、戊壬尅で、この年にも死亡する可能性大ということにもなるのです。

〔215〕

甲寅	大運	36才壬申
戊辰	6才己巳	46才癸酉
壬辰	16才庚午	56才甲戌
壬寅	26才辛未	

一七三四年四月十九日寅刻がこの四柱で、6才立運です。

壬日辰月土旺に生まれ、水死令なるものの、二辰に蔵癸し、時干に壬あるので仮従ともなれない「偏官格」です。年干甲木は寅に根あって疏土するも、日支辰の旺土までは及びませんし、年支寅は戊寅殺印相生ともなって、土最強となり、庚辛の印ないため日干最弱。庚を用神と取りたいのですが無金、やむなくの用神壬、喜神金水、忌神木火土となります。

第一運己巳、火旺運、日干さらに弱化する大忌。

第二運庚午、火旺運、午寅寅火局半会以上となり、甲木は疏土の情弱く生火に向かい、火は生土し、土多金埋、火多金熔となって、生壬の作用はほとんどなく、喜は期し難い傾向性ある運。

第三運辛未、土多金埋、忌の傾向性。

第四運壬申、金旺運にて、日干を強化する喜の傾向性ある運、

第五運癸酉、喜の傾向性。しかし、

第六運甲戌、甲木疏土不及で、土多水塞となる忌の傾向性。

任氏の〈五殺が五制に逢って〉と言っていることは正しくありません。土旺の戊土月干に透出して、寅支が戊寅殺印相生ともなって二辰に根あり、日干壬水を攻身するところを、年干甲木、寅中蔵甲、二辰中弱とはいえ、乙木の根あって疏土開墾するので、戊土の攻身を甚だしく弱めているのです。

日干は甲に洩身する情はありませんので、忌が忌を制して、この甲がよい作用になっている、ということになるのですから、生家環境よろしいものです。喜神甲木、という意ではないのです。さらに言うなれば、寅辰並んでいることで、寅中本気の甲が、辰中本気の戊土を制してもいるので、日干が時支寅の甲に洩身するのは忌神に洩らすことになるのです。

〔216〕

庚申　戊寅　戊寅　庚申

大運　己卯　庚辰　辛巳　壬午　癸未　甲申

戊日寅月木旺・土死令の生まれで「偏印格」か「偏官格」です。年月支、日時支ともに申寅冲去、全支無根となり、調候もなく、死令の戊土ですので、一応やむなくの用神は月干の戊、喜神火土、忌神金水木となるものです。午支が来て、午寅寅の火局半会以上の情にて全支個有の支となって、やや喜。しかし子が来て、子申申の水局半会以上の情にて全支個有の支となるのは忌となります。これ以外、個有の支となることはありません。年柱忌、生家の環境悪くして恵まれない上に、水智は忌、財の忌の上に、大運を観ますと、

第一運己卯、木旺運、大忌の運。

第二運庚辰、湿土生三庚、洩身の忌の傾向性。

第三運辛巳、火旺運にて喜の傾向性。

第四運壬午、午寅寅の火局の情にて全支個有支となり、午火旺ずるも、二庚尅二寅中の甲、さらに二庚が生壬し、壬水また申中に蔵壬して、大運支午火を火滅するのに十分です。ただ、二寅中の丙火は火滅とならない点がよいところではありますが、原局と大運の「始終」を見てください。忌のほうが大となることがお解りになるでしょう。しかし、庚辰運ほどの忌とはならないのです。

これだけいい加減な挙例を、いかにも事実らしく合理的であるかのように言われてきますと、任氏のほうが正しく、『滴天髓』で言われていることが誤りである、という印象を受ける方が多いと思います。しかし、ここ

までのところの『滴天髓』に論じられていること、また考玄解註をよくよくお読みください。そして本書を二度三度お読みになれば、任氏挙例の解命がいかに誤りであるかが解ります。それが解ることが、『滴天髓』の真義の理会となるのです。

ですから、徐氏補註の〈引證の例も詳しく明らかです〉と言っていることは誤りであり、任氏解命の謬を徐氏は一点も反論せずに、誤りの上に誤りを重ね、命理が相当わかる人をも混迷に陥れる結果となっているのです。

〔217〕

		大運	
丁	**酉**		39才壬寅
丙	**午**	9才乙巳	49才辛丑
辛	**酉**	19才甲辰	
戊	**子**	29才癸卯	

辛日午月火旺に生まれ、丁丙火が年月干に透る「偏官格」です。調候壬水が金の水源有情であるのを必要とするのに、年支酉金は、子水と無情であり、熔金され、日干の根でありながら無情・無力。日支酉も金熔の憂いあるところを、子上の湿土となった戊土が日干と酉金を生じることにより、日柱辛酉はまた調候の子水を生じる。しかし、やや不及。一方、丙辛干合して倍力となった丙火は貫通して戊土に逢い、生戊土。用神戊、喜神土金、忌神水木火となります。辛金の特性、〃陰干弱きを恐れず〃です。

第一運乙巳、火旺運、乙木がわずかに助火はするものの、巳中丙火は殺を一層強め、巳中庚も幇身の有気ともならず、大忌の運。

第二運甲辰、甲戊尅去し、辰の湿土晦火・納火して生金する喜の傾向性ある運。

第三運癸卯、四正揃い、戊土制癸し、癸水さらに子水の根あって、癸水丙困となる一面、一卯二酉の冲にて助火の力減じ、やや忌の傾向性の運。

第四運壬寅、酉午酉の蔵干の尅の情あって寅午火局半会せず、寅は個有の支にて忌の火源となる。天干は壬戊の尅にて火太過の「病」に対する「薬」とはならず、忌の傾向性ある運。

第五運辛丑、大運干辛金は役に立ちませんが、丑土は湿土にて晦火晦光し、生金の喜大の傾向性となります。しかし、前運までの後遺は避けられません。

徐氏〈相混を忌としません。所謂、同流同止です〉と言っておりますが、原局においては大忌であって、火そのものではなく、木が生火するのが大忌となるのです。

〔218〕

		大運
癸	未	37才戊午
壬	戌	7才辛酉
丁	未	17才庚申
戊	申	27才己未

丁日戌月土旺に生まれ、調候丙火必要ですが、調候も幇身もなく、壬丁干合して倍力の壬水は、三土を湿土にするとともに、丁火を貫通して、時干戊土をも湿として生金、日干は年支未中の丁乙には無情であるものの、日支未中印の乙丁には有情、かつ戌中にも蔵丁するので、この組織構造にあっては、陰干従しやすいとは言いましても、本造は従し難く、「傷官格」となります。徐氏は事象から、「従児格」としているようですが、〈己未・戊午運〉の事象、この組織構造では「従児格」はあり得ないことです。特に、

第三運己未、己癸剋去するとも、大運支未の喜の傾向性ある運となるからです。生時の違いだけではなく、生日さえも違うのでしょう。

〔219〕

		大運	
壬	辰		丙辰
壬	子	癸丑	丁巳
丙	申	甲寅	
癸	巳	乙卯	

〈通関節に詳しく説明されています。〉とありますが、通関のところの例としては挙げられてはおりません。通常、通関とは、水と火の間に木をもって通関と言うのであって、この組織構造では通関は全く関係ありません。生時甲午刻であれば、通関甲木をもって、用神とするのですが、この八字では、局勢から見て、「仮の従殺格」とすべきで、男命大運順旋し、第二運甲寅は、普通格局の「正官格」か「傷官格」となるものです。

傷官見官果難辨。可見不可見。〔輯要・闡微〕

《傷官が官を見るは、果は辨じ難し。見て可なるあり、見て不可なるあり。》

傷官見官最難辨。官有可見不可見。〔徴義・補註〕

原注

身弱で傷官旺ずるものは、印があるなら、官を見てよろしいのです。また、身旺で傷官旺ずるものは、財があれば、官を見てよろしいのです。傷官が旺じて、財が軽く、比劫があれば、官を見てよろしいのです。日主が旺じ、傷官が軽く、印綬がないなら、官を見てよろしいのです。傷官が旺じて財がないのに、一たび官に遇いますと、禍があります。傷官が旺じて身弱でしたなら、一たび官を見ますと禍があります。傷官が弱くして、財も軽いのに、一たび官を見るのは禍があります。傷官が弱くして、印を見る、一たび官を見るのは禍があります。大体において、傷官は財がありましたなら、官を見てよろしく、財がないのは、官を見るは不可と言えます。また、身強か身弱かを見分ける必要があり、五行に分けるのみでなく、財、官、印綬、比肩として分けるべきです。

また、傷官用印、財を見るのは宜しからず、傷官用財、印を見るは宜しからず、とも言われています。この間の消息は、よくよく詳細に弁別しなければなりません。

任氏増注

傷官はそもそも日主の元神をひそかに盗洩するものでありますから、既にその点において善良とは言えず、日干の貴氣を傷付け、さらにその凶意をほしいままにするようでは大変悪いことであります。しかしながら、調和よろしく、日干の英華を外に発するものでしたなら、多くその人は聡明ではあります。しかし、官を見るのがよいか否かは、あくまで原局全体の組織配合・権衡を見究めなければ言えないことです。その間の作用は種々様々で、一概に論じることはできないのです。
つまり、傷官用印あり、傷官用財あり、傷官用劫あり、傷官用傷あり、傷官用官あり、と言ったように種々であるからです。例えば、

傷官用財というのは、日主旺じ、傷官また旺じ、用神財とするが宜しく、比劫があれば、官を見ても可、しかし、比劫なく印綬あれば、官を見るは不可です。

傷官用印というのは、日主弱く、傷官旺じ、印を用神とするのが宜しいのですから、官を見るは可で、財を見るは不可であります。

傷官用劫というのは、日主弱く、傷官旺じ、印綬がない場合、比劫を用神とするもので、印比劫を見るを喜び、財官を見るを忌むのです。

傷官用傷というのは、日主旺じ、財官がなく、傷官を用神とするもので、財傷を見るを喜び、官印を見るを忌むものです。

傷官用官というのは、日主旺じ、比劫多く、財星衰え、傷官軽く、官を用神とするもので、財官を見るを喜び、傷印を見るを忌むものであります。

所謂、「傷官見官、爲禍百端。」というのは、皆、日主衰弱し、比劫幇身するを用神とするのに、官を見るのは、比劫は尅を受けますので、禍ありとする所以であります。しかし、もし局中に印がありましたなら、官を見るは、禍なきのみならず、福あるものです。

傷官用印、局内無財であれば、印旺、身旺の郷、必ず貴顕れるものであります。しかしながら、財旺、傷旺の郷に運行しますと、必ず貧賤となるものです。

傷官用財、財星が氣を得ており、運が財旺、傷旺の郷に逢うは、必ず富厚くなるものであります。しかし、印旺、劫旺の地に行くは、必ず貧乏となるものであります。

傷官用劫、運印旺に逢うなら、必ず貴となります。

傷官用官、運財旺に逢うは必ず富みます。

傷官用傷、運財郷に逢うは、富み、かつ、貴となるものです。

用財と用印は、官の地位の高低、財の厚薄に分かれるに過ぎません。この間の消息は仔細に推究してください。

（一）　傷官用印格

〔220〕

	大運	
己　丑		丁卯
辛　未	庚午	丙寅
丙　寅	己巳	乙丑
己　丑	戊辰	

火土傷官重疊とありますが、幸いにして夏の土旺、火氣余氣あり、また日主は寅に坐し、長生にして、蔵甲していますので、甲を用神とします。丁卯運に至りまして、辛金を尅去、その丑土を破り、所謂、有病なるに薬を得るものです。立身出世し、地位昇り、続く丙寅運、体も用も皆宜しく、仕は黄堂に至っております。

〔221〕

辛酉　**大運**　癸巳
丁酉　丙申　壬辰
戊午　乙未　辛卯
辛酉　甲午

これは、土金傷官重疊、四柱無財を喜び、氣象純清であります。初運木火体用皆宜しく、少年にして鳳凰池、すなわち科甲に合格して宮廷に出任し、とんとん拍子に出世し、竜虎をかたわらに従えて、首を持ち上げている、そういった好調に恵まれました。しかし、惜しむらくは、中運、癸巳・壬辰運、金生火尅となり、志を伸べ難く、半世にただ労し、勤めるのみにて、自らを憐れむのみとなった次第であります。

〔222〕

壬戌　**大運**　丙辰
壬子　癸丑　丁巳
庚辰　甲寅　戊午
己卯　乙卯

これは、金水傷官、当令しております。喜とするのは、支蔵煖土、中流の命となる程度です。時に財があるのを病とし、しかも、初運水木、学問の道に入るも継げず、三旬外に至って、運火土に逢い、異路出身、仕は地方長官となりましたが、午運、衰神冲旺、宦を去りて、再び宦途に就けず、いたずらに家にあって愁うのみです。

〔223〕

丙辰　**大運**　丁酉
癸巳　甲午　戊戌
乙丑　乙未
丙子　丙申

これは、木火傷官、印綬は通根し祿支、格局美であります。財星壊印とはいえ、丑も辰も皆湿土でして、蓄水晦火するものであります。しかしながら、惜しいことには、水運なく、一介の貧乏な学者。申運、火絶水生となり、泮宮《はんきゅう》〔諸侯が建てた学校〕には列したものの、科甲の試験に不合格となりました。

（二）　傷官用財格

〔224〕
丙申　　大運　　壬寅
戊戌　　己亥　　癸卯
丁卯　　庚子　　甲辰
乙巳　　辛丑

これは、火土傷官です。劫印重疊とあり、旺を知るべきです。申金財星をもって、用神とします。父祖より遺された業ももともと豊かだったのですが、辛丑・壬運、経営よろしきを得て、発財十余万の利を獲得しています。

しかし寅運に至り、金は絶地、劫長生に逢い、申寅冲破、所謂、旺者冲衰、衰者抜かれるという如く、死亡しました。

〔225〕
癸亥　　大運　　辛亥
乙卯　　甲寅　　庚戌
壬申　　癸丑　　己酉
乙巳　　壬子

これは、水木傷官です。日主申の長生に坐し、年支祿旺にて、日主不弱、巳火の財をもって、用神とするものです。その運中、金水を嫌うもので、半生碌々、起倒万状でしたが、戌運に至りまして、亥水の劫を緊制し、卯木と合して、化財、驟然として発財数万。酉運、傷官を冲破、劫印を生助して、死亡しました。

〔226〕

戊　子　　大運

辛　酉　　壬戌　乙丑

戊　午　　癸亥　丙寅

丁　巳　　甲子　丁卯

土金傷官にして、日主祿旺、劫印重きに逢い、一点財星、秋水通源、子は酉の生に頼り、酉は子に護られていますので、遺業小康を得、甲子・乙丑運二十年、制化皆宜しく、自ら数万をつくり、丙寅運、火土を生助し、金水を尅洩して、死亡しました。

〔227〕

壬　申　　大運

辛　亥　　壬子　乙卯

辛　酉　　癸丑　丙辰

庚　寅　　甲寅　丁巳

これは、金水傷官、四柱比劫、寅木の財を用神とするとは言いましても、亥水を喜ぶものです。水は洩金して、生木せしめ、比劫争奪することがないのです。

また亥は、申が寅を冲するのを解いているので、亥水がもしなかったなら、一生は起倒つつがなきを得ず、終には、言うなれば、絵に画いた餅のようになったことでしょう。つまり、亥水は生財の福神であります。甲寅・乙卯運、素手で家を成し、富を築きました。

後、火運に行き、戦尅静かならず、財星洩氣、甚だ生色なく、巳運、四孟冲し、劫また生に逢い、死亡しました。

(三)　傷官用劫格

〔228〕

癸亥
辛酉
戊申
己未

大運
庚申　丁巳
己未　丙辰
戊午　乙卯

これは、土金傷官、財星太重、幸い未時であることを喜び、劫財通根しており、劫財を用神とするものです。さらによいことには、運途よろしく、官に仕え、丁巳・丙辰運、旺印用事、地方長官となり、宦資豊厚、乙卯運、冲尅静ならず、職を去って、帰田〔役人を辞めて、故郷に帰って農業に従事すること〕しました。

〔229〕

己未
癸酉
戊戌
庚申

大運
壬申　己巳
辛未　戊辰
庚午　丁卯

これも、土金傷官、西方申酉戌を全くし、金氣太重、劫をもって用神とするのですが、己土尅癸を喜びます。ゆえに、書香継志し、さらに妙とするのは、南方火地を大運が巡っていく点です。貢鑑から県令となり、地方長官となり、黄堂に入り、一生凶に逢うも吉に化し、宦海無波。

〔230〕

癸亥
甲寅
癸亥
甲寅

大運
癸丑　庚戌
壬子　己酉
辛亥　戊申

これは、水木傷官、無財を喜び、書香継志し、その地支寅亥化木を嫌います。傷官太重にて、青雲遂げ難く、辛運、入泮し、亥運、補廩、庚戌運、捐金して出仕、己酉・戊申運二十年、土金運、生化悖らず、仕は別駕となり、宦資豊厚でした。

〔231〕

戊申	**大運**		癸亥
己未	庚申		甲子
丙戌	辛酉		乙丑
己丑	壬戌		

これは、四柱に傷官があり、もし、丑・戌月に生まれていましたなら、「従児格」となって、名利皆遂げることができたことでしょうが、未月に生まれていますので、火の余氣あるので、従することできず、この未中の丁火を用神とするものです。惜しむらくは、運は西北金水の地を巡り、祖業を破り、癸亥運、貧乏の果てに、髪を削って、僧となりました。

〔232〕

戊辰	**大運**	甲子
庚申	辛酉	乙丑
己酉	壬戌	丙寅
癸酉	癸亥	

これも、また、傷官用劫、辰の湿土であるのを嫌います。生金し、水局を成し、幇身するに力不足です。さらに、運が西北金水の地を巡るを嫌います。一敗灰の如く、一家を成すことできません。

以上の五造は、皆、傷官用劫、どうして前の三造は名利兩全となったのに、後の二造は一事無成となったのでしょうか。

これすなわち、運が幇助しないによるのみであります。こうして見ますと、人が為さないのではなく、実に、運途が困ぜしめるものである、ということができましょう。

（四）　傷官用傷官格

〔233〕

庚辰	大運		
己卯	庚辰	甲申	
壬辰	辛巳	乙酉	
庚子	壬午	癸未	

壬水卯月に生まれていますので、水木傷官格です。己土は絶地に臨み、地支兩辰は木の余氣ですが、一は生金し、一は子と水局を作り、また、二庚出干しています。辰土は制水不能であるのみか、反って、生金助水していますので、卯木を用神となさざるを得ないのです。所謂、一神得用と言われるもので、この象は軽率には論じられません。

初運庚辰・辛巳運、金の旺地、功名遂げることできず、壬午運に至って、生財制金、その名札官吏として掲げられ、癸未運、卯未木局を成し、甲申運、申子辰水局全くし、木は生助に逢い、仕版連登して、令尹より、司馬に升遷し、黄堂に至りました。一たび酉に交わり、酉は卯を冲し、誤ちにより落職しました。所謂、「用神不可損傷」と言われるのは、全く信ずべきことと言えます。

〔234〕

乙酉	大運		
戊寅	丁丑	甲戌	
癸酉	丙子	癸酉	
癸丑	乙亥	壬申	

癸水寅月に生まれ、水木傷官、地支印星並旺し、酉丑金局、どうしても寅木を用神とせざる得ません。才能あり余っています。乙亥運、木は生旺に逢い、中郷に榜、甲戌・癸運、県令となりましたが、酉運、寅支三酉に逢い、木嫩金多、誤ちを犯して落職しました。前造と本造、

皆少火に因《よ》るもので、有病無薬のゆえです。もし火がありましたなら、金地に行ったとしても、大患はないものです。

〔235〕

	大運	
己卯	丙寅	
庚午	己巳	乙丑
甲寅	戊辰	甲子
丁卯	丁卯	

甲木午月に生まれ、木火傷官、年月両干の土金は無根、これは置いて用とせず、地支は両卯一寅にて、日干強旺、必ず丁火を用神となすものです。ゆえに権謀衆に異なるもので、丁卯運、入泮登科、県令となり、丙寅運、庚金を剋尽し、宦資豊厚、乙丑運、合庚、晦火生金して、落職しました。

〔236〕

	大運	
丙子		己亥
乙未	丙申	庚子
丙辰	丁酉	辛丑
乙未	戊戌	

丙日未月に生まれ、火土傷官、四柱無金、子水、水源なく乾きます。未土を用神とします。二乙木が透出して、根深いのを忌とし、功名遂げ難いものです。初運丙申・丁酉運、乙木を制化して財に喜びます。戊戌運の十年は良好ですが、己運は、土無根、木が回剋し、刑耗並見、一たび亥運に交わるや、木は火の生を得て、劫に逢い、悪病にて死亡するに至りました。

（五） 傷官用官格

〔237〕

壬　戌
己　酉
戊　戌
乙　卯

大運
庚戌　辛亥　壬子
甲寅　乙卯　癸丑

戊日酉月に生まれ、土金傷官、地支両戌は、燥にして、かつ厚く、妙は年干壬水が潤土洩金し、壬水生木するにあって、用神官とするものです。亥運、財官皆生扶を得、功名順遂、壬子運、早く仕路の志を遂げ、癸丑運、金局を成し、服制重々、甲寅・乙卯運二十年、仕は侍郎〔省次官〕となりました。

〔238〕

庚　午
己　卯
壬　申
己　酉

大運
庚辰　辛巳　壬午
癸未　甲申　乙酉

壬水卯月に生まれ、水木傷官、喜ぶのは官印通根し、年支財に逢っている点でして、傷官は金の制あり、財に化するのです。日元生旺、官を用神とするものです。巳運、官星旺に臨み、科甲連登。壬午・癸未運、南方火地、地方長官となり、甲申・乙酉運、金得地して、木は臨絶、宦を退きはしましたが、風流にして、楽自如。

〔239〕

辛　未
辛　卯
壬　辰
己　酉

大運
丁亥　庚寅　己丑　戊子
丙戌　乙酉

壬水卯月に生まれ、水木傷官、天干二辛、支辰酉に逢い、益水の源となり、官の根も深く固いのです。傷官これを傷し、己土官星を用神とします。己丑運、仕官はできはしたものの、戊子運、登用試験にうまく合格はせず、しかし家業は日増しに良くはなって行ったものです。

丁運、また大患はなく、亥運、木局全くして、傷官肆逞、刑耗並見して、死亡するに至りました。

〔240〕

癸	酉	大運	乙卯
己	未	戊午	甲寅
丙	午	丁巳	癸丑
癸	巳	丙辰	壬子

丙午日、支南方を成し、未土乗令し、己土が透出して、火土傷官、蔵干の財は刧を受け、無官なれば財は存立できません。また、無財では官は無根となり、ましてや、火焔土燥です。官星は二官並透していますので、官をもって用神とするものです。火土運、破耗刑喪し、乙卯・甲寅運、生火するとはいえ、終局的には、傷官を制して官を衛り、大変な財利を獲得し、献納して官となり、癸丑・壬子運、次官より、県令に升り、名利両全となったのです。

（六）仮傷官格

〔241〕

戊	申	大運	壬戌
戊	午	己未	癸亥
丁	巳	庚申	甲子
乙	巳	辛酉	

これは、火土傷官、日主極旺、傷官に菁華を発洩することを喜ぶものであります。さらによいことには、財星得用、すなわち、用神として得るという点です。庚申・辛酉運、若くして事業を興し、発財十余万、壬戌運、幸いにも水は通根せず、耗刑ありといえども大患なく、癸亥運に至って、火烈に激し、財氣を洩らして、死亡しました。

〔242〕

壬子　大運　乙卯
辛亥　壬子　丙辰
壬子　癸丑　丁巳
癸卯　甲寅

六水乗権し、その勢い泛濫、すべて頼みとするのは、卯木にその精英を洩らすこと、すなわち、卯木を用神とするにあります。初交の水運、木神を生助し、平安で咎ありません。甲寅・乙卯運、正に用神の宜しきを得て、財と地位が並益するも、丙辰運、群比争財、三子の中二を剋し、夫婦共に死亡しました。

〔243〕

壬辰　大運　丙辰
壬子　癸丑　丁巳
壬子　甲寅　戊午
癸卯　乙卯

これは、天干皆水で、支は陽刃に逢い、その支卯辰であることを喜ぶもので、精英吐秀、学問早く遂げた所以です。ただし、木の元神不透、官吏試験になかなか合格できず、さらに運火地に逢うを嫌います。寿元長くはないことを恐れ、丙運、庚午年、水火交戦して死亡しました。

〔244〕

戊午　大運　庚申
丙辰　丁巳　辛酉
戊辰　戊午　壬戌
辛酉　己未　癸亥

これは、重々の火土、最も酉時を喜ぶもので、傷官透露し、戊土の菁華を洩らすを喜とするものです。三旬の前は、運走火土、学問を志すも成就することはありませんでした。しかし、一たび庚申運に交わるや、雲程直上し、辛酉・壬戌・癸亥運の四十年、体用宜しく、署郎より出て、豸使《たいし》〔官吏の不正を取り調べる官。御史と同じ。〕となり、布政司に従い、転じて封疆となり、宦海無波。

〔245〕

乙	**酉**	**大運**	丁丑
辛	**巳**	庚辰	丙子
戊	**午**	己卯	乙亥
丙	**辰**	戊寅	

これは、火土当権、乙木無根、辛金をもって用神とします。辛丑年入泮、後、運程合せず、しばしば登用試験を受けましたが、合格しませんでした。丑運に至って金局を成し、科甲に合格、連登しましたが、丙子・乙亥運には地支の水、本来は火を去らしめることができるのですが、大運の天干木火合せず、仕途蹭蹬《そうとう》〔ふらつくこと〕。いまだ位階俸禄、十分に進展できません。

〔246〕

丁	**酉**	**大運**	辛丑
乙	**巳**	甲辰	庚子
戊	**午**	癸卯	己亥
丙	**辰**	壬寅	

この命造は、前造の辛字が一つ入れ換わったのみです。八字のみでは、前造に及ばないのですが、運途は前造よりも勝っているのです。また辛金を用神とするもので、官印を論ずるものではありません。丁丑年、湿土生金晦火し、また金局を全くして、発甲し、詞林に入りました。けだし、辛丑運は歳運皆宜しきゆえです。

〔247〕

丁丑　大運
丙午　乙巳　辛丑
己酉　甲辰　庚子
辛未　癸卯　壬寅

この造は、土栄夏令、金は絶、火は生、四柱に水木が全くありません。金が透出し、通根しているのを最も喜ぶものです。しかし、惜しむらくは、運走東方、生火尅金して、功名蹭蹬するのみならず、財源聚まること少ないものです。辛丑運に交わるや、年戊辰に逢い、晦火生金、食神劫地を喜び、試験に合格、名利裕如たるものです。

徐氏補註

原注に、傷官有財なれば、皆官を見るはよろしく、傷官無財なれば、皆官を見るはよろしくない、財をもって傷官を化し生官するからである、と理論は極めて精であります。しかしながら、傷官と官の位置がどのようになっているかを見極めなければならないのです。もし、傷官と官の位置が隔たり、財がその中間にありましたならば、傷官は生財して官を害しないのです。相尅も反って相成となるもので、忌とはしないのです。また、傷官に印があれば、官を見るも忌とはしないのです。それは、傷官が病となり、印が薬となる場合であって、また位置適宜でなければならないものです。

任氏の引例、壬戌、己酉、戊戌、乙卯は、用財化傷生官であります。また、庚午、己卯、壬申、己酉の例は、月日卯申相合、用印制傷護官であります。辛未、辛卯、壬辰、己酉の例、これもまた用印制傷存官であります。皆、傷官用官ではございません。ただ、癸酉、己未、丙午、癸巳の例は、火土傷官、調候急を要し、傷官用官とするものです。火土傷官は本来官をもって忌とするものですが、この造は年支酉金で、財星が洩傷生官するので、官星をもって用神とするのです。このように観ますと、傷官用官は、ただ、調候をもって、最も正当な用とするものです。昔の経に言われている、火土傷官は傷盡するが宜しく、金水傷官は官を見るを喜び、木火傷官は官旺を要し、土金傷官は官を去らせて反って官を成すものであり、水木傷官は、財官両見するを喜びとする、と言われているものです。余りこれに拘泥し過ぎるのは感心できませんが、大体においては知っておく必要があります。ですから、これを分別して説明すると、次のように言えるのです。

(1)　火土傷官宜傷盡。

火土傷官は、六、九月に生まれ、火炎土燥、滴水これに入りますと、反ってその火燄を激しくせしめるのです。この理論をなすは、火が日主で、土を用神となすものです。水運に行くも用神を傷することできず、反って用神より尅され、土の燥を潤しますので、美となるのです。特に金運および湿土帯金を美となすものです。もし、三月十二月に生まれる、あるいは柱中に辰丑土があるなら、別に論ずべきで、また、官星を見るを喜ぶ場合がございます。（火土傷官と火土印綬、同じく火炎土燥ではありますが、性質は全く別ですし、一つは火が日主であって、土を用となすものであり、一つは土を日主となし、火を用となすものです。性情篇の火炎土燥の節を参照してください。）

(2)　金水傷官喜見官。

金水傷官は冬令に生まれるもので、金寒水冷となりますので、調候急を要するもので、官を見なくてはならないのです。

(3)　木火傷官官要旺。

木火傷官は夏令に生まれるもので、火旺木枯、調候急となすもので、印を見るのが最も宜しいのです。例えば、甲木が丁火傷官となる、四柱印の滋養があって、庚金七殺を見る、干にあれば、庚金劈甲引丁となり、反って木火通明の象となるものです。支にあれば、印綬を生助し、殺印相生の象となすものであります。官要旺とは、用官生印のことであります。

(4)　土金官去反成官。

土金傷官は秋令に生まれるもので、金神用事、最も用印制金するのが宜しいのです。冬令に生まれるのも、印を見るが宜しく、土暖金温、ゆえに、官を見るも無益で、忌となすのです。

(5)　水木傷官喜財官。

水木傷官は春令に生まれるもので、最も財を見るを喜び、水旺また官を見るを宜しとするものです。

以上、大略これを見ますと、ただ、金水傷官には必ず用官が要する、これは定律です。しかし、木火・水木傷官には、用官は酌量すべく、火土・土金傷官また官を忌と決める訳には行かないのであります。格局の中で、傷官格は最も変化多いもので、宜忌も最も弁別し難いものであります。

次に、いくつか例を挙げて説明します。

〔248〕

壬　申　　大運
丁　未　　35才辛亥
丁　未　　45才壬子
己　酉　　55才癸丑

火土傷官です。年時に申酉があるを喜びます。財が傷を化するのです。時上に傷官透出するとはいえ、実は、官星をもって用神となす財官格であります。傷官用官ではありません。これは前清の、胡文忠公林翼の命造です。運行辛亥・壬子・癸丑運、官星得地して、功名赫奕《かくえき》〔光明が輝くさま〕、清の中興の一代の名臣であります。前述の〔240〕癸酉、己未、丙午、癸巳の命造、またこれに類するものです。

〔249〕

甲　子　　大運
甲　戌　　40才戊寅
丁　未　　50才己卯
甲　辰　　60才庚辰

火土傷官です。年支子水といえども、甲木ありて、これに洩らすを喜ぶ。戊土が水を剋しますが、傷官傷盡となすものです。甲木制傷扶身を用神となすものです。これは黎総統元洪の命造です。寅運、光復の際、一躍して副総統となりました。続く己卯運、白宮に入る〔総統の官舎を白宮と言いますので、総統になったの意です〕。庚辰運の後、息影林泉〔死亡の意〕。

〔250〕

甲　寅　　大運
丙　子　　48才辛巳
庚　申　　58才壬午
庚　辰　　68才癸未

これは、張勲の命造です。俗に、井欄と言われておりますが、丙火官星塡実し破格となります。実は、傷官変格の一つです。金水傷官で、喜見官星、運行南方して、威は西北を鎮圧しました。午字また佳運です。子を冲しますので、起伏多いものです。癸運傷丙火、失敗して、下野しました。

〔251〕

壬戌　**大運**
壬子　49才丁巳
庚子　59才戊午
丙子　69才己未

これは、曹錕の命造です。俗に、飛天祿馬とも言われているものです。官星を見るは、塡実して飛天祿馬格を成さず、とするもので、その実は傷官変格です。金水傷官、官星を見るを喜び、丁巳運十年、最盛の時です。戊運に至って晦火生金、午沖子水、衰神沖旺、延慶楼の変に失敗して下野しました。

〔252〕

丙子　**大運**
辛丑　32才乙巳
戊子　42才丙午
癸丑　52才丁未

これは、前清の彭剛直公玉麟の命造です。土金傷官、丑中の土金水斉透し、天覆地載、情和氣協。十二月生まれの金寒土凍、丙火印綬〔偏印の誤り〕が氣候を調和し、南方運に巡って、功名赫奕、清代中興の名臣です。

〔253〕

丁酉　**大運**
戊申　28才乙巳
戊申　38才甲辰
戊午　48才癸卯
58才壬寅

これは、前清の張文襄公之洞の命造です。土金傷官、丁火印綬を見るを喜び、運行南方、少年科甲、次いで東方に運行し、中外を歴任しました。

この兩造の好いところは、四柱に一点も官星なく、傷官傷盡となっているのです。

〔254〕

丁亥
庚戌
己巳
庚午

これは蒋介石の命造です。また、土金傷官佩印、運行南方にて、威権赫奕たるものです。もとより、金神格などとするのは、牽強附会です。

〔255〕

壬午
庚戌
己酉
庚午

これは、馮玉祥の命造です。同じく、土金傷官佩印、日主酉に坐し、蒋介石の巳火に坐すのとでは、日元の氣勢、やや弱く、運行東方官郷を巡り、南方の美には及ばないのです。

〔256〕

庚戌
癸未
乙亥
丁丑

大運
25才丙戌
35才丁亥
45才戊子
55才己丑

これは、前清の瞿中堂鴻璣の命造です。木火傷官、夏令に生まれ、乙木は亥に臨み、癸水透出して、乙木根滋培を得、年上の庚金を用神とします。印をもって輔となします。すなわち、官印格です。傷官用官格ではありません。運行西北、少年科甲、太平の宰相となった所以です。

〔257〕

丁丑　大運
丙午　26才癸卯
乙丑　36才壬寅
丁亥　46才辛丑
　　　56才庚子

これは、金紹曾の命造です。木火傷官、丙丁火旺、官を見るは宜しくありません。年日支の二丑、時支亥を喜びます。調候急を要し、必ず亥中の壬を用神とするものです。中年水木運、得意や知るべしです。辛丑・庚子運の金水の地、雲程直上しました。辛丑運、暗金的殺。ただ子運、衰神沖旺、起伏あるは免れないでしょう。

〔258〕

戊午　大運
乙卯　15才丁巳
壬子　25才戊午
庚子　35才己未
　　　45才庚申

これは、康有爲の命造です。水木傷官、財官兩見、美となします。水木傷官、何ゆえ官を喜ぶかと言いますと、水旺木浮、土が水を制し、培木の根たらしめるからです。水木傷官、何ゆえ財を喜ぶかと言いますと、丙火の照暖に非ざれば、木は発栄しないのです。理としてはこのようではありますが、その用は適宜に随って取るべきであります。本造は、水木傷官、財官を共に見、運行南方、声名とみに高揚。午運中、国外に亡命しましたが、その名声は落ちず、と言うのは、運は佳ではあるが、冲に逢って、波動するゆえです。これによって、人事と運命の関係を悟ることができます。失敗の後も、依然として到るところで迎えられたのも、運が佳なるゆえです。庚申運の後、一起するも振るわず、名誉もやや落ちました。

〔259〕

壬午	**大運**		
壬寅	21才乙巳		51才戊申
壬寅	31才丙午		
壬寅	41才丁未		

これは、張宗昌の命造です。俗に、六壬趨艮格と言われるものですが、実は傷官の変、すなわち水木傷官です。財官兩見を喜としますが、その実、財は喜びますが、官は喜びません。運行南方、乙巳・丙午・丁の二十五年、一介の民よりして一躍開府、張作霖の寵を受けるも、財旺の徴のゆえです。未運失敗、下野し、権位並失、戊申運、刺客に遭って、命を落としました。

以上、五種の傷官見官には用法に二つありまして、

(1) 財をもって、化傷し、生官する。

(2) 印をもって、制傷、護官する。

さらに、制化並用するものもあり、その位置如何によって定まるのです。実例を挙げますと、次の通りです。

〔260〕

戊寅	大運	41才乙丑	
庚申	11才壬戌	51才丙寅	
己丑	21才癸亥		
甲子	31才甲子		

財をもって化傷生官するものです。およそ傷官見官は必ずその勢の強弱を看るべきで、もし官が弱く、無氣であるなら、去官用傷とすべきであります。この造の如きは去官すべきではありません。必ず並存すべきであります。

官は日干と合、互換得貴、また官は寅に祿を得、官星去る訳にはいかないのです。しかも、庚金は月令を得ている当旺の神で、さらに去ることはできません。財を用とするものでなければ、並存することは不可能なのです。

早年金水運を巡り、智恵早く発達しましたが多病でした。戊・癸運中、頽廃〔退廃〕異常で、亥運に交入するや、精神奮発、納資して部曹〔下級役人〕となりました。

続く甲子運、議員となり、紅司官となりましたが、乙丑運の後、失職して、某公司の秘書とはなったものの、鬱々として志を得ません。

〔261〕

甲午	**大運**	
戊辰	21才辛未	51才甲戌
丁未	31才壬申	
壬寅	41才癸酉	

印をもって制傷護官する命であります。戊壬は均しく辰宮より透出するものです。『子平眞詮』言うところの、無情であります。好きところは、甲木透って通根し有力で、戊土を制し、もって護官。特に官星被傷、財なく貴を取ることできません。

前造は、所謂異路功名、日元得氣、財星に遇うものですが、本造は無財、わずかに商業界に名を成すもので、最も幸いであるのは、運行西方財地に行くことで、洩傷生官、その欠点を補う財地なのです。

商業を経営して、一帆風順、貴不足するも富はあり余るものです。

〔262〕

戊　子　　大運
丙　辰　　15才戊午　　45才辛酉
辛　酉　　25才己未
壬　辰　　35才庚申

これもまた、印をもって、制傷護官するものです。辰月、木は余氣にあり、丙火の旺に向かうもので、ですから、午運中、官吏試験に合格して、微祿の官吏となりました。しかし、木氣不透、さらに昇進することはできず、己未運中、政治活動をしましたが、庚申・辛酉運、金水の氣太旺して発展の可能性なきものです。

考玄解註

この「傷官見官」と言うことも、前論の「官殺混雑」とよく似ている点は、やはり正官を貴とするという旧来の固定観念に基因しているのです。つまり前の「官殺混雑」は正官を貴とし、吉神とするのに凶神である偏官・七殺が混じっているのは、官の貴となる吉神をおびやかし、貴となることを妨げるので、「有可有不可」となる、その可か不可は解註で述べたところです。同じように、傷官は吉神の正官を剋する凶神であるから、その傷官が正官を見ることは果たしてよいのか、悪いことなのかは中々難しい「果難辨」ではある、しかし『滴天髓』の全文および基礎理論をよくよく理会したなら、そんなに難しいことではないのです、と反論調でもあれば、皮肉な口調を含めて言っている、と解するのが真義なのです。つまり、この「官殺混雑」も「傷官見官」も、前にも述べましたように、

1、干の特性

2、十干の強弱の段階差

「衰旺之眞機」「月令乃提綱之府。」

3、上下・左右、遠近、「始終」

4、調候「天道有寒暖」「地道有燥濕」

5、「八格定」

6、「道有体用」「人有精神」

等々の「基礎理論」「構造論」が理会されましたなら、「官殺混雑」であろうが、「傷官見官」であろうが、整然と解命できて、「果難辨」と嘆いたり迷うこともないのです。それを、単純にただ生尅名で正官がどうの、偏官がどうのと、言っている限り、実は『滴天髓』が少しも解ってはいない、ということになるのです。

格局に入る前までの、本書が構成し直した『滴天髓』の原文と、考玄解註をもう一度よく読み直してみてください。

しかも、ここはまだ格局の選定法を述べているところであって、用神の選定法まで言及はしていないのです。ですから、ここは干の特性による傷官の強弱の度合いと、日干の強弱、さらには印の強弱、また、財官の強弱の有り様を、調候をも兼ねて、上下・左右、遠近、「始終」がどのようになっているかまでを正しく理解すれば、それで初歩の段階としては十分なのです。

そういう意味から言いましても、原注は生尅名の関係のみで、干の特性も強弱も組織構造も無視して、〈身弱で傷官旺ずるものは、印があるなら、官を見てよろしい〉以下すべて同じように、どの程度の強弱か、その干はどうか、そのそれぞれの位置がどこにあって、その上下・左右、遠近、「始終」がどうなっているのか、調候が適か不適かなど全く無視して、〈よろしい〉とか〈よろしくない〉とか、〈一たび〉と、これは恐らく大運のことでしょうが、触れたりもしているのです。その大運の干か支かも言わずして、原局の冲尅合局方とその解、生尅制化の有り様、「始終」さえ見ることなく、〈禍があります〉とだけ言い、その禍はどのようなものか、どの程度のものか等さえ言っていないのです。つまり、ここでも、『滴天髄』の作者と原注の作者が同一人でないということを証明しているのです。何がゆえに『滴天髄』ではその具体論に入る前に、延々と十干の特性、干と干の相関性を論じたのでしょうか。それは生尅名は共通性はあるが、干の特性によって、その作用が違うということは百も承知であったからに外ならないのです。それを原注では全く忘れてしまっているのです。また、任氏増注も同様です。

「官殺混雑」のところでもそうでしたが、生尅名の関係で言われていることを整理して理解したとしましても、矛盾だらけとなる註なのです。しかも、これを用神の視点から分類する必要もないのです。それは、用神の「道有体用」のところで十分理解すれば、すべてに通ずることであって、官殺混雑だから、傷官があるからとして、特別な用神の取用法などはないのです。このような分類例が多く挙げられているため、しかも、その解命も誤っているため、読者は混乱し、訳が解らなくなるのです。

〔220〕

己	丑	大運	
辛	未	8才庚午	48才丙寅
丙	寅	18才己巳	58才乙丑
己	丑	28才戊辰	
		38才丁卯	

一七〇九年八月二日丑刻がこの四柱となり、立運約8才5ケ月、丙日未月土旺の二己土透る「傷官格」となります。辛丙干合して辛金倍力、丑未沖去し、寅丑は接近します。休令の日干丙火は寅に印比あって有情ではあるものの、旺令の己土は、時支丑土に洩らさなければならず、接近した丑土に根あり、年干己土から生金される倍力となった辛金財をも制財しなければなりません。「丙火猛烈」といえども日干弱となりますので、寅中の甲をもって用神とし、喜神木火、忌神土金水となります。これは「年上傷官恐るべし」とさえ言われるものですが、寅中余気の戊土食神も傷官の忌とさえなるものです。

1才庚寅年は、傷官生財の忌であり、生家の環境よろしくありません。

第一運庚午、火旺運、やや喜の傾向性に転じ、

第二運己巳、火旺運、食傷の洩に耐えられ、水智、才能発揮するも、

第三運戊辰、木旺、土旺運共に、忌の傾向性となり、事故・怪我を免れません。29才戊午年、30才己未年、31才庚申年が忌で、特に庚申年は申寅沖去して用神を失う忌大の流年です。

第四運丁卯、木旺運、丁辛尅にて辛丙干合を解き、卯未木局半会の情にて、丑未解沖しての木旺運ですので、洩身に耐えられる洩秀生財の佳運となって、環境も徐々に良化向上します。

第五運丙寅、木旺運、さらに向上一路。しかし、

第六運乙丑、水旺、土旺運、辛金剋乙し、乙木の性情は甲ほどの生火の情なく、丑未解冲して、洩身太過の大忌の傾向性となり、傷官の忌象尋常ではありません。

丁卯運、〈有病なるに薬を得るもの〉などではありません。「薬」となるのは甲木が天干に巡る場合で、丁卯運は木旺・丁火相令となり、丁火剋辛して辛丙干合を解き、丑未解冲し、日干強となることによって、食傷にも財にも任じ得るのです。ここのところを間違えてはならないのです。干合も冲も無視した命理は命理ではありません。寅中余気戊土も見落としてはならず、戊寅殺印相生とよく言われることと同様に、接近した寅が年干己土の官印相生となることもおろそかにしてはならないのです。

この例は、食傷が最強となることが分かれば、現段階で十分なのです。〈傷官用印格〉という格局もなければ、印であれば甲乙どちらでもよいものではないのです。

〔221〕

		大運	
辛	**酉**	丙申	癸巳
丁	**酉**	乙未	壬辰
戊	**午**	甲午	辛卯
辛	**酉**		

戊日酉月金旺に生まれる「食神格」か「傷官格」です。つまり、三酉蔵庚辛ですので、食神太過するのは傷官の忌の作用がある、という意味で、食神変じて傷官となる、と言われているのです。辛丁剋去、戊辛接近。調候丙火は日支午にあって、酉午酉の蔵干中の剋はあるものの、多少は生戊土しますが、日干無根、用神は丙、喜神火土、忌神金水木となるものです。これも「年上傷官恐るべし」と言われるものに該当します。

第一運丙申、午に根ある丙が「薬」となり、生身しているので喜の傾向性にはなりますが、無根である点に不安定要素があるものです。

第二運乙未、未午合は、酉午酉の蔵干の尅により全支個有の支。日干は燥土未に通根するものの、喜象少ないものです。

第三運甲午、甲木が日干を破土する一面、大運、原局の二午を生じ、火炎土燥。また火旺の午は旺金の三酉を制金し切れませんので、無根の土は、攻身と洩身の忌少なくありません。

第四運癸巳、火旺のため、金局半会以上不成、前運よりやや良化するものの、洩身の忌は消えません。

第五運壬辰、根あるとも、湿土生金の忌の上に晦火晦光されるどころか、壬水制午火となる大忌の傾向性ある運。

第六運辛卯、辛丁解尅、辛金傷官は原局三酉に通根して洩身する忌、また卯木は生午火の喜はあるものの、三酉一卯の忌同士の冲となる、忌の傾向性ある運。

任氏の事象では大変良好のように言っておりますが、年柱忌であり、かつ無財でもあれば、日干無根ですので、この四柱では絶対にそのようなことはあり得ません。また〈壬辰運、金生火尅となり、志を伸じ難く、半世にただ労し、……〉と言っている程度で済む訳はないのです。つまり、〈初運木火体用皆宜しく、少年にして鳳凰池、すなわち科甲に合格して宮廷に出仕し、とんとん拍子に出世し〉とありますが、立運不明です。第二運乙未、第三運甲午と巡り、何才の流年で〈科甲に合格〉したのかも不明ですし、水は忌である水智と財、しかも、生家環境である年柱忌でもあり、乙未運は丙申運と比較しますと、悪化します。続く甲午運、火旺で甲木が日干戊を制土し、一方、甲木が火旺の用神丙の生火もしますので、流年によっては喜大とならない訳ではありませんが、官殺の忌象あることも否めません。〈とんとん拍子に出世〉は疑問あるところです。

〈惜しむらくは、中運、癸巳・壬辰運、金生火尅となり〉とありますが、癸巳運は火旺運ですので、巳酉酉酉金局半会以上とはならず、〈金生〉とは金の生地である意ですが、火旺運で、巳中庚は本気丙から制され、巳、午火から生戊された日干戊土は、大運干を制するので、むしろ喜のほうが多いくらいです。しかし、壬辰運となりますと、生水された壬水は、戊土を湿にし、また、壬水は、癸水と異なり、原局の用神丙を制火もすれば、午火を湿土辰が晦火晦光し、さらに辰は、三酉金と辛金を生金する忌の傾向性ある運となるので、癸巳運と壬辰運を同一視はできないのです。特に、金水の忌の流年、忌象が強くでるものです。

〔222〕

	大運	
壬 戌		丙辰
壬 子	癸丑	丁巳
庚 辰	甲寅	戊午
己 卯	乙卯	

庚日子月水旺に生まれ、年月干に二壬透り、子辰水局半会する「食神格」か「傷官格」です。これも食神太過するは傷官に変ずるとされる気勢です。調候急を要するに、調候なく、金寒水冷、池塘氷結、寒凍の木であるのみでなく、水多土流、水多金沈、水多木漂となる、夭凶命でさえあります。つまり、用神はやむなく己、喜神土、他はすべて忌神となるのに、どうして寿保ち得ましょうか。翌癸亥年、用神己が癸己尅去となって去り、亥卯木局半会

し、日干は何に頼り得ると言うのでしょう。2才甲子年の大忌に続いて、3才乙丑年です。

これがどうして〈中流の命〉などでしょうか。任氏の言っている事象は、子辰水局半会を見落として、辰が生庚金する、としてのことですが、子辰水局半会はするのですから、このような事象はない、ということになるのです。このような命は夭凶命として理解しておいてください。

〔223〕

丙辰	**大運**	丁酉	
癸巳	甲午	戊戌	
乙丑	乙未		
丙子	丙申		

乙日巳月火旺に生まれる「傷官格」です。調候とも助身ともなる癸水月干に透り、丑子合去、巳辰接近して、晦火晦光の辰の湿土は、蔵癸乙であり、あまり有力な木ではありませんが、巳中庚あるので、火土金水木火とは流通します。用神癸、喜神水木、忌神火土、閑神金となるものです。三夏ではあるものの、年干丙への洩身無情で、辰の晦火晦光あるので、日時干の乙丙は反生の功に近い局勢となる点がよろしい、と言える組織構造なのです。

第一運甲午、午子冲にて、丑子解合して、癸水が滋甲し日干強化され、食傷生財、辰・丑が納火して喜。

第二運乙未、未丑冲にて、丑子解合し透乙するので、また喜の傾向性。

第三運丙申、申子辰水局全、申巳合の情不専。三丙火は金旺の申中庚金を制して忌となるところを、辰が多少は納火して、やや忌の傾向性。

第四運丁酉、丁癸剋去、丙火接近するが、辰中癸乙あり、二丙の忌は金旺の酉を剋すことにより、忌とさせない。こうした点が、〝陰干弱きを恐れず〟とする所以です。

第五運戊戌、戊癸合去し、戌辰冲去して日干無依の大忌の傾向性となります。〈財星壊印〉などでもなく、調候さえ忘れ、「始終」もまた忘却しています。あるいは藤蘿繋甲ということさえ忘れているので、〈惜しいことには、水運なく〉と言っているのでしょう。甲の幇身なしを惜しむものです。あるいは、真太陽日時、甲子日の丙子刻かもしれません。甲子日丙子刻ですと、調候の印太過の忌となり、用神取るものなく、喜神木となるのみです。水太過の忌は、〈科甲の試験に不合格〉です。

〔224〕

丙	**申**	**大運**	
戊	**戌**	4才己亥	34才壬寅
丁	**卯**	14才庚子	44才癸卯
乙	**巳**	24才辛丑	54才甲辰

一七一六年十月二十五日巳刻がこの四柱で、立運約4才です。丁日戌月土旺に生まれ透戊する「傷官格」です。調候丙火、年干と時支にあり、戊卯合去し、申巳接近、巳は日干に有情ですが、年干の丙は日干に無情です。時干の乙は甲と違って嫡母とならず、丙丁から生土された戊土は生申金し、日干洩にも財にも任じられませんので、用神甲と取りたくもなく、制食傷は不能ですが化殺生身の用として、やむなく用神乙、喜神木火、忌神土金、閑神水となるのです。これも、丁火の特性を忘れてはなりません。

〈申金財星をもって、用神〉などできません。申金とは庚金ですが、日干弱なのです。これを丙火が戊土を飛び越して日干丁を幇身するという「左右」の考え方が全く理解されていなかったことから、〈劫印重疊〉で日干強とした大誤です。また、合去もなしとしているのです。仮に戌卯合を見落としたとしても、卯中の甲は、土旺の戌中本気の戌土を制する印とならないのは、卯の本気は乙であるからですし、ましてや天干の戊土を制土することはできないこと、「上下」でも言われていることです。丙火と丁火が旺の戊戌土を生土し、相令の庚金を生金する湿土になっているのですから、どう間違っても、日干強としたり、用神庚とは取れないのです。丁火の特性、「旺而不烈」であります。これが日支巳ですと、日干強、食傷強となって、用神庚と取ることはできるのです。

〔225〕

癸亥	**大運**		辛亥
乙卯	甲寅		庚戌
壬申	癸丑		己酉
乙巳	壬子		

壬日卯月木旺に生まれ二乙透り、申巳合去して、卯亥接近して、亥卯木局半会、年干癸水は日干に無情ですので、「仮の従児格」となります。普通格局とするのは、『滴天髓』の「假從亦可發其身」とあることを全く理解できていないことであり、格局を取り違えての解命は解命ではありません。ここで挙例すべきではないのです。

しかも言っていることは、理に合いません。〈戌運に至りまして、亥水の劫を緊制し、卯木と合して、化財、驟然として発財数万。〉と言っていますが、庚戌運であって、庚のない〈戌運〉などないのです。これが亥中の壬水は比肩であって、劫財とし、この壬を〈緊制〉、つまり、戌土尅壬し、尅壬した戌が卯と合して、〈化財〉、条件も何も全くなく、〈化財〉火となると言っているのです。しかも、さらに、〈酉運、傷官を冲破、劫印を生助して、死亡しました。〉と言っているのです。〈冲破〉などするものではなく、酉巳と酉卯の冲の情不専ですので、亥卯は木局半会のままでの己酉運です。原局の二乙は尅己土するも、木旺の二乙を金旺の酉が尅せるものではなく、日干を生助しても、日干は二乙に洩秀となっているのです。日干を旺強にして、無依となる理はありませんので、〈死亡〉はあり得ません。しかし、これは、「仮の従児格」ですので、「食神格」か「傷官格」となる喜神運でさえあります。

〔226〕

戊子	**大運**		乙丑
辛酉		壬戌	丙寅
戊午		癸亥	丁卯
丁巳		甲子	

戊日酉月金旺に生まれ透辛する「食神格」か「傷官格」です。調候丙火必要ですが、日支午、時支巳火、これはまた助身有情、年干戊土は日干に無情なる幇であるのみならず、湿土生金して、さらに相令の水を生じ、日干戊土は無根にして、旺金の辛酉に洩身生金、午火はあくまで調候であり、囚令の丁巳火が生戊するだけで、午火は月干辛を制辛できず、日干は弱となるものです。年干の戊土が湿土となって旺金の辛酉を生金している、その金をさらに日干が生金するのに耐えられる、と思われますか。金は、単純仮数15に年干戊土が生金するので、プラスαとなって日干は洩らすことはできません。小学生にも分かる計算です。それを任氏は日干強としているのです。

一体「能知衰旺之眞機」とは何だったのでしょうか。「既識中和之正理」とは、「月令乃提綱之府」とはどういうことであったのでしょうか。「戊土固重。」「水潤物生。火燥物病。」と言われていることを、全部否定して、任氏はこの解命をしているのです。任氏、〈甲子・乙丑運二十年、制化皆宜しく、自ら数万をつくり〉と言っておりますが、甲子運と乙丑運、同じではありません。

第三運甲子は水旺にして、子水が制火するものの、午巳火中に調候と印の生助あり、大運干甲の殺は丁火に化殺生身するので、「始終」宜しく、やや喜の傾向性ある運となります。しかし、

第四運乙丑は、水旺四年、土旺六年で、乙辛剋去して、無情であった年干戊土が幇身有情となり、丑子合と巳酉丑金局全の情あって、全支個有の支。この運中、喜神金水となるので、喜の傾向性ある運となるのです。

さらに、〈丙寅運、火土を生助し、金水を剋洩して、死亡しました。〉と言っておりますが、大運干丙は辛と合去し接近、全支個有の支にて、寅木生火、年干戊土は幇身有情。戊土制子水するものの、酉金生子水、水生寅木の流通があって、よほどの流年でない限り、死亡には至らないものです。

〔227〕

壬	**申**	**大運**	
辛	**亥**	壬子	乙卯
辛	**酉**	癸丑	丙辰
庚	**寅**	甲寅	丁巳
			戊午

辛日亥月水旺に生まれ透壬する「傷官格」です。調候丙火急を要するのに、時支寅中に丙あるものの、やや不及です。年支申は日干に直接的には有情となりませんが、月干辛金を通じて有情、かつ時干庚が日干に近貼し、日干は酉に坐しているので、乙木の藤蘿繫甲と同義となり日干強となります。辛金の特性、〝壬癸の淘洗を喜ぶ〟ことから、

用神は壬、喜神水木火、忌神土金となります。

大運は一路喜用の運を巡り、順風発展すること多大。第六運丁巳は四生揃う火旺運、続く第七運戊午の火旺運も喜であり、富貴双全にして長寿です。

任氏は火旺運を〈財星洩氣、甚だ生色なく、………、死亡しました。〉と言っておりますが、原局と大運の「始終」を観てください。忌神が強化されますか、それとも喜神が強化されますか。四生すべて余気土ですが、土性の湿土の支は一点もありません。死亡するのは、日干が旺強に過ぎて無依となるか、日干が極弱となって無依となるか、用喜忌が全く無力となるかが原則であるとともに、当時は一応65才過ぎれば、長寿の部であって、命あるものは必ず死亡するものですから、死亡にかかわる命理的理由付けはあまり重要ではないと考えるべきです。しかし、おおよその寿はおおよその理となりはします。例えばこの命は、一路喜用運を巡り、大病することなく、財利、社会的地位も高く、健康にして精神力衰えず、一線での活躍も長く、第八運己未運中の寿限とは言えるものですが、累積の喜によっては、第九運庚申に死亡することさえあるものです。

ここでも忘れてならないことは、辛金の特性であり、「衰旺之眞機」であり、藤蘿繋甲であり、調候であり、上下・左右、遠近、「始終」であり、また大運との始終であり、「何知其人貴。官星有理會。」の真義であり、「何知其人壽。性定元神厚。」の真義であり、「何知其人吉。喜神爲輔弼。」の真義であります。

任氏、辛金の特性を全く忘却し、調候も忘れ、しかも、〈巳運、四孟冲し、劫また生に逢い、死亡しました。〉と言っている第六運丁巳火旺運は、原局の調候不及が適切となる運で、申寅巳亥四生が揃うので、冲去とは見ない運なのです。

また、〈生に逢い〉とは、巳が金の長生に当たることを言っているのですが、水旺の用神壬は、申に有気であり、年干と月支に壬水がありますので、日干旺強の極となる運ではなく、死亡の傾向性のある運ではないのです。

〔228〕

癸亥	**大運**		丁巳
辛酉	庚申		丙辰
戊申	己未		乙卯
己未	戊午		

戊日酉月金旺透辛する「食神格」か「傷官格」です。調候丙火必要とするのに調候なく、三冬ほどではないものの、金寒水冷の嫌いがあります。日干戊土は辛・酉申の金旺に洩身太過となり、直接的に年柱の癸亥を制財することはできないが、陰干己土の幇身は陽干の幇よりはるかに劣り、食傷太過の忌には、有力な印がないため比劫の陽干を用神とするのが原則であり、生尅制化の理です。任氏のように、金旺の辛・酉申金を強化する卑湿の己土など用神に取るべきではありません。さらに戊己土を用神に取り難い理は、戊土が来ても戊癸合去すると、接近して、原局では制財できなかった亥水の財を制財することになり、日干はさらに弱化し、己土が来ても己癸尅去して同理となるのですから、用劫（己土）などとはできないのです。つまり『滴天髓』の「闢内有織女。闢外有牛郎。」と言っていることの真義を全く理解できず、生尅制化の理も解らず、「道有体用」の真義も全然理解もしていないことから、〈傷官用劫格〉という八格以外の格があるとして、『滴天髓』を否定する結果となっているのです。

さらに、第三運戊午、第四運丁巳、共に調候運であることを忘れてはならないのです。また戊午運は、戊癸干合、午火旺ずる運ですから化火し、戊は丙、癸は丁となり、午未合は、午酉蔵干の尅で情不専となり不去です。つまり、戊土が丙になることで、酉申金の病に対する「薬」ともなれば、丁火煅金ともなり、さらに調候よろしく助身し、さらに亥中甲が助火さえするという「始終」の美を理解すべきなのです。それも、生家環境芳しくない年柱の忌に、第一運庚申運の忌の後遺あっても、第二運己未は、陰干の幇は大したことはないものの、徐々に洩身に耐えられる基礎が固まって良化してきている上での第三運戊午なのです。

第四運丁巳の火旺運も調候の助身が続きますが、第五運丙辰、せっかくの調候の丙火が辛金と合去するだけでなく、年柱癸亥の財を制するはずの辰が、辰酉合去し、財の忌象発生する傾向がある運である、ということが解りますと、命理の理解は相当に高度となってくるのです。その事象は流年の食傷の干支によって発生するものです。

〔229〕

己	**未**	**大運**	
癸	**酉**	壬申	戊辰
戊	**戌**	辛未	丁卯
庚	**申**	庚午	

己巳

戊日酉月金旺に生まれ、申酉戌西方全くして透庚し、年柱己未は日干に無情であるどころか、癸水あることにより湿土となって、生酉金とさえなり、未中余気丁火の印があるため「仮の従児格」とするものです。この特別な看方をする「従児格」については、後述しますが、

「從得眞者只論從」「假從亦可發其身」

「一出門來只見兒。我兒成氣構門閭。從兒不管身强弱。只要吾兒又得兒。」

とあることの真義を理解していたならば、ここでこのような挙例などするはずがないのです。

第三運庚午は、午未合、午戌火局半会の情不専、午酉蔵干尅の印旺の調候運で、格局変化して、「食神格」か「傷官格」となり、喜神火のみで、透庚する忌運となるのです。流年によっては、事故死することさえあるものです。

〔230〕

癸	**亥**	**大運**	庚戌
甲	**寅**	癸丑	己酉
癸	**亥**	壬子	戊申
甲	**寅**	辛亥	

癸日寅月木旺に生まれ、月時に二甲透出し、支は支合転々として日時支亥寅合が成立し、天干癸甲ですから、全支化木する「仮の従児格」となるものです。支合化木の理を知っていたなら、ここでこのような挙例はしていないはずです。前出の例の中で、卯戌合化火と言っていましたが、ここでは合化を無視しているのです。一例では卯戌合化火を言い、一方では忘却してしまったのでしょう。

第二運壬子水旺運も、仮従から「傷官格」に変じ、必死です。

つまり、旺令の水旺運は日干いくら弱くなっても、他に従する理はないのですから、壬子水旺運、仮従の破となる「傷官格」です。しかもこの傷官、単純計算で50はあります。この水は、15や20くらいは生木に向かうのみです。

〔231〕

戊	申	大運	
己	未	9才庚申	39才癸亥
丙	戌	19才辛酉	49才甲子
己	丑	29才壬戌	59才乙丑

一七二八年七月十三日丑刻がこの四柱となり、この四柱ですと、火旺の生まれの「陽刃格」で、立運約8才7ケ月となります。重々の土ですが、日干月令を得ているため従することはできません。甲木疏土と扶身の甲を用神と取るべきですが、甲一点もなく、用神取るものなしの夭凶命です。翌己酉年、申酉戌酉方全となり、必死です。〈火の余氣あり〉〈従することできず〉ではありません。火旺ゆえ不従なのです。さらに間違ってもこのような四柱では丁火を用神などとするべきではありません。

〔232〕

戊	辰	大運	
庚	申	辛酉	甲子
己	酉	壬戌	乙丑
癸	酉	癸亥	丙寅
			丁卯

本造は「仮の従児格」としたほうがよろしいと思われるものです。それは、戊日ではなく己日陰干である、という点が一つ、己日申月金旺に生まれ透庚し、日時支酉金で、時干に透癸して己土尅癸水である点が二つ目、さらに三つ目は、月柱庚申であるため、年干戊土も年支辰も共に日干に無情であることによるのです。つまり、この月干庚金は丙と尅去となると、己日は戊辰に接近して、陽干の幇と辰の根が有情・有力となり、藤蘿繋甲的となりますし、申が寅と冲去すると、年支辰が日干の有情な根となり、年干戊土が辰を介して戊土有力となるのです。以上が、真従ではなく、「仮の従児格」とする理由です。仮従ですが、調候なく、大運水旺を巡ると、金寒水冷と

なり、凍土、池塘氷結となるもので、生気のない原局です。用神は従神の陽干庚、喜神金水木、忌神火、閑神土となります。ですからこの例は、「傷官見官」の例などには全く不適切であり、格局を取り違えた任氏の解命も事象も誤りであるということになります。任氏の誤りは、

〈傷官用劫〉としている点、これだけ金旺で重々と金があると、仮に普通格局としましても、土など用神と取れないのは、土が来れば、日干を強化するどころか、生金してますます金を強化するのみであり、戌土が来ようものなら、申酉酉戌の西方全以上とさえなりますので、土を用神などと取れません。これは大原則です。用神取るものないのは、陰干従しやすいので従さざるを得ない一因でもあります。

〈水局を成し〉と言っているものの、旺支の子がありませんので、水局半会さえもせず、この点任氏はよく旺支がないのに局を作るとしております。『滴天髄』が前のところで、「影響遥繫既爲虚」と言っている、ないものをもって格とするのは誤りである、と言っていることに通じる誤りを犯しているのです。

ですから、事象〈一敗灰の如く、一家を成すことできません。〉などは虚偽なのです。つまり、立運不明ですが、年柱が生金するので、調候丙はありませんが、生家甚だしく悪いということはなく、丙火の忌象が常に付きまとうことはあっても、環境劣悪ではないのです。

第一運辛酉で、第二運壬戌、壬戌尅去して、申酉酉戌西方全以上となるので、日干己土辰に有情と言っても大忌となることなく、小喜はあるものです。これをもし普通格局としましたなら、どうなると思いますか？日干洩身太過する大忌の大忌、必死とさえなるのに、〈一家を成すことできません〉で済む訳がないのです。第三

運癸亥も第四運甲子も、尋常ではないことになります。仮従ですから、金寒水冷、貧賤に近いこととはなるものの、それでも惨憺たることにはならないのです。しかし、第六運丙寅は、丙庚剋去し、寅申冲去して、「傷官格」に変わり、喜神火土、忌神金水木となり、第七運丁卯、「衰神冲旺旺神發」となって、寿保つことはできません。それは、申酉戌西方全くすれば、蔵干三庚三辛となるのと同様に、原局三庚二辛で、かつ生金されているということによります。

〔233〕

庚　辰	**大運**	
己　卯	庚辰	甲申
壬　辰	辛巳	乙酉
庚　子	壬午	

（大運：癸未）

壬日卯月木旺に生まれる「食神格」か「傷官格」です。辰子水局半会して時干庚が扶身、水局半会を生水。年干庚は日干に無情な印ですが、卯木を制木するので、己土濁壬して生木はしても、日干強となります。本来は制印する丙を用神とすべきですが、ありませんので、やむなく用神は甲、喜神木火、忌神金水、閑神土となります。

第一運庚辰、庚金が水源となり、また辰辰子水局半会以上となる水強の忌の傾向性ある運。

第二運辛巳、火旺運にてやや喜の傾向性。

第三運壬午、午子冲で水局半会を解くも、午火が卯木から生火されても、二辰に晦火晦光され、かつ大運干壬水の制火あるので、むしろ忌の傾向性ある運。

第四運癸未、癸己剋去、未卯木局半会しても二庚が制するので、忌が少なくないといった程度。

第五運甲申、金旺運、申子辰辰の水局全以上となって、二庚が破甲もし、水源ともなって、水多木漂の大忌。流年中死亡もあります。つまり、日干最強となり過ぎ、喜用の神全く無力無依となるからです。

任氏解命、〈卯木を用神となさざるを得ない〉と言っていることは正しいのですが、壬午運〈生財制金〉できますか？「始終」はどうですか？

甲申運〈木は生助に逢い、仕版連登〉でき得ますか？〈黄堂に至る〉こと可能でしょうか？

〔234〕

乙酉　**大運**　甲戌
戊寅　丁丑　癸酉
癸酉　丙子　壬申
癸丑　乙亥

癸日寅月木旺に生まれ透乙戊する「正官格」か「傷官格」です。生地や生日によっては調候丙火が必要です。干の特性として、いくら旺じても乙木では尅戊できません。しかも、戊寅殺印相生の戊土、日干癸と干合不化倍力、至弱の癸水を貫通して時干癸水をも塞水する勢い、酉丑金局半会し、年支の酉は日柱に無情であり、日干弱。やむなくの用神庚、喜神金水、忌神木火土となります。

第一運丁丑、丑丑酉酉金局半会以上となり、印太過の忌の傾向性。
第二運丙子、水旺運、酉丑解会して旺根ありますが、丙火生戊土により制水される、小喜の傾向性。
第三運乙亥、水旺運、亥寅合去し、酉は接近し、それほどの忌はない傾向性の運。
第四運甲戌、甲戌尅にて戊癸干合を解いても、忌の甲が尅戊し、洩身の忌の傾向性。

第五運癸酉、金旺・水相令の運。癸戊合にて戊癸干合を解き、酉酉丑の金局半会以上によく耐え得る喜の傾向性ある運。

第六運壬申、壬戊剋にて戊癸干合を解き、申寅冲去して、酉金接近しても、喜の傾向性。

となり、陰干弱きを恐れず、で大忌となることは少ないものです。

任氏は、戊癸干合も、戊寅殺印相生も、酉丑金局半会も見落としております。この一つ前の挙例では、〈水局を作り〉と言っているのに、ここでは酉丑金局半会を無視しているのです。また、『滴天髓』が言っている、「甲申戊寅。眞爲殺印相生」をも忘却し、他のところでは干合を言っているにもかかわらず、ここでは戊癸干合さえも見落としているのです。

仮に干合を見落としたとしても、戊土制水の生剋さえも無視し、陽干の壬水も、亥・子の根もないのに、日干を強として、〈寅木を用神とせざるを得ません〉と言い、〈酉運、支三酉に逢い、木嫩金多、過ちを犯して落職〉としています。

〔235〕

己　卯	**大運**	丙寅	
庚　午	己巳	乙丑	
甲　寅	戊辰	甲子	
丁　卯	丁卯		

甲日午月火旺に生まれる「食神格」か「傷官格」です。午寅火局半会し、調候の癸水も「薬」となる壬水もなく、「虎馬犬郷。甲來焚滅。」となるのは、年支の卯は午を生火し、時支の卯は日干の根とはなるものの、火局半会となった寅中蔵干の二丙を生火するので、「焚滅」

となるし、月干庚も金熔となり、用神取るものなし、となる凶命です。一応喜神水のみ、忌神木火土金となります。

第一運己巳、火旺運、果たして寿保てるか否か疑問です。保てたとしても、火の痼疾残るし、水沸の水の疾患も痼疾となりもします。

第二運戊辰、寅卯卯辰の東方全以上、調候のない燥土不能生庚でもあれば、火旺の死令の庚金は、木多金缺となり、木多火熄ともなる運で、この大運中死亡もあり得ます。この運は忌神水木となるのです。このように、格局が変化しないのに、喜忌が変化する理は、「中和之正理」であり、大運が〝生命エネルギー〟の中での自変作用がある旺相死囚休の循環律であるからなのです。

第三運丁卯、木旺・火相令の運で、午寅火局半会をさらに助火するのみの大忌。とても第四運丙寅の寅寅午火局半会以上、透丙する運まで寿保てません。

「天道有寒暖」を全く忘れ、〈日干強旺〉とし、〈必ず丁火を用神となす〉、だから〈丁卯運、入泮登科、県令〉となり、〈丙寅運、庚金を尅尽し、宦資豊厚〉と任氏はしているのです。上下・左右、遠近、特に「始終」が言われているのに、年支の卯が木生火と、午火を生ずることなく、年支無情の卯を日干甲の根となる、という考えは一体どのように理由付けられるのか全く理解できません。

『滴天髄』が言っている「始終」は誤りであり、『滴天髄』を真っ向から否定するのが、任氏の命理学なのでしょうか。

〔236〕

丙　子　　大運
乙　未　　7才丙申　　37才己亥
丙　辰　　17才丁酉　　47才庚子
乙　未　　27才戊戌　　57才辛丑

一七五六年七月十六日未刻がこの四柱で、丙日未月火旺生の「陽刃格」となり、立運約7才となります。火旺の調候壬水には水源有情であること必要ですが、年支の子は、日干に無情であって、月干乙から生丙もされ、火旺の未中の乙生丁となる根に囲まれて、水沸となり、乙木あることから、これを一杯の水を燃え盛っている薪を積んだ車に掛けるようなもので、さらに火勢が強まるという、「杯水車薪」と言われていることになるのです。日支の辰はこの気勢では晦火晦光不及で、未に有気である月時干乙がまた生丙し、日干最強旺。用神壬と取れないのは、年支子水は遠隔で孤立し全く用をなさず、二乙並透して、化殺生身となるからです。やむなく辰中湿土の戊を用神とせざる得ず、一応喜神土金としても、それほどの作用はなさず、忌神木火、閑神水となるものです。


第一運丙申、申子辰水局全くし、調候太過となるものの、多少の喜の傾向性。

第二運丁酉、酉辰合去して、用神を失う大忌の傾向性。

第三運戊戌、戌辰冲去して、やはり用神を失う忌の傾向性。

第四運己亥、二乙剋己土し、亥中の甲また生火となるので忌のほうが大。

第五運庚子、二丙剋庚となって水源の作用なく、子辰水局半会するが、化殺生身して、むしろ忌の傾向性。

第六運辛丑、一辛二丙妬合、一辛二乙剋の情不専にて、辛金は水源の効ないものの、丑の湿土が納火するやや喜の傾向性ある運。

任氏、火旺であるにもかかわらず、〈火土傷官〉とし、〈未土を用神〉の「傷官用傷官格」の例としておりますが、未中己土が燥であるので、不能生金であることを忘却し、〈初運丙申・丁酉運、乙木を制化して財に喜びます〉と言っております。丙申運も丁酉運も全く同じであるように言っていますが、丙申運は、申子辰水局全くするし、蔵干三壬三癸となり、二乙が納水の「薬」となるので、火の忌なく、乙の忌もないことから、やや喜となる傾向性の運。しかし、丁酉運は、酉辰合去し、用神も財の酉金も無作用となるので、忌の傾向性大なる運となる。といった大きな違いがあるのです。ですから、〈財に喜びます〉の金の喜などあり得ないのです。むしろ、丁酉運は、財の損失の忌でさえあります。また、〈戊戌運の十年は良好です〉とも言っておりますが、食傷に洩らすので悪くはありませんが、原局にも大運にも申酉金がないので、食傷生財の喜に繋がらない「始終」であることを理会してください。また、〈己運は、土無根、木が回剋し、刑耗並見〉とあるのも、己亥運で、土の根は原局二未中己土、辰中戊土あるので、有根で洩秀の喜とはなるのです。つまり、〈木が回剋し〉など、甲乙木が己土を剋する理などはありません。

つまり、「始終」は無金のために、五行流通せず、財の喜に恵まれない、という理になるのです。しかし、〈悪病にて死亡〉とまではなりません。流年に卯年が巡りますと、亥卯未未木局全以上となりますので、流年にいかなる干支が巡るかによって死亡しない訳ではありません。しかしこれも、虚偽・作為の捏造例ですので、立運を調べて流年干支を知り得ても無駄なことです。

〔237〕

壬　戌　**大運**　癸丑
己　酉　庚戌　甲寅
戊　戌　辛亥　乙卯
乙　卯　壬子

戊日酉月金旺に生まれる「食神格」か「傷官格」です。調候丙火なく、金寒水冷の嫌いあり、戌卯合去、酉戌接近し、年支戌土は湿となり、己土とともに生酉金するものの、戌土の根あることになるので、日干強。用神庚、喜神金水木、忌神火土となります。干の特性として、乙木など用神に取れるものではありません。

第一運庚戌、庚乙干合し、前四年金旺運は化金、後六年土旺運は合去し、戌卯解合する、やや忌の傾向性ある運。
第二運辛亥、辛乙尅去し、亥卯木局半会の情あって、戌卯解合するものの、調候なく、忌の傾向性。
第三運壬子、やや喜の傾向性ですが、調候なく、金寒水冷となって、それほどの喜とはならず、
第四運癸丑、癸己尅、癸戊合の情不専、丑酉金局半会しても調候なく、金寒水冷。それほどの喜はなし、
第五運甲寅、調候あって疏土開墾しますが、年齢的に遅きに失します。
第六運乙卯、乙己尅去して、壬は日干戊に接近、卯戌合、卯酉冲の情不専にて、大運支卯は個有の支となる、やや喜の傾向性。
任氏、〈壬水生木〉と言っているのは大誤で、年干壬水は時柱の乙卯には全く生木の情はないものです。しかも、戌卯合去し、干の特性として、乙木は己土くらいは制することはできても、戊土は疏土できない、と『滴天髄』の真義を忘却して、〈官を用神〉、つまり、用神乙としているのです。

しかも、「天道有寒暖」の真義さえも理解していないので、〈亥運、財官皆生扶を得、功名順遂〉と言っているのです。

辛亥運、調候丙火がないため、原局壬水が、亥の水旺に有根となっても、命運に生気なく、「始終」も火が断節しているので、流通が悪いのです。しかも、亥中甲では、天干の戊土を疏土開墾できないのです。

〔238〕

庚午　**大運**　癸未
己卯　庚辰　甲申
壬申　辛巳　乙酉
己酉　壬午

壬日卯月木旺に生まれる「食神格」か「傷官格」です。年干庚は水源として無情であるが、月干湿土の己土から生庚され、卯木を制し、日干は無根ではあるものの、申中壬に有気であり、申酉金から生水されるので、日干強となります。。用神丙、喜神木火土、忌神金水となります。

第一運庚辰、辰酉合去し、喜が忌を去らし、やや忌の傾向性。
第二運辛巳、火旺運にて、喜の傾向性。
第三運壬午、前運同様火旺運にて、午酉蔵干の尅あるも、それほど忌とならず、
第四運癸未、水木火土と流通する、喜の傾向性。
第五運甲申、殺印相生の甲透出するので、喜の傾向性。
第六運乙酉、印旺運であり、忌のほうが大となります。

任氏、用神を取り違えております。〈傷官用官格〉の例として〈官を用神〉としていますが、干の特性、己土濁壬して生金、また生木ともなるので、戊土と違って制水の作用はほとんどないのです。月時干の二己土が生申酉金となって、結果として日干を強化するので、制金・制印の作用ある、用神丙とすべきなのです。

つまり、年支午火をもって、食傷生財、財また生官殺となる財が、通関の作用ともなるのです。これは、用神取用法の初歩的原則ですし、これもまた、「始終」の理でもあります。

〔239〕

辛未	**大運**	丁亥
辛卯	庚寅	丙戌
壬辰	己丑	乙酉
己酉	戊子	

壬日卯月木旺に生まれる「食神格」か「傷官格」です。未卯木局半会し、辰酉合去し、卯未接近。月干辛金は制水しますが、未卯木局半会の「病」に対する「薬」とはならず、日干弱。庚を用神と取りたくもなく、やむなく辛、一応喜神は金水、忌神木火、閑神土となります。

第一運庚寅、寅卯辰の東方全の「病」に「薬」の庚あって、やや喜の傾向性。

第二運己丑、丑土は土金水と日干を生じる、喜の傾向性。

第三運戊子、子辰水局半会にて辰酉解合。戊土が化殺生身して喜の傾向性。

第四運丁亥、亥卯未木局全となり、丁火尅辛の忌の傾向性やや大。

第五運丙戌、金旺運は忌運、土旺運は大忌の傾向性。

第六運乙酉、金旺運にて酉卯沖、酉辰合の情不専、印が生身して、やや喜の傾向性。

任氏解命〈天干二辛、支辰酉に逢い、益水の源となり〉と言っていることは、辰酉合去と見ないのですから、大誤です。これを化金の意とするなら、さらに大誤。辰酉合去しないとしても、日支辰は月干の辛金と時支の酉金を生金するものの、年干の辛金は辰と無情ですし、辰中に癸水あっても、陰干の有気は陽干壬にとって無力な幇です。日干壬水にとっての亥・子水の根なく、未卯木局半会し、「薬」がないのですから、洩身に耐えられません。庚金の制食傷をもって用神と取りたいのです。しかし、庚金がないので、助身の作用となる辛金をやむなくの用神と取るしかないのです。

〔240〕

		大運	
癸	酉		35才乙卯
己	未	5才戊午	45才甲寅
丙	午	15才丁巳	55才癸丑
癸	巳	25才丙辰	

一七五三年七月二十二日巳刻がこの四柱となり、土旺にて、立運約5才、透己する「傷官格」です。癸己尅去、丙癸接近し、巳午未南方全。時干癸水では、調候とならず、南方全くするので、水沸の憂いあり、「病」に対する「薬」の壬なく、酉金さえも金熔の憂いがあります。用神やむなく庚としか取るものなく、喜神土金水、忌神木火となります。

第一運戊午、火旺運、南方全以上、熔金沸水の大忌の運。

第二運丁巳、火旺運、南方全以上の大忌、夭凶命で必死です。

任氏、南方全くするは蔵干三丙三丁と変化する理わからず、個有の支としているのは南方を全くしていないということになるのです。ですから〈蔵干の財は刦を受け〉、巳中蔵庚は本気丙から剋される、と言っているのです。〈官をもって用神〉も誤り、〈大変な財利を獲得〉など全くあり得ない、虚偽も甚だしいものです。

〔241〕

戊	申	大運			
戊	午	己未	壬戌		
丁	巳	庚申	癸亥		
乙	巳	辛酉	甲子		

丁日午月火旺に生まれる「月劫格」か「建禄格」です。月支午、日支巳、時支巳にて日干強。調候年支申中にあって、やや不及ですが月干戊土は湿となって生金。用神庚、喜神土金、忌神木火、閑神水となります。

第一運己未、巳巳午未の南方全以上となる忌大の傾向性。

第二運庚申、庚乙干合化金して、喜大の傾向性。

第三運辛酉、酉午蔵干の剋あって、酉巳巳金局半会せず、喜の傾向性。

第四運壬戌、二戊が制壬し、戌午火局半会して、やや忌の傾向性。

第五運癸亥、二戊制水するも、申金通関となり、亥は二巳を弱めるが、亥中甲は生火し、喜忌参半の傾向性。

第六運甲子、甲木剋二戊土にて去とならず、多少火勢を減じるも、喜忌参半の傾向性。

任氏これを〈火土傷官〉と言っておりますが、格局は日干月令を得る「月劫格」か「建禄格」です。〈仮傷官格〉という格局はありません。普通格局に「真」も「仮」もないのです。また、調候について一言も言っておりません。〈財氣を洩らして死亡〉などもあり得ません。つまり、癸亥水旺運、原局二戊が制水するのを年支申が通関となって土金水と流通し、亥水が二巳一午を制火し、亥中甲木が時干乙と一気となって、生火もすることになるので、「始終」あって、忌が強とも喜が強ともならないのです。

〔242〕

壬	子	大運	乙卯
辛	亥	壬子	丙辰
壬	子	癸丑	丁巳
癸	卯	甲寅	

壬日亥月水旺に生まれ、比劫重々、透印して官殺一点もないので、「真の従旺格」となるもので、ここに挙例されるべき例ではありません。調候丙火が一点もないことに注目する必要があります。

任氏これも格局の取り違えで、〈卯木を用神〉としております。しかも、〈丙辰運、群比争財、三子の中二を剋し、夫婦共に死亡〉はひど過ぎます。丙火は調候の喜神にして、亥中甲も卯木も生丙し、〈群比〉、しかも、辰子子水局半会以上となり、月干に透印する「真の従旺格」であり、喜とさえなります。普通格局としたために死亡せざるを得なくなった、虚偽の事象としか考えられません。

〔243〕

壬	辰	大運	丙辰
壬	子	癸丑	丁巳
壬	子	甲寅	戊午
癸	卯	乙卯	

壬日子月に生まれ、辰子水局半会して、二壬透って日支子ですが、水局全くしませんので、「潤下格」とはなりません。「建禄格」か「陽刃格」です。しかも、調候丙火なく、日干旺強です。第一運癸丑、前四年水旺運大忌、天凶命にて必死です。

任氏の解命の誤りを指摘してください。

〔244〕

		大運	
戊	午	1才丁巳	31才庚申
丙	辰	11才戊午	41才辛酉
戊	辰	21才己未	51才壬戌
辛	酉		

一七三八年五月四日酉刻がこの四柱で、土旺生の「建禄格」です。立運約1才。辰酉合は天干戊辛ですから化金し、二庚二辛となり、洩身太過となって、日干は不強不弱のやや弱。日干戊土の印である午火は無情、しかし月干丙の助身は有力。一応、用神丙、喜神火土、忌神金水、閑神木とはするものの、日干弱とは言っても、全局的には、火土団結して強化されており、辰酉の化金が解けない以上、いかなる運もそれほど忌とならないのです。これは大変珍しい例ですが、上下・左右、遠近、「始終」ということと、強弱がわかりますと理解できると思います。

第一運丁巳、丁辛剋去、戊丙接近し、支は巳酉金局半会により辰酉解合し、全支個有の支となり、接近した丙火によって、金熔の憂いあり。この大運の喜神は金水、忌神火土となり、忌運。

第二運戊午、午酉蔵干の剋により、辰酉解合、前運同様に喜忌が変化する忌の傾向性ある運。

以降、第六運壬戌まで全く忌となる運はありません。

任氏、辰酉合して化金する理が解っておりませんので、この合を無視しています。支合して化する理の証明は多々あります。しかし、透丙して午に根あるので、偶然の結果として、任氏の言う事象が誤りとはならないのです。しかし、理論の根底がそもそも違うのですから、結果は同じようであっても、誤り、と言うべきことになります。

〔245〕

乙　酉	**大運**	
辛　巳	庚辰	丙子
戊　午	己卯	乙亥
丙　辰	戊寅	

　戊日巳月火旺に生まれる「偏印格」か「食神格」です。水源ある調候壬水を必要とするのに、無壬、乙辛尅去、時支辰は湿土にて、日支の午と、時干の丙を晦火晦光しますが、火旺の月支巳火の調候とはならず、戊土も燥土であって、酉に接近しても、燥土不能生金であるのみならず、接近する丙火から死令の酉は熔金され、用神とは取れないのです。仮に、用神庚としても辛としましても、丙火から尅金されて、洩の作用などないのです。喜神も調候壬ない限り、金水の喜の作用なく、忌神火土、閑神木も化殺生身の忌とさえなります。この命、大運、喜の作用十分な運はありますか?

　任氏、〈辛をもって用神とします〉は大誤です。〈辛丑年入泮、後、運程合せず〉とあるのは、数え年17才ですので、当然大運に交入していることになるのに、大運を言っておりません。〈丑運に至って〉とあるのは第四運丁丑で、火旺運ですから巳酉丑金局全は成立せず、丑酉金局半会はしますが、火旺の巳・午に根ある丙火に尅金され、救いは湿土の辰が化金する丑中二辛を生金してくれる点にあります。しかし、生水には繋がらないのです。調候がないため、〈連登〉はとても無理なことでしょう。

〔246〕

丁　酉　　**大運**
乙　巳　　甲辰　庚子　　辛丑
戊　午　　癸卯　己亥
丙　辰　　壬寅

戊日巳月火旺に生まれ、丁丙透る「偏印格」です。水源ある調候壬水を必要とするのに、壬水なく、年月支酉巳は火旺ですから金局半会不成、熔金の気勢、時支辰は、わずかに時干丙と日支午の火を晦光するのみです。しかし日干の根としては有情・有力。日干強となり、用神取るものなく、日干自体は火炎土燥となります。つまり、乙木は干の特性として疏土する能はなく、ただただ丁、巳、午を生火するのみであり、巳中庚は死令にして本気丙火から受剋、酉と並んでも金局半会とはならず、加えて、酉金を金熔さえしている気勢ですから、庚辛金も用をなさない下格です。一応喜神金水とはするものの、壬水がない限り、金は全くと言ってよいほどその作用を果たさず、忌神火土、閑神木も忌の可能性大であります。

第一運甲辰、甲は化殺生身し、湿土辰は巳午火を晦火して生酉するも、壬水がないため、それほどの喜運とならず、

第二運癸卯、癸水が生木し、むしろ忌に近い運。

第三運壬寅、寅午火局半会し、大運干に調候の壬透出するものの、水源となる酉金も熔金の憂いあり、寅午火局半会の「病」に対する「薬」となるのに不及で、むしろ忌の傾向性。

第四運辛丑、丑酉金局半会しても、丙丁から剋金され、調候の壬水なく熔金の憂いあり、このような原局、大運においては、金局全と見てはならず、むしろ忌の傾向性。

第五運庚子、喜の傾向性となりますが、過去の忌の後遺あっての庚子運であり、今までの諸環境が突然変異を起こすものではなく、流年の喜の有り様によって、徐々に変化するもので、年齢的に遅きに失することもあるのは、精神・肉体面の衰えが少なくないからです。これらすべては調候壬水がない、ということによるものです。

任氏解命への誤り、「天道有寒暖」を全く忘却して、上下・左右、遠近、「始終」を全く無視し、辰の一湿土が、巳火を納火晦光するとし、さらに辰土が遠隔の酉金を生金すると考えない以上、〈辛金を用神とする〉ということにはならないはずです。月干の乙木が、生丁、巳、午火となっていることさえも無視し、年柱の忌、無用の酉、生家環境悪く、財の壬なく、水智なく、芳しからざる環境の中、大運も忌である財困が続き、40才丁丑年までの間、どのような生活環境にあったというのでしょうか。〈発甲〉とは科甲試験に及第したものが官吏として上級となることで、〈詞林〉とは文部省のようなところの高級官吏に、財利も水智もない者がなり得るわけはありませんし、大運を無視しての流年はないのです。仮に流年支丑で、金局を全くしたとしても、他の条件なくして〈癸甲し、詞林〉であるなら、４才辛丑年は別として、16才癸丑年、28才乙丑年、28才には科甲の試験に合格していたはず、と言えます。しかも40才丁丑年、大運は一応考慮外として、原局天干は、火旺・土相・金死令、天干丁乙戊丙に流年干丁、地支は、酉・巳・午・辰に流年支丑、調候壬水なく、巳酉丑金局を全くするか否かです。何でもかんでも局を全くする、と考えるのは、「五行之妙」を理会していないことからの単純な結論でしかないのです。つまり、金局全の情はあっても、金局全とはならない、ということの意をよく理解してください。

　仮に百歩譲って、金局全くするとしましょう。すると、地支は三庚三辛の蔵干になる訳で、次のようになるのです。

生
丁　酉（庚　辛）
乙←丁
乙　巳（庚　庚）死令
戊　午（丙　丁）旺令
丙→戊
午→戊
丙→辰
辰←午
丙　辰（乙癸戊）庚金無情

日干戊土は燥土不能生金

丙火助丁
丁　丑（辛　辛）丙火剋金

　原局死令の三庚一辛は、燥土戊から生二庚されずに、旺火の午・丁火と共に乙木より生火された火から剋金され、流年丁丑の二辛は、湿土の辰からは生二辛はされるものの、日支の午火から剋金されるのみではなく、天干丙丁火からも熔金されます。

　さてここで、印の火が一体どれだけの力を減じたか、また日干戊土がどれだけ力を減じたかを考えてください。燥土不能生金という言葉の意は、それだけ戊土は洩身の力なく、また減力しない、ということなのです。金局全くして、〈発甲し、詞林に入り〉はあり得ますか？　だからこそ『滴天髄』で「天道有寒暖」を「天道」と言い、「地道有燥溼」と「地道」とも言っているのです。

〔247〕

丁丑　大運　壬寅
丙午　乙巳　辛丑
己酉　甲辰　庚子
辛未　癸卯

己日午月火旺・土相令の生まれの「印綬格」か「偏印格」です。調候壬水なく、年支湿土の丑は晦火納火はするものの、調候とはならず、己土は燥土となって不能生金の日干強。丙丁火から尅金されるも、やむなくの用神庚、喜神金水としても、壬水の調候ない限り、喜の作用ほとんどなく、忌神火土、閑神は忌に近い木となります。

第一運乙巳、乙木は火源となり、巳午未南方全と巳酉丑金局全の情あるも、午酉蔵干の尅は旺支の冲ではないので、巳午未南方全が成立し、酉、丑は個有の支となる。燥土不能生金にして、熔金される南方火旺の忌の傾向性。

第二運甲辰、甲木が火源の忌となるものの、湿土の辰の晦火晦光あって、生金するやや喜の傾向性。

第三運癸卯、癸水は生木に向かい、卯木は火源となる忌の傾向性。

第四運壬寅、辛金の水源あって、壬水は調候となるとともに、制火の「薬」ともなって火土金水と「始終」よろしく、流通して大喜の運。

第五運辛丑、丑未冲、丑酉金局半会の情不専となるところがよろしく、丑の湿土が晦光して、よく生金の喜ともなれば、火土金水と、癸水へと流通し、大運干の辛金は丙丁火から尅金されても、日支酉と時干辛、さらに二丑中二辛は尅傷されることなく、よく才能発揮して生財の喜となる傾向性。

第六運庚子、水旺運、さらに向上発展します。

任氏の解命の誤りを指摘してください。

〔248〕

壬　申
丁　未
丁　未
己　酉

大運
8才戊申　38才辛亥
18才己酉　48才壬子
28才庚戌　58才癸丑

丁日未月土旺に生まれる「食神格」です。壬丁合去、丁己接近して、調候壬水を失うも年支に申あって、月支の未は湿土となって生金。日干休令の丁火であり、未中に丁の比肩と乙の印あっても、陽干の丙の幇なく、二未中土旺の己土、時干の己土は湿土に洩身しなければならず、湿土生金した、申と酉の財も制さなければならないので、日干弱となります。用神嫡母の甲と取りたくもなく、やむなく乙、運歳に乙が来ると乙己尅去となりますが、洩が減じることで、相対的には喜となるのです。喜神木火、忌神土金水となります。しかし丁火の特性、「衰而不窮」であることは忘れてはならないのです。

本造、胡文忠公林翼は、その生年月日からしますと、土旺の生まれではなく、火旺の生まれです。「建禄格」となり、立運約7才10ケ月となるもので、5才立運ではありません。これは私の誤写でもミス・プリントでもありません。これはおかしいと思って、その正確な年月日を調べ直さない限り、右のような解命となり、一路忌神運で、〈清の中興の一代の名臣〉となった、と信じてしまうことになります。

火旺の生まれと考えますと、壬丁合去となるのは同じですが、申あって調候ほぼよろしく、二未中丁の比肩と乙の印有情・有力で、なまじ甲の嫡母、丙火の幇があるよりも反って美となるのです。日干強となり、用神は財の庚、喜神土金水、忌神木火となります。しかも、丁火の特性である「旺而不烈」となること忘れてはならないのです。また、「始終」も、金から始めても、土から始めても、喜から始まって、五行流通し、喜で終わるのです。すべて、喜用の運となります。

年柱喜用にて、生家環境よろしく、喜の水智、社会的地位ある生家、また財あり、そうした良い環境での大運8才戊申運、18才己酉運であれば、科甲の試験にも合格し、さらに28才庚戌運、申酉戌西方全くしても不団結、よく丁火煅金し、地位向上していくことになるのです。

丁文水智、佳造であり佳運、格調高い「源清流清」の命です。しかし、土旺の5才立運となると全く違ってくるのですから、旺相死囚休がいかに重要なことかが解るはずです。旺相死囚休の視点なくして、この四柱構造を日干強とするには随分無理があります。

5才立運として、土旺生とする以上、徐氏の言っているような事象はあり得ないことです。さらには、調候、四柱組織・構造の有り様、「始終」、『滴天髄』が言っている丁火の特性を忘れてはならないのです。

〔249〕

甲　子
甲　戌
丁　未
甲　辰

大運
10才乙亥　50才己卯
20才丙子　60才庚辰
30才丁丑
40才戊寅

丁日戌月金旺生の「偏財格」です。調候であり、幇身ともなる丙火なく死令の三甲天干に透り、疏土十分以上、未戌中に丁の幇あっても、それほど強とはならず、用神庚と取りたくもなく、やむなく戊、喜神土金、忌神木火、閑神水となります。ここも丁火の特性を忘れてはならないのです。

印太過の忌となるところを、金旺・木死令であり、それほどの忌とはなっていないのですが、調候丙火がない点が問題となります。もちろん、用神甲とも取れませんし、〈戌土が水を剋します〉も誤りで、甲木疏土しており、かつ年支子水によって戌は湿土となって、生辛金に有情となることになり、金水木と順生しているのです。

旺令の金の喜から「始」まり、五行流通して、喜の土に「終」わる、日干丁火の干の特性をよく理解してください。

〔250〕

		大運	
甲	**寅**		38才庚辰
丙	**子**	8才丁丑	48才辛巳
庚	**申**	18才戊寅	58才壬午
庚	**辰**	28才己卯	68才癸未

庚日子月水旺に生まれ、申子辰水局全くして、調候丙火月干に透り、寅中有気で甲生丙となり、子の蔵干壬癸は生甲に向かうので、「仮の従勢格」となるものです。「仮」とするのは、大運で水局が解け、辰の印が生金することになると、「食神格」に変ずるからです。用神甲、喜神水木火、忌神土、閑神金となります。

第一運丁丑、第二運戊寅、水局全を解き、「食神格」に変わります。喜神土金、忌神水木火となる喜の傾向性ある運です。

第五運辛巳も水局全を解き、「食神格」となる喜の傾向性ある運。他の運は、「仮の従勢格」の喜用運となるもので、『滴天髄』言うところの「假従亦可發其身」に該当するものです。これを普通格局とする限り、喜神土金となって、〈運行南方、威は西北を鎮圧。〉という理は成立しないのです。

この仮従については大変難しい点があり、徐氏自身の命造さえ間違えているのです。仮従の理論は仮従のところで述べることにします。

〔251〕

		大運	
壬	**戌**		
壬	**子**	9才癸丑	39才丙辰
庚	**子**	19才甲寅	49才丁巳
丙	**子**	29才乙卯	59才戊午

庚日子月寒冷の候に生まれ、三子支が団結し、年月干に二壬が並透して、冲天奔地の水、庚金は洩身し、印の戊土は遠隔無情。水多土流となって、日干は従さざるを得ず、「仮の従児格」となります。時干に不及ではあるものの、丙火透り、三子、二壬をやや暖の原局とします。用神壬、喜神水木火、忌神土、閑神金となります。


9才癸丑運、丑中蔵干は土金水と水を強化し、土旺運でも忌となることなく、喜の傾向性ある運。

19才甲寅運、食神生財、財生官殺と流通する喜の傾向性ある運。

29才乙卯運、卯戌合去して「真の従児格」となる財旺の喜の傾向性ある運。

39才丙辰運、辰中戊土が生身し、格局は「食神格」に変化します。喜神土、忌神水木火、閑神金となる忌の傾向性ある運。

〔252〕

丙子	**大運**	32才乙巳
辛丑	2才壬寅	42才丙午
戊子	12才癸卯	52才丁未
癸丑	22才甲辰	

戊日丑月土旺生の「月劫格」です。これは大変珍しい例で、結果として、年柱と月柱は天地徳合となり、日柱と時柱もまた天地徳合にて、全支個有の支となります。日干戊癸干合し、癸水は倍力となり、調候丙火年干に透出し、水最強にして、日干やや弱となります。用神丙、喜神火土、忌神金水木となります。

第四運乙巳、第五運丙午、第六運丁未は喜用運、それ以前の大運も大忌とはならないのです。つまり、土旺・水死令での日干戊土の単純仮数は5、休令の調候丙火のみは3で、月干の辛金をよく制し、また、土旺の丑土を生土しているので、この月支丑中己土は6⅔で、年支の子中癸1、日支の癸1を合計して2としましても、十分制癸することができるのです。日干戊土は湿土の5で、生辛しなければならず、倍力の癸水、および水源深い二丑中の癸水をも制水しなければなりませんので、相対的にやや弱くなっている程度だからです。つまり、第一運壬寅、第二運癸卯の木旺運である寅・卯が巡って、五行流通し、生丙しているので、それほどの忌とはならないのです。

第三運甲辰でさえ、甲木疏土開墾して弁証法的発展の契機となり、生丙火し、丙火また生丑土となっているのです。

〔253〕
丁酉
戊申
戊申
戊午

大運
8才丁未
18才丙午
28才乙巳
38才甲辰
48才癸卯
58才壬寅

戊日申月金旺に生まれる「食神格」です。調候とも助身ともなる午が時支にあり、日時干二戊土を有力・有情に幇身するも、二申一酉の金旺に洩身するには耐えられず、無根でもある日干は弱。用神丙、喜神火土、忌神金水木となります。大運は喜の南方運から、忌の東方運を巡っております。

〔254〕
丁亥
庚戌
己巳
庚午

蒋介石の命と言っておりますが、八字は違います。

〔255〕
壬午
庚戌
己酉
庚午

馮玉祥の命造と言っておりますが、命造自体に疑問があります。

〔256〕

庚　戌
癸　未
乙　亥
丁　丑

大運

5才甲申	35才丁亥
15才乙酉	45才戊子
25才丙戌	55才己丑
	65才庚寅

瞿鴻禨《てきこうき》は、道光三十年（一八五〇年）七月二十三日丑刻生、乙日未月の土旺生まれの「食神格」です。五行は、年月支蔵干丁から始まり火土金水木火土金水、と順通して時支丑に終わる。つまり、年月支の戌未中の丁火は土を生じ、土は生庚金、庚は癸水を生じ、亥に通根する癸水が日干乙を滋木培木、乙木は時干に洩らし、丁火生丑土、丑中で土金水と流通します。日干乙は未亥支に有気であるとともに、有情・有力な癸水に滋木され、さらに有情な調候でもある日支亥中壬水に生扶され、透丁火に洩身する。日干は不強不弱のやや弱となりますが、西方運では化官殺生身して忌とはならず、また北方運も水太過しなければ忌とならず、東方運、また南方運も喜運となります。四柱の組織構造、配合がまことによろしいものの、土がやや旺強となっており、また月干癸水、日支亥と水源深い時支に丑あって、日干乙木の干の特性として、癸水調候とはいえ、過湿太過を忌むため、用神は亥中の甲と取ります。一応、喜神は水木火、忌神土、閑神金となります。徐氏は、〈年上の庚金を用神とします。印をもって輔となします。すなわち、官印格です。〉と言っていますが、「官印格」という格などなく、誤りです。

第一運甲申、甲庚尅去し、癸乙丁は年月干のほうへ移動・接近し、金旺の申金は水源となって、化官生身もするため、やや喜の傾向性ある運。

第二運乙酉、乙庚干合して化金、酉丑金局半会して、官殺強まるものの、癸水と亥中壬水が日干に有情であるため、それほどの忌とまではならず、喜忌参半の傾向性ある運。

第三運丙戌、丙庚剋去、日干乙は年月支戌未土のほうへ移動・接近し、また大運支戌土であり、土の財が太過し、土多木折的となる忌運。

第四運丁亥、丁癸剋去、旺強の未土から生金された年干庚金は日干に接近して制剋する、忌の傾向性ある運。

第五運戊子、戊癸合去、庚金は日干に接近して制木、また亥子丑の北方全となる、忌の傾向性ある運。

〔257〕

丁　丑	**丁　丑**	**大運**		
丙　午	**丙　午**	6才乙巳	36才壬寅	
乙　丑	**乙　卯**	16才甲辰	46才辛丑	
丁　亥	**丁　亥**	26才癸卯	56才庚子	

徐氏が〈金紹曾の命造〉と言ってる上段の八字は、一八七七年（明治十年）六月二十一日生となります。一方、『造化元鑰評註』には、同じく金紹曾命として、光緒三年五月初一日亥時生の下段の命となっており、太陽暦日本の元号で、一八七七年（明治十年）六月十一日、立運約一才八ヶ月となります。生日が十日も違っていては大変困りますが、一応、上段の命が正しいものとして、解命しておきます。

乙日午月火旺の丁分野生の「食神格」です。日干乙は、年月干丙丁火が午火に通根して、火は旺強太過して調候は急を要します。食傷への洩身太過によって、日干乙は炎上の気勢となるところを、午を挟む二丑土が「火熾乗龍」の辰と同様に納火するとともに、時支亥中に壬水あって炎上を防ぎ、水源の深い年日支の湿土二丑は、火太過の病に対する薬として、また弱の日干が丑中癸水に滋木培木されており、命を良化する有効な作用・働きをしています。

用神は徐氏の言うように、制食傷して乙木炎上を防ぐとともに、日干を生扶する壬と取り、一応喜神水木、忌神火土金となります。

第一運乙巳、巳亥冲去、用神である壬水を失う、南方火旺の忌運。

第二運甲辰、前四年木旺では、比劫の甲が「火熾乗龍」の辰に通根して、乙木は藤蘿繫甲的となって日干を強化する喜の傾向性、同様に土旺も喜の傾向性ある運。

第三運癸卯、大運干に原局亥に通根する滋木培木の調候癸水透り、また乙日干は卯亥木局半会に通根し、二丑土が月柱丙午を晦火晦光する。喜の傾向性ある運。

第四運壬寅、大運干に喜の壬水透出し、地支は寅午火局半会、寅亥合の情不専により全支個有の支。日干乙は大運干壬水により、湿木となる木旺の寅に通根して強化される、食傷生財の喜運。

第五運辛丑、大運干辛金は、丙丁火あって、日干乙木を尅す力なく、水旺・土旺運共に、大運支丑の晦火晦光と癸水の滋木培木の作用が増幅される喜の傾向性ある運。

第六運庚子、大運干庚は原局に丙丁火によって、日干乙木を尅す力はほとんどなく、地支は、子午冲、亥子丑丑北方全以上の情不専により全支個有の支。北方の喜神運ではあるものの、水火尅戦を伴う忌の傾向性ある運。

〔258〕

		大運	
戊	午	5才丙辰	35才己未
乙	卯	15才丁巳	45才庚申
壬	子	25才戊午	55才辛酉
庚	子		

本造は康有爲の命で、咸豊八年二月初六日子刻生、太陽暦日本の元号では、一八五八年（安政五年）三月二十日、立運は約5才6ヶ月となります。

壬日卯月木旺の乙木司令の「傷官格」です。卯月木旺の乙木が月干に透出していますが、日支子であり、時柱庚子、庚金は水源となって、日干壬水は冲天奔地の気勢があります。年干の戊土は遠隔・無情にして、水利灌漑の効はありませんが、月柱乙卯が納水して、年支の午火を生じ、午火はまた天干の戊土を生じています。つまり、「始終」が雑乱してはいるものの、一応五行は揃っており、日干は、時干庚あって、日柱と時支で水団結して強く、「精神」は充溢していますので、用神は甲、喜神は木火、忌神は金水、閑神は土となります。「源半清」となるのは、「終」わるところの時柱から「始」まるところの年柱へと、金水木火土と逆に流通している点にあるのです。

大運は、丙辰・丁巳・戊午・己未と巡り、第四運までは火土の良好運であります。しかし、第五運庚申からは、庚乙干合して化金し、月干乙は辛となり、水源の庚辛金あって、さらに冲天奔地の忌の傾向性ある運となり、続く第六運辛酉、辛乙剋去し、戊土と壬水が接近するものの、地支は四生が揃い、金旺運が水源となる忌の傾向性ある運となります。徐氏の言うように、〈庚申運の後、一起するも振るわず、名誉もやや落ちました。〉となったのです。

〔259〕

壬　午　　大運
壬　寅　　1才癸卯　　31才丙午
壬　寅　　11才甲辰　　41才丁未
壬　寅　　21才乙巳　　51才戊申

張宗昌の命で、徐樂吾氏の『古今名人命鑑』によれば、清光緒八年正月十五日寅刻とあり、太陽暦日本の元号で、一八八二年（明治十五年）、三月四日、立運は約八ヶ月となります。

壬日寅月木旺に生まれ、四壬が天干に透出するものの、命中に水を扶助する一点の印もなく、また水の根もなく、壬水は木旺の二寅に洩らし、日支寅木が午寅火局半会の財に流通するため、その気勢から見て、「真の従食傷的生財格」となります。寅月木旺では、寒気は未だ去らず、調候丙火があって、暖木・暖水とする必要がありますが、火局半会、二寅の中気に丙火あって、命局に生気を与えているのです。ただ、年月支午寅火局半会した蔵干丙丁火は、構造的に木から火への通関が悪く、年月天干二壬による争財の病があります。用神は甲とし、喜神木火土、忌神金、閑神水（水旺運は忌）となります。徐氏は〈財官兩見を喜としますが、その実、財は喜びますが、官は喜びません。〉と言っていますが、午寅火局半会が解けない限り、〈官は喜〉とは言えないのです。

大運は第一運癸卯、第二運甲辰、第三運乙巳と喜の東方から南方運を巡ります。第四運丙午では、午午寅寅寅の火局半会以上となって全支蔵干火となるため、食傷の流通がなく、従財的となって、一方的に喜のみと言えない気勢となります。続く第五運丁未、未午合により午寅火局半会を解いて、全支個有の支。三食神が官を尅制することとなって、「官星有理会」にはならず、火旺・土旺運共に喜のみと言えない傾向性ある運。

第六運戊申、四壬により湿土となった大運干戊土は大運支申金を生じ、申金と原局の寅旺木の冲戦、また金旺・印運の破格となる大忌の運となって、〈戊申運、刺客に遭って命を落とす〉ことになったのです。

〔260〕

		大運	
戊	寅		31才甲子
庚	申	1才辛酉	41才乙丑
己	丑	11才壬戌	51才丙寅
甲	子	21才癸亥	

己日申月金旺の庚分野生まれの「傷官格」です。日時柱は天地徳合にて、己甲干合して甲木倍力、貫通して、旺令の庚金の尅制を受けることになります。寅申冲去、丑子接近し、丑は日干己土に有情な根であっても、湿土生庚金となり、甲木と庚金による尅洩交加甚だしく、さらに申月から寒気が厳しくなっていきますから、温暖が欲しいところ、寅申冲去して丙火を失い、照暖の気がありません。また年干戊土は、日干に遠隔無情で扶助にならないばかりか、丑に通根してますます庚金を強める。日干己土は大変弱く、用神として、「己干用印。官徹名清。」と言われる調候でもある丙火によって、温暖、助身、化官生身、制金したいところ申寅冲去して用と取れません。やむなく年干戊土を用神と取り、喜神は火土、忌神金水木となる濁命です。

大運は、第一運辛酉、第二運壬戌、第三運癸亥、第四運甲子、と西方から北方の忌神運を巡っています。癸亥水旺運には、亥子丑北方全くし、大忌の運。続く甲子水旺運も尅洩交加の忌運です。

徐氏の言うように、〈亥運に交入するや、精神奮発、納資して納曹となりました。続く甲子運、議員となり、紅司官となりましたが、……〉などあり得るはずがないのです。

〔261〕

甲	午	大運	
戊	辰	1才己巳	31才壬申
丁	未	11才庚午	41才癸酉
壬	寅	21才辛未	51才甲戌

丁日辰月土旺に生まれる「傷官格」です。甲戊尅去、丁壬干合は不化にて壬水倍力化し、年月のほうに移動・接近。日干丁は有情となる年支午に通根し、未寅支に有気、また寅中に嫡母の甲あって生身されるため、倍力化した壬水の尅制と湿土の辰の晦火納火あるとはいえ、日干は不強不弱のやや強となります。「始終」は、辰中癸水から始まり、木火土と流れ、金が断節し、時柱で水木火土と流通します。用神は、旺強の土である食傷を洩らし、土金水と五行流通する庚と取りたいところですが、命中になく、やむなく壬とし、喜神は一応土金水、忌神木火となります。甲戊尅去が解けると、年柱甲午が日干に無情となり、また丁壬干合倍力となった貫通する壬水により湿土となり、かつ団結する旺強の戊辰と未土に洩身することとなって、日干は弱化し、喜忌が逆転します。

第一運己巳、己甲干合して甲戊尅去を解き、地支は巳火旺運で巳午未南方を全くし、日干は強くなって食傷に洩身するものの、金水への流通がなく、喜とばかりは言えない喜忌参半の傾向性ある運。

第二運庚午、庚甲尅によって甲戊解尅、また全支個有の支となり、日干丁は火旺の午にも通根して、食傷生財、財生官となる、やや喜の傾向性ある運。

第三運辛未、辛丁尅により丁壬合を解き、年月の甲戊尅去のまま、未午は合去。湿土から生じられる辛金は壬水の水源となる尅洩交加の忌の傾向性ある運。

第四運壬申、甲戊尅去のまま、申寅冲去、三壬が日干丁火を制尅するとともに、接近して年支午火をも制火し、尅洩交加の忌の傾向性ある運。

第五運癸酉、二壬一癸水が丁火を制尅するとともに、地支は全支個有の支。湿土生酉金によって五行順流することになる、食傷生財の喜象を伴う喜の傾向性ある運。

〔262〕

戊	子	大運
丙	辰	5才丁巳　45才辛酉
辛	酉	15才戊午
壬	辰	25才己未

35才庚申

辛日辰月土旺に生まれる「印綬格」です。丙辛干合して丙火倍力、日干を貫通して時干壬の尅制を受け、また湿土辰が納火することとなって、丙火の尅制は強くありません。地支は子辰水局半会、辰酉合去して、辰子接近。日干無根です。旺令の年干戊土が制水するため、「従児格」とはなりません。


日干は尅洩交加となり、弱。用神はやむなく戊と取り、喜神土金、忌神水木火となります。

第一運丁巳、月干丙火が火旺の巳に通根して、日干への攻身強化され、かつ、子辰水局半会、巳中庚金水源となって、さらに尅洩交加大なる忌運。

第二運戊午、戊壬尅去、制火する時干壬水を失い、日干への攻身甚だしく、忌大なる運。

第三運己未、大運干支己未も湿土となって化殺生身し、年干戊土は制水強化、やや喜の傾向性ある運。

第四運庚申、丙辛解合し、申子辰水局全くして水太過、大運干庚は、月干丙火に制金され、日干への幇身不及で年干戊土の通関ともなって生水する。洩身太過の忌の傾向性ある運。

第五運辛酉、丙辛解合、日干は、年干戊土より生金される金旺の酉金に通根する、喜の傾向性ある大運。

徐氏の言う、〈午運中に官吏試験に合格して微祿の官吏になりました。〉などとと言える命造ではありません。もし、一刻前の癸巳刻でしたなら、酉巳金局半会して、日干強となり、干の特性からして〝壬癸の淘洗を喜ぶ〟の癸水が時干に透出し、子辰水局半会、さらに水が流通し制土する甲木財が欲しいところ、命中にありません。辛金の干の特性からしても、用神は壬と取り、喜神水木火、忌神土金となる命です。

ですから、癸巳刻ですと、徐氏の言うように、戊午運中に〈官吏試験に合格して微祿の官吏になりました。しかし木氣不透、さらに昇進〉できなかったのです。忌の西方運には、〈甲申・辛酉運、金水の氣太旺して発展の可能性なきもの〉となるのです。

從得眞者只論從。從神又有吉和凶。〔輯要・闡微・徴義〕

《從して眞を得る者は、ただ從を論ずべし。從神にまた吉と凶あり。》

原　注

從得眞者只論從。從神又有吉合凶。〔補註〕

日主が孤立して無氣ということは、天元・地元・人元に、全く一点も生扶するものがないことで、財官甚だしく強であるなら、これを、真従とするものであります。既に従が成立するなら、従するところの神を論ずべきなのです。例えば、従財となるなら、財をもって主となし、財神が木にして旺じているなら、木の意が向かうところが、火を必要とするか、土を必要とするか、あるいはまた金を必要とするかを看るべきです。そして行運がその意向の必要とする運に巡るは吉であり、そうでない場合は凶なのであります。他の従の場合も同様です。金が尅木するのは不可でして、尅木するは財が衰えることとなるからです。

任氏増注

従象は一つではなく、財官のみを従として論ずるものではないのです。日主が孤立して無氣、四柱中に一点も、印や比劫の生扶がなく、すべてが官星であれば、従官と言い、すべてが財星であれば、これを従財と言うのです。例えば、日主が金であるとしますと、財神は木に当たり、春令に生まれ、水の生があるのを木太過と言い、火に行るのを喜びます。夏令に生まれますと、火旺で木は洩氣しますから、水が木を生じてくれることを喜ぶのです。冬令に生まれたとしますと、水多木泛となりますので、土が木を滋培することを喜ぶものであります。火をもって暖めるは吉ですが、これに反するは必ず凶です。所謂、従神に、また吉と凶がある、ということになります。なお、従旺、従強、従勢の理があり、従財、従官に較べて、なかなか判断が難しい点があります。ですから、よくよく審察しなければなりません。この四従は、諸書にはいまだかつて載せられてはおらず、私任鐵樵の初めて立説するところのものですが、実証的に確かなものであり、いい加減のものではありません。

従旺とは、四柱皆比劫で、官殺の制が一点もなく、印綬の生があって、旺の極まれるもので、その旺神に従うべきものであります。比劫・印綬の行運が吉であります。しかし、局中の印が軽ければ、食傷の行運もまた佳です。しかしながら、官殺の運に巡るは、犯旺と言いまして、凶禍立ち所に至るものですし、財星に遇うのは群劫争財、相争うこととなり、九死一生。

従強とは、日主当令して、四柱印綬重々、比劫重々とあって、一点も財星・官殺の氣がないことです。言わば、二人同心とも言うべきもので、強の極です。順じるがよろしく、逆らうは不可です。すなわち、純粋に比劫の運が吉で、印綬の運もまた佳です。しかし食傷運は、印綬に冲尅されて必ず凶ですし、財官運は、強神を怒らせますので、大凶です。

従氣とは、財・官・印綬・食傷の類を論ぜず、氣勢が木火にあるなら、木火の運に行くを要し、氣勢が金水にあるなら、金水運に行くを要し、これに反するのは必ず凶であります。

従勢とは、日主無根、四柱、財・官・食傷並旺して、その強弱を分けることができず、また日主を生扶する比劫・印なく、一神にのみ従うことができない、ただ和解あって可とします。その財・官・食傷の中で、何か独り旺じているなら、その旺ずる者の勢いに従うべきです。三者均停し、強弱が分けられないのなら、財運に行くをもって和し、食傷の氣を引通し、財官の勢いを助けることになり、吉です。官殺運は、その次によろしく、食傷運は、またその次によろしいのです。しかし、比劫・印綬の運は、必ず凶であることは、実証確かなことです。

〔263〕

戊 戌	**大運**	
丙 辰	丁巳	庚申
乙 未	戊午	辛酉
丙 戌	己未	壬戌

乙木春の土旺に生まれ、蟠根《はんこん》〔場所を占め、勢力のある根のこと〕が未と辰の余気にあり、財多身弱に似てはいるものの、四柱皆財で、その勢いには必ず従うものです。春土は氣は虚ですが、丙を得てこれを実とします。かつ火は木の秀氣、土はまた火の秀氣、三者全となし、これを洩らす金がありませんし、これをすり減らす水もないのです。

さらに運走南方火地を喜び、秀氣流行し、朝廷に出仕、大文章家として多くの文を奏上し、金の名札が掲げられ、大変名誉ある地位となりました。

〔264〕

壬 寅	**大運**	
壬 寅	癸卯	丙午
庚 寅	甲辰	丁未
戊 寅	乙巳	戊申

庚金孟春寅月に生まれ、四支皆寅、戊土寅に生ずとはいえ死、二壬が年月に透出して、庚金を引通しているのを喜とします。嫩木《どんぼく》を水が生扶していますので、従財です。秀氣流行し、運が東南に行きまして、従財するに悖らないことを喜びます。木また敷栄を得、早く科甲に及第して、仕は黄堂に至りました。

〔265〕

丙寅	**大運**	
庚寅	辛卯	乙未
壬午	壬辰	丙申
乙巳	癸巳	

壬水孟春寅月に生まれ、木当令して、火は生に逢い、一点庚金は臨絶。丙火がこれをよく煅ずることができますので、「従財格」の真なるものです。水生木、木生火、秀氣流行し、登科発甲、仕は省次官となりました。

およそ「従財格」、必ず食傷の吐秀を必要とするもので、ただ功名顕達するのみではなく、一生涯、大なる起倒凶災がないものです。

従財は最も比劫の運を忌むものですが、柱中に食傷がありますと、比劫を食傷が引化し、生財せしめるという、神妙なる働きを果たしてくれるのです。もし食傷がありませんと、書香遂げ難く、一たび比劫に逢いますと、必ず起倒刑傷があるものです。

〔266〕

丁卯	**大運**	
壬寅	辛丑	丁酉
庚午	庚子	丙申
丙戌	己亥	

庚金寅月に生まれ、支は火局を全くして、財は生殺し殺旺となり、一点も庚金を生扶するものがありません。丁壬は化木し、また火勢に従い、従象の真なるものです。中郷に榜し、知県となり、酉運、丁艱《ていかん》〔父母の喪に逢うこと。丁憂とも言います。〕。丙運仕連登しましたが、申運、過ちを犯し落職しました。

〔267〕

辛巳　大運　丁酉
辛丑　庚子　丙申
乙酉　己亥　乙未
乙酉　戊戌

乙木冬土旺に生まれ、支金局を全くし、干に二辛透り、「従殺格」の真。戊戌運、連登甲第、翰苑に入り、丁酉・丙申運、火は截脚はしますが、金得地。仕版また連登して、乙未運、金局を冲破し、木は蟠根を得て死亡しました。

〔73〕

癸卯　大運　辛亥
乙卯　甲寅　庚戌
甲寅　癸丑　己酉
乙亥　壬子

甲木仲春卯月に生まれ、支は兩卯の旺、寅の祿、亥の長生に逢い、干は乙の助、癸の印あり、旺の極です。その旺神に従う「従旺格」です。早くして、学問の道に進み、癸丑運は北方湿土、水論を作すもので、登科発甲。壬子運、印星照臨、辛亥運、金不通根、支生旺に逢い、仕は黄堂に至りましたが、一たび、庚戌運に交わるや、土金並旺、その旺神に触れ、咎を免れることできません。

〔268〕

丙午　大運　戊戌
甲午　乙未　己亥
丙午　丙申　庚子
甲午　丁酉

丙火仲夏午月に生まれ、四柱皆刃、天干並透甲丙、強旺の極です。順ずべくして、逆らうは不可。初運乙未、早く学問に進み、丙運登科、申運大病にて危険。丁運発甲し、酉運丁艱、戊戌・己運、仕途平坦、亥運旺神を犯し、軍中に死亡しました。

〔269〕

癸酉　**大運**　己未
癸亥　壬戌　戊午
庚申　辛酉　丁巳
丁亥　庚申

庚金孟冬亥月に生まれ、水勢当権、金は祿旺に逢い、時干の丁火無根。局中の氣勢金水ですから、従金水として論ずべきで、丁は病とします。その病の丁火を去らしめれば、楽自如。壬戌運、入泮、しかし服喪重々、戊土制水するに原因があります。辛酉・庚申運、登科発甲して、琴堂に出仕し、己未運、運南方に転じて火土斉來、過ちを犯して落職。戊午運、さらに破耗多く、死亡しました。

〔270〕

丙戌　**大運**　丙申
壬辰　癸巳　丁酉
癸巳　甲午　戊戌
甲寅　乙未　己亥

癸水春の土旺に生まれ、柱中財官傷、三者並旺、印星伏蔵して無氣。日主休囚にて無根、ただ官星当旺、官勢に従うべく、坐下財星、傷官の氣を引通し、甲午運に至って火局全くして、生官、雲程直上。乙未運、出仕。申・酉運、丙丁蓋頭、仕途平坦。戊戌運、仕は観察に至り、亥運幇身し、巳火を冲去して、死亡しました。所謂、弱の極なるもの益すべからず、の理であります。

〔271〕

癸酉　**大運**　辛酉
乙丑　甲子　庚申
丙申　癸亥　己未
丙申　壬戌

丙火丑月に生まれて、申に臨み、衰絶無煙、酉丑金局、月干乙凋枯無根、官星坐財、傷官は化財、金水の勢いを成すものです。癸亥運中入泮登科。辛酉・庚申運、去印生官、県令より地方長官となり、宦嚢豊厚。己未運、南方燥土、傷官が助劫して死亡しました。

徐氏補註

任氏増注は従を論じて、従旺、従強、従氣、従勢の別があるとして、その理は大変精微に説明しております。従旺、従強の看法は、すでに形象・方局篇で上文はその義が述べられております。下文は、剛柔・順逆節にその旨が述べられているものです。従食傷は順局としてその義を釈《と》いております。しかし、ここでは、従と化が並論されているのです。そして専ら、従財、従官殺を指しているという点に疑いを差し挟む余地はないものと存じます。特に重視しているのは、「真」と「仮」、その吉凶にあるのです。従には、陽干と陰干とで違う要素があることも、「陽干従氣不従勢。陰干従勢無情義。」として、説明してあります。

原注は、従を論じて、日主孤立して無氣、四柱生扶の意なし、と言っている、生扶とは、印綬を指しているのです。ですから、柱中に印綬を見るなら、決して従することはできず、印綬をもって、忌となすものであります。必ず尅洩をもって喜となすのです。ゆえに、従局には干に印綬なく、尅洩があることが、主要条件となるのです。

つまり、次のように分別して言うことができます。

1、従　氣

日主が絶地に臨んで（つまり、年月日時の支が日干の病死絶胎養の地である）、本身の氣は巳に絶して、所従の神、（財官殺）、長生・祿旺の地に臨んで、その氣、まさに張っており、四柱印綬の生扶なく、

○干に官殺が透出しているなら「従官殺」

○干に食傷が透出しているなら「従財格」の真となすものです。四柱に生扶無といえども、兀然と独立して毫も損傷ないのは、真従とは言えないのです。

2、従　勢

所従の神が、方局を成して、その勢いが極盛であって、四柱印綬の生扶なく、官殺の尅、あるいは食傷の洩あるなら、従の「真」となす。

従と化とは、本来は一格となすものです。例えば、甲己相合して、四季月に生まれ、支辰戌丑未が聚るのは、すなわち、化土。もし、春月に生まれて、支が東方を全くするとか、あるいは木局を成すのは、すなわち妻に夫が従し化す、従木です。あるいは、丙辛化水、夏月に生まれるなら、すなわち、従火。戊癸化火、冬月に生まれるなら従水（『子平四言集腋』「逐月理化表」を参閲してください）。さらに、甲己化土、土木が皆失時失地し、官殺が成方・成局し、鬼象を成しているとするのです。「神趣八法」に見る通りです。従化格局は、変化は一つではなく、ここでは、特に真仮を論ずるのみであります。

〔14〕

丁	**卯**
丙	**午**
庚	**午**
己	**卯**

上造は、虞洽郷先生の命造です。

午は沐浴の地、庚金弱といえども、その氣まさに生ず。丙丁交尅、しかして、己土透出し、官印相生していますので、従するとは言えません。ただ、身弱にして官殺太旺、印・比劫の地に行くを喜ぶのみです。

〔15〕

戊辰
甲寅
壬戌
丙午

上造は、施再邮の命造です。

寅は壬水の病地、天干尅洩交集、壬水は従することできません。ただ、年支辰水庫となり、壬水通根しますので、従象は「真」ではなく、仮従となるものです。

〔16〕

壬寅
丁未
己卯
乙亥

上造は、伍延芳の命造です。

地支亥卯未全、寅あり、方局斉來しています。乙木透出し、本氣極盛、丁壬干合化木し、その勢いに従わざる得ません。

〔17〕

癸酉
辛酉
乙丑
辛巳

上造は、許世英の命造です。

地支巳酉丑金局、二辛透出、然して癸水も透出し、化殺生身。殺旺ずとはいえ、従することはできません。ただ食傷制殺を用となすものです。


従神の吉凶は、配合の純雑にあり、格局の真仮にあり、運程の旺を助けることの是非にあります。さらに、干支の性情による場合があります。このことは『窮通寶鑑』にはこの弁別が言われていますが、本書では特別には明言されていないのです。このことは、大変重要ですから、よくよく詳細に理会・体得してください。

〔272〕

		大運
丁	未	
丙	午	1才乙巳
辛	卯	11才甲辰
甲	午	21才癸卯

辛金午月に生まれ、甲丙丁が透出し、支は、卯午未が聚まって、木火の氣は旺極、丙辛化水し火に従うもので、従象極めて真です。およそ成格・成象の造は、出身必ず富貴と言われるものですが、しかし実際は、ごく平凡な庶民の生まれです。運行辰・癸、その旺勢に逆い、美運ではありません。しかし東方の水、生命の危険さえあります。これは友人の子供の命造です。一二八の役で一旦、行っていた江湾から家へ帰って来ていたのですが、再び江湾の学園に行って、その生命を落とすこととなったのです。『窮通寶鑑』に、庚辛日夏月に生まれるは、壬癸得地を要す、木多火多で金水がないのは、金水運に必ず敗れる、とあります。つまり、木火に従するということです。夏金は食傷を用とするのは宜しいのですが、従殺は宜しくありません。金水運に逢えば、生命の危うさがあります。別の干の従殺とは違った様相があるのです。また、春季の従財とも別です。従神の吉と凶は、純雑、真仮にあるだけでなく、経験を重ねないことには知ることができません。

考玄解註

ここからは特別格局を論じているのですが、実は八格の後で、八格には入らない、日干が月令を得ている格局について論じなければならないのに、この間では省略されております。八格の格局名を言うことは、そのこの中に日干は月令を得ていないことをも示し、「月劫格」とか「建禄格」、あるいは、「陽刃格」という格局名を言うことで、日干が月令を得ていることを示す分別があるのです。この辺のところがまだ『滴天髓』では明確に理論付けられてはいなかったのかも知れません。あるいはわかってはいたが、普通格局であるなら、そうした格局を細かく言うことよりも、むしろ基礎理論よりして、「衰旺之眞機」を知り、「中和之正理」を識って、用神を定めることのほうが重要なことであるとして、省略したのかも知れません。しかし、註をする者としましては、その省略されている点を補っておかなければならないのです。

特別格局は普通格局に優先するものですから、特別格局でないもののみが普通格局となるのです。この普通格局と特別格局の分類を間違えますと、用神、喜神、忌神は正反対となりますので、この分別が正しくできない以上、命理は全く解らないことになるのです。特に特別格局の「仮」となるものがあって、この「仮」とすべきものを普通格局と誤りますと、理は全く通ぜず、事実事象と一致しないのです。相当命理の解っている人でさえも、この「仮」と普通格局を間違えることが非常に多いものです。これも整然たる理論があるもので、これは仮従のところで詳しく説明することにします。

『滴天髓』はこの後のほうで「従児格」のことを特別に別論しておりますので、ここは「従児格」以外の従格を論じているところ、と解すべきですが、しかし、その条件は、

A、日干が月令を得ていない。

B、日干が月令を得ている。

という点に大きな分別の視点があるのです。

〝日干が月令を得ていない。〟ということは、弱となる可能性があるのですから、日干があまりにも弱となったなら、その弱い日干を救助することが大変難かしくなるので、〝強い〟ものに従うことによって、良好が得られる。

〝日干が月令を得ている。〟ということは、日干が強となる可能性が大であるのですから、あまりにも強くなり過ぎたものを抑えて、中和を取るということは大変難しいこととなるので、その強くなったものに、従うことによって、良好を得る。

ということです。つまり、強に従うということで、従格ということが、実証と理論から生まれたのです。ここでもう一つ重要な条件となるものが、

◇印であり、生助である。

ということで、日干がいくら弱くなっても、印があることは、生助するものがあるのですから、従することはできない、ということになるし、また、日干がいくら強くなっても、印がない以上、生助するものがないということですから、強となる条件に反することになり、化殺生身の助がなければ、従することはできない、ということで印が強弱いずれにも係わってくるのです。

さらに、弱ということは、比劫がないということで、幇がない、ということであり、強ということは、日干を制する官殺が命中にない、という条件が重要となるのです。

以上のような理論からして、次のように解りやすく表現することができるのです。

A、日干が月令を得ていない。

(1)、財が月令を得ている。

a、印がない。

b、比劫がない。

c、財が重々とある。

d、食傷が生財する。

財が強くない官殺を生ずるなれば、「従財格」となる。

(2)、官殺が月令を得ている。

a、印がない。

b、比劫がない。

c、官殺が重々とある。

d、財が生官殺している。

食傷が制官殺していなければ、「従殺格」となる。

(3)、食傷・財・官殺いずれが月令を得ても、

a、印がない。

b、食傷が制官殺することがない。

c、食傷と財と官殺がほぼ等しい力量で、食傷生財し、財生官殺となって、食傷も財も官殺も損傷しなければ、「従勢格」となる。

B、日干が月令を得ている。

a、比劫が重々とある。

b、印が必ずあり、日干に近貼していること（ただし、天干に透出しなくても局勢により「従旺格」とする場合もあるが、比劫より太過しないこと）。

c、官殺を一点も見なければ「従旺格」となる。（私は「従強格」はない、としている。ということは、「従旺格」の条件に、さらに財があっては不成とする「従強格」に矛盾があるからです。）

というとになるのです。

これらに優先するものが「天道有寒暖」と言われれる調候です。特別格局であるから調候は不要と考えることは大誤大謬なのです。

また、二干が尅去するとか、二支が冲去、合去するのみであるなら、特別格局は成立しますが、二干二支が去となるとか、四支無根となるのは、原則として特別格局の、「真」も「仮」も不成です。

任氏増注で喜忌を言っておりますが、特別格局不成となる条件のものが忌であると考えるべき理です。ですから、「従旺格」の〈財星に遇うのは〉喜の財利こそあれ、忌となって〈群刦争財、相争うこととなり、九死一生〉などという理は成立しませんし、事実このようなことはないものです。つまり、「月劫格」「建禄格」「陽刃格」で、日干が最強となっている場合、食傷・財は必ず喜神となるもので、印が日干に近貼して透出しているような場合、官殺は閑神となることはありますが、財が忌となって、財運で〈群刦争財〉〈九死一生〉ということはないのです。「従旺格」はこれにさらに、印・比劫も喜となる、ということで、特別格局となっているのです。

〔263〕

戊	**戌**	**大運**	
丙	**辰**	1才丁巳	31才庚申
乙	**未**	11才戊午	41才辛酉
丙	**戌**	21才己未	51才壬戌
			61才癸亥

一七七八年五月一日戌刻がこの四柱で、土旺にして、立運約1才4ケ月となります。四柱に四土性支があるので、戌辰冲去とはなりません。しかし、死令とはいえ、辰中印の癸水あり、かつ辰・未中に蔵乙されておりますが、二丙に洩らし、二丙はまた生土して、辰・未・戌・戌土を生じているので、日干乙は制土の能はなく、「仮の従財格」となります。陰干従しやすし、による乙木の特性です。用神戊、喜神火土金、忌神水、閑神木となります。「従財格」の条件を再確認してください。

日干最弱ということは、印がなく、制財する比劫の陽干がないのが重要な条件となるのです。然るに本造は、辰・未中に陰干の乙がありますが、これはあまり問題ではなく、土旺ゆえ四支土性支であれば、たとえ冲となっても冲去とは見ないという戌辰があって、辰中乙癸があり、癸水が生乙すると同時に、戌中の中気の丁火を制火もしなければならないので、癸水の生乙木の作用・力は甚だしく減じ、しかも、死令の癸水では月時干の二丙を制火できません。さらに癸を用神とする普通格局としましても、癸水は土多水塞ともなれば、癸戊合去もすることになり、印の滋木の作用は全くないのですから、普通格局ともなれず、「仮の従財格」となるのです。

これまでの挙例中、仮従となるべきものを普通格局として誤っていたものが多々ありましたが、仮従について、すぐこの後に論じられています。ですから、この命は仮従のところで挙例すべき例であったのです。仮従と真従の大きな相違点は、真仮いずれも用喜忌は同じですが、大運によって真従は破格となり、破格のままの大忌の大忌となるのですが、仮従は普通格局に変化して喜忌はほぼ反対となる、という大変な相違があるのです。では仮従のほうが真従より有利であるように思われるかも知れませんが、そうとのみは言えません。一つには、喜運でも仮従のほうが真従より喜の作用が相当に減じるものですし、格局、喜忌が変化しても、その大運干支が忌となることもあり得るのです。ここで破格ということは、大忌の大忌の最たるもの、というように解してください。つまり、その干支があればこそ、その格局を成さないのですから、普通格局にも変化し得ない、ということです。格局を成せないと言うことは〝生命エネルギー〟がない、つまり、死亡の傾向性大です。

この「仮の従財格」の大運を観ますと、次のようになります。

第六運壬戌まで、一路喜用運を巡ります。第四運庚申、第五運辛酉金旺運は、原局の丙火により、庚辛金は尅傷され、湿土の辰が金旺の申、酉金を生官殺して「始終」は、また火土金と相生していることから、喜運。

ある運。

壬戌運も、戊土制壬して、壬水は二丙を尅火できず、たとえ水生木したとしても、二丙の洩十分で、喜の傾向性ある運。

第七運癸亥水旺運は、癸戊合去して「偏財格」となり、喜神水木となるも、四土が制水するので、亥中甲は湿木とならず、生二丙となり、洩身太過の忌運となって、流年の忌によっては死亡もあり得ます。

これは仮従の理の一つです。つまり、干の特性、旺相死囚休と上下・左右、「始終」、蔵干にあるのです。このことはまた、「甲申戊寅。眞爲殺印相生。」の上下の理でもあります。これを真従とするのは、『滴天髓』のここまで述べてきたことを、全く理解していないことになるのです。

もし日支が丑ですと、丑中癸水が乙木を滋木培木することになり、仮従ともなりません。

任氏の言う、〈四柱皆財で、その勢いには必ず従う〉といった単純幼稚なことから、真従とするのは大誤大謬で、ここまで論じられてきた『滴天髓』の真義をすべて否定することにさえなるのです。

〔264〕

		大運	
壬	寅		丙午
壬	寅	癸卯	丁未
庚	寅	甲辰	戊申
戊	寅	乙巳	

庚日寅月木旺に生まれ、戊寅殺印相生の四寅にて、仮従ともならぬ「偏印格」です。用神は戊、喜神土金、忌神水木、閑神火となります。

これを〈従財〉とするのは全く命理が解っていないことの証明です。

本命、印戊土が高透し、かつ日時支の寅は殺印相生、となっていることさえ忘れ、〈戊土寅に生ずとはいえ死〉であるから戊土は全く無力のように言っています。さらに〈嫩木《とんぼく》〉ではなく、月令を得て旺じている寅木を、庚金を引通して、さらに木を強化している二壬を喜とできる訳がないのです。

第一運癸卯、癸戊合去して、この運中、必死でさえあります。

〔265〕

丙寅	**大運**		甲午
庚寅	辛卯		乙未
壬午	壬辰		丙申
乙巳	癸巳		

壬日寅月木旺に生まれ、丙庚尅去、壬乙接近し、寅午火局半会して透乙しておりますので、「仮の食傷生財格」とすべきで、ここで挙例すべき例ではありません。用神は従神である丙、喜神木火土、忌神金水となります。

第二運壬辰は壬丙尅にて丙庚解尅し、壬水は制丙し、寅午火局半会および巳火は辰の湿土に晦火晦光され、湿土はまた生庚金となりますので、「食神格」となり、喜神金水、忌神木火、閑神土となる大運であり、忌の傾向性ある運です。

第六運丙申金旺・印旺運にて、また「食神格」となり、丙火尅申中庚金、しかも、寅午火局半会と巳火によって金熔の大忌の運となります。

これも仮従の一条件となる例です。つまり、印の庚があったなら、従格とはならないものを、去となり無印となっており、これが丙庚尅が解尅されると、印あることになるので、大運による格局の変化、喜忌また変化するのです。〈丙火がこれをよく煅ずることができ〉はないのです。干の特性として、庚金には丁火煅金です。

〔266〕

丁卯	大運		戊戌
壬寅	辛丑		丁酉
庚午	庚子		丙申
丙戌	己亥		

庚日寅月木旺に生まれ、丁壬干合化木して、年月干乙甲となり、寅午戌火局全くして、「仮の従財格」「仮の従殺格」の気勢ですが、「仮の従財生殺格」としたほうがよいでしょう。つまり、寅午戌火局が解けて戌の土の印が個有の支となると、「偏官格」になるからです。

第二運庚子、子午冲で、寅午戌火局全が解け、全支個有の支となり、「偏官格」に変化し、戌は湿土生金し、喜神土金、忌神水木火となる運です。

第四運戊戌、戊壬尅にて丁壬解合し、戊土は湿土となって生庚、「偏官格」と変化し、喜忌は前運の庚子運と同様となります。

第五運丁酉、金旺運、丁壬合にて丁壬解合、酉午尅と酉卯冲の情あって、酉は庚金の根となるものの、壬水が火局を制することによって、何とか火多熔金を免れている「偏官格」となるのです。

〔267〕

辛巳	大運		丁酉
辛丑	庚子		丙申
乙酉	己亥		乙未
乙酉	戊戌		

一七〇二年一月三十日酉刻および一七六二年一月十五日酉刻がこの四柱となり、それぞれ土旺、水旺生となります。一八七二年一月には乙酉日はありません。いずれの生日であるか確定できませんので、一応、土旺生として解命することにします。

乙日丑月土旺の生で、巳酉酉丑金局全以上となって、二辛透出していますので、これもまた「仮の従殺格」となるものです。つまり、金局全以上が解けて、丑が個有の支となりますと、印の癸水が日干に有情となり、従格の条件に反することになるので、仮従となるのです。用神は庚、喜神土金、忌神水木火となります。丑月生ですから、調候二丙くらい必要であるのに一丙もなく、凍土凍木、金寒水冷の下格です。金局全以上が解けて「偏官格」になると、年支巳中に調候あってやや不及なるも、水温み土暖となり、金暖となって生気あることになります。

第一運庚子、子丑合にて金局解け、全支個有の支。調候ある「偏官格」となって、喜神水木、忌神火土金となるも、庚金二酉に根あり、辛金の尅乙もあり、攻身甚だしく、木の疾患は避けられません。

第二運己亥、亥巳冲にて、丑酉金局半会が残り、亥中に壬甲あるので、「偏官格」となります。巳中にやや不及なるも調候丙火あって、徐々に健康回復していきます。

第三運戊戌、財生官殺となる喜の傾向性ある運ではあるものの、調候なく、それほどの喜とならず、

第四運丁酉、金旺運、巳酉酉酉丑金局全以上となり、やはり調候なく、それほどの喜とならず、

第五運丙申、金旺運、申巳合で丑酉金局半会が残り、巳に根ある丙火調候ではあるが、制官殺、「偏官格」となっても、水の生助なく、この運中必死となるのは、庚子運中の痼疾によるものです。「従殺格」の条件に、食傷があって、官殺を制するのは、この格にはならないのです。丁火では、この局勢にあっては制官殺不能ですが、丙火猛烈の特性によって、制官殺となるので、破格となるのです。局を成す組織構造であれば、大運の支によって局不成となる理を無視することは、命理ではありません。

〔73〕

癸 卯	**大運**	辛亥
乙 卯	甲寅	庚戌
甲 寅	癸丑	己酉
乙 亥	壬子	

甲日卯月木旺に生まれ、寅亥合は天干甲乙ですから化木して蔵干二甲二乙となり、年干癸水の印あっても、日干に近貼せず、「建禄格」か「陽刃格」です。日干旺強にして夭凶命であり、生時は疑問です。仮に、甲子刻であれば「真の従旺格」となり、用神甲、喜神水木火土、忌神金となります。第四運辛亥まで一路喜用運を巡り、順調に発展するも、第五運庚戌は、庚金は木多金缺ともなれば、湿土生庚し、日干を攻身する大忌の破格となり、凶象が続発し、この運中に流年大忌であれば、死亡もあり得ることです。この運を乗り越えることができたとしても、続く第六運己酉、真従の破格となる大忌の大忌の運。流年の忌にて死亡となるものです。

何ゆえ「従旺格」は、印があることが条件となるか、と言いますと、単に旺令のものを強化することよりも、むしろ、運歳に官殺が巡っても、よく化殺する、ということにあるのです。単に旺の極ということであれば、比劫重々だけでも、旺の極となり得るのです。しかし、生尅制化の理によって確証ある格局成立の条件がそこにあるのです。また殺旺運を大忌とするのは、「衰神冲旺旺神發」となる理と同理なのです。〈土金並旺〉と言っている庚戌運は、「衰神冲旺旺神發」とはならないのです。つまり、戌運前四年金旺運、後六年土旺運としても、干の尅でしかないし、単純計算、原局化木の寅亥をも含めてますと、55の力量、金旺の庚を仮に8として見ましても、これは木多金缺となるのみです。「以冲爲重」と言われるが、尅をもって重しとは言われないのは、干の尅は一干対一干ですが、冲の場合の蔵干の尅は必ず二干対二干となるからです。しかも子午卯酉の四正の冲は同一五行の陰陽二干の尅となるので、一干対一干の尅の比ではありません。以上により、〈その旺神に触れ、咎を免れることできません。〉と言っていることは正しいでしょうか。

〔268〕

丙午	**大運**	
甲午	戊戌	
丙午	乙未	己亥
甲午	丙申	庚子
	丁酉	

丙日午月生にて支は四午、天干二甲二丙透り、印の二甲が日干に近貼するので、「真の従旺格」です。調候壬水の水源有情なるを必要とするのに、金水全無の下格です。第二運丙申、金旺・水相令の運、破格となり、この運中、流年の忌で必死とさえなるものです。〈申運大病にて危険〉くらいで済む訳がありません。

〔269〕

癸酉	**大運**	
癸亥	己未	
庚申	壬戌	戊午
丁亥	辛酉	丁巳
	庚申	

庚日亥月水旺生の「食神格」です。調候急を要するのに無丙、金寒水冷の下格です。用神は余気の戊、喜神土、忌神水木火、閑神金。〈従金水〉などという格局はありません。調候なく、生気のない構造です。第一運壬戌、〈戊土制水〉する理はなく、申酉戌西方全です。第四運己未は、己土尅二癸水し、また生身する喜の傾向性ある運。第五運戊午、火旺運、調候運にして、また戊土制水し、助身するのに、どうして〈死亡〉でしょうか。

これは、任氏増注で言っている従気を格とする、生尅制化の理全くないものを、合理化しようとした作為の例であり、虚偽の事象でしかありません。言うところの「従気格」などの格局が成立する理はないものです。日干が極弱となり、旺気に従うのでもなければ、日干極旺となって旺気に従うのでもない以上、普通格局となるのみです。二亥中二甲が相令でもありますので、〈局中の氣勢金水です〉などではありませんし、「戊寅甲申。眞爲殺印相生。」ということからしますと、亥中甲木は生丁でもあります。そんなことより、「天道有寒暖」の調候を無視して、命理の理は成立しないことを知るべきです。「始終」も忘却してはならないのです。本造、金水木火土の「始終」あるのに、どうして「従気」でしょう。

〔270〕

丙戌	**大運**	
壬辰	癸巳	丙申
癸巳	甲午	丁酉
甲寅	乙未	戊戌
		己亥

癸日辰月木旺であろうが、土旺であろうが、丙壬尅去、戊辰冲去、透甲する「食神格」です。用神はやむなく巳中の庚しか取れません。土旺と言っていますので、水死令、〈官勢に従うべく〉とは「従官格」のことでしょうが、「従殺格」の条件、官殺重々に反し、また、二干二支が去となるのは、従格とはできないことを忘れてはなりません。

任氏の言う〈柱中財官傷、三者並旺〉ではありませんし、〈官勢に従う〉ことなどできないのは、戊辰解冲すると辰中に癸水あり、かつ、巳火は湿土辰に晦火晦光され、中気の庚が生癸水もする上に、戌中余気の辛金も生癸します。また、天干に戊己土不透で〈官勢に従う〉の理は成立しないのです。さらに、丙壬尅去して、戊辰解冲すると、甲木の傷官接近し、制官ともなるので、土の気勢は激減もするのです。

〈甲午運に至って火局全くして〉は誤りで、午寅火局半会し、戌辰解冲します。癸水至弱、〃陰干弱きを恐れず〃に加え、日干癸水は辛金の幇助あり、忌の甲が忌の土を制することから、流年によって小喜は発することがあります。

これだけ誤っている解命は、任氏が言う事象は虚偽と断ずべきです。

〔271〕

癸酉	**大運**	辛酉	
乙丑	甲子	庚申	
丙申	癸亥	己未	
丙申	壬戌		

丙日丑月に生まれ、透癸する「正官格」です。酉丑金局半会し、日時支に申金あって、財太過する身弱の命であるため、用神は丙、喜神木火、忌神土金水となります。

これも〈金水の勢いを成すもの〉と言っているのは「従氣格」のことでしょうか。絶対そのような格局はないのです。しかし〈金水の勢い〉と言いましても、天干二丙は、二申中蔵干の二庚を制金し、さらに〈酉丑金局〉の丑蔵干二辛は生癸水し、癸水は滋木し、乙が生丙し、生助された「丙火猛烈」は丑中二辛さえも尅さんとしているのに、どうして〈金水の勢いを成す〉という理がありますか。「従財格」の条件に、比劫の陽干が天干に透って制財するのは、「従財格」不成であります。

徐氏補註では、「従氣」を任氏のように考えてはおりませんが、大変不明確ですし、さらに、〈従と化とは、本來は一格となすものです。〉と言っていることは、理論的に全くの誤りです。化が成立するかしないか、という条件がまず最重要な違いです。次に、化格をなさないなら、化した日干の格局である上に、大運によって、干合が解けたなら、化す前の干の格局に変化することによって、喜神、忌神も変化する、という大きな違いが生じてもくるのです。また、「仮」の化格とすると、大運で干合が解けると、解けた干の格局に変化して、喜神、忌神も変化します。こうした違いがあるのに、これを一格とすることはできないのです。

真の化格が成立するなら、干合を解くことがない、とする点も大きな違いなのです。

〔272〕

		大運
丁	未	
丙	午	1才乙巳
辛	卯	11才甲辰
甲	午	21才癸卯

辛日午月火旺に生まれ、丙辛干合不化にて丙火倍力、未午合は化火し、蔵干二丙二丁となり、日支卯、生時甲午で、甲木は生午火し、日支卯は二午と月干丙を生火する。命中に比劫一点もなく、また印もありませんので、「真の従殺格」とするものです。しかし、調候の壬水も水源もなくては、〈丙辛化水〉の理はありません。用神丙、喜神木火、忌神土金、閑神水となります。

第一運乙巳、火旺運、巳午午未南方全以上の喜の傾向性ですが、調候壬水ないため大した喜とはならず。

第二運甲辰、晦火晦光の湿土の辰が生金し、真従であるため破格となる、大忌の運。

第三運癸卯、癸丁尅去し、卯未木局半会の情にて、未は個有の支となり、印の土あるため破格となりますが、未土は燥土不能生金となって、前運のような忌ではありません。
〈従神の吉と凶は、純雑、真仮にあるだけでなく、経験を重ねないことには知ることができません。〉
と徐氏が言っておりますが、そのようなことはなく、すべて矛盾のない理論をもって知ることができるものです。

徐氏は、従化は本来一格をなすものである、と言って反って面倒にし、「逐月理化表」を『子平四言集腋』で参照せよ、とも言い、また「神趣八法」を見るに、従化格局、変化一つではない。しかし、ここでは特に、その真仮を論じているのみである、と言っています。「逐月理化表」となりますと、「論運化氣」とか、「化氣十段錦」にも言及しなければなりませんし、李虚中の命書の「天地合徳表」をも論じなければならないので、現代命理学としての本書の主旨に反することになります。しかし、徐氏がそこまで言ってもいるのですから、「逐月理化表」、あるいは、別に、「逐月化象表」と「神趣八法」とはどういうものであるかを、次に紹介はしますが、その他は、省略します。

「神趣八法」

1、返象。『神峰通考・命理正宗』には、

「所謂値月令用神。引至時上一位爲絶之郷。謂之用而不用。皆爲返運。返之太甚。則大不吉。」

とあり、『三命通會』には、

「夫返者。乃絶處逢生之意也。且如乙庚化金、生於寅月、乃金絶地、柱中木重、而却化金、此化氣失局、故曰返象。」

と両書の言っていることが全く違います。「返」の字の解釈の違いによるのは明らかです。
2、鬼象。『神峰通考・命理正宗』には、
「秋生甲乙日、地支純金、謂之鬼象。要行鬼生旺之運則吉。怕見死絶之郷、又得身旺則不吉。」

とあり、『三命通會』では、

「鬼者殺也。乃干逢尅之意也。須明上下干支、或鬼旺身衰、或身旺鬼衰、如乙木以庚金正官、天干化合、又見辛酉七殺鬼旺。」

とあり、多少違いがありますが、「従殺格」のことです。
3、照象。『神峰通考・命理正宗』では、
「如丙辛日巳午未年月日、過時上一位卯木、謂之相照甚吉。」

とあり、一行得気格、「従旺格」「従強格」に類似してはいますが、『三命通會』の方ではまた違って、次のように言われています。

「夫照者、乃火土高明之意也。火氣高明、土愛稼穡、土在上、如覆霧庶空、火在下、若太陽漏射、此乃先晦後明之象。日干属戊。得寅午戌火局或地支午火、時干有丙、生其戊土、謂之照象、柱中不宜見水、見水土溶火滅。則福力減。」
4、伏象。『星平會海』では、

「寅午戌三合全、又値午月、壬日生、天干無丁字、壬水無根、乃取午中丁火、合壬水而伏之、所謂伏象、運至木火皆吉。只愁水旺郷不利也。」

と言われ、この無根は、金の印がないことと解すべきで、言うなれば、「従財格」のことです。しかし、単なる「従財格」よりは条件的に、厳しくなっています。『三命通會』では、

「日干不遇生旺、死絶氣多、却遇官殺太甚、尅伏其身、亦馬伏也。」

とあり、これでは「従殺格」となって、『三命通會』の鬼象、従官格となっています。

5、従象。既述の従です。しかし、この当時は、従官、従財のみを言っております。

6、化象。これは、次節の化格のことです。

7、属象。これは、従旺のことです。

8、類家。これは、専旺、一行得気格のことです。

これが、「神趣八法」と言われているものですが、この他の書にも解釈に相違するところがあります。これも煎じ詰めますと、何もいかめしく、神秘めかして、「神趣八法」などと称するほどのことはなく、もっと、すっきりした形で、従、化、一行得気等を理解すれば十分です。

次に、「逐月理化表」も、化すか、化さないかを理論的に整然とすればよいことですし、発貴とか、成形とか、金秀とか、無位とか、暗秀とか、難しい呼称は必要ないのです。そして、四柱組織・接近の上に、化と不化がいかなる変化を及ぼすかを、はっきりさせることのほうが先決です。

逐月化象表

化象＼月	丁壬化象	戊癸化象	乙庚化象	丙辛化象	甲己化象	寅午戌化象	亥卯未化象	申子辰化象	巳酉丑化象	辰戌丑未化象
寅月	化木	化火	化金	不化	不化	化火	化木	不化	破相	失地
卯月	化木	化火	化金	水氣不化	不化	化火	化木	不化	純形	小失
辰月	不化	化火	成形	化水	暗秀	化火	不化	化水	成形	無信
巳月	化木	化火	金秀	化水	無位	化火	不化	純形	成器	貧乏
午月	化木	發貴	無位	端正	不化	眞火	失地	化容	辛苦	身賤
未月	化木	不化	不化	不化	不化	不化	不化	不化	化金	化土
申月	化木	化水	化金	進秀學堂	化土	不化	成形	大貴	武勇	亦貴
酉月	不化	衰薄	進秀	就妻	不化	破家	無位	清	入化	正位
戌月	化火	化火	不化	不化	化土	化火	不化	不化	不化	正位
亥月	化木	爲火	化金	化水	化土	不化	成材	化水	破象	不化
子月	化木	化火	化金	化秀	化土	不化	化木	化水	化金	不化
丑月	不化	化火	化金	不化	化土	不化	不化	不化	不化	化土

右表をもってしては、後述の化格は全く解らなくなります。例えば、丁壬干合して、化格が成立するとして、巳・午月生であるからとて、「化火格」とは言えず、化の条件にも反することとなります。徐樂吾氏が言っているので参考のために紹介したに過ぎません。

これも余計なことかも知れませんが、任鐵樵氏が註中で、従旺、従強、従気、従勢の四従は、〈私任鐵樵の初めて立説したところのもの〉であると、〈諸書にはいまだ載せられてはおらず〉と言っていることは、実は、従旺、従勢は、「神趣八法」中で言われていることであって、確かに「従氣格」というのは言われていませんが、これは後述の、陳素庵氏が言い出した、「兩神成象」の誤解からの格で非理論的、非実証的なものです。また「従強格」というものも、理論的に矛盾があって信ずべきではないのです。

つまり、この「従強格」を任鐵樵氏が言い出したために、さらに誤解を生み、徐樂吾氏は、印が月令を得て、印重々となり、官殺を見ないものを、「従強格」などとしたため、誤りの上にさらに誤りを重ねてしまっているのです。

前にも述べましたように、従格というものは、日干が月令を得ない場合、印があっては従することはできないという、大原則があるのですから、「従印格」というものはないのです。日干が月令を得ずして、官殺があろうがなかろうが、印が重々とあり、日干が無根・無力であるなら、生まれてこないか、生まれても先天的身体障害あるもので、天凶命なのです。

しかし、日干が月令を得、官殺を見ず、比劫重々とあり、印が日干に近貼しているのは「従旺格」とすべきなのです。ですから、日干が月令を得ているなら、たとえどんなに弱くなったとしても、他に従す、従児、従財、従殺、従勢の格とはならないのです。

徐氏が、「従強格」としている例を挙げますと、いくつもありますが、その一例に、

〔A〕

		大運	
庚	辰		己丑
乙	酉	丙戌	庚寅
癸	卯	丁亥	辛卯
庚	申	戊子	

上造、孔祥熙の命造を上げ、これを「従強格」としているのですから、読者が誤って印旺令、日干不得月令を「従強格」とするのも、あるいは当然かも知れません。それに『繼善篇』の「獨水三犯庚辛、號曰體全之象。」とあるのを引き合いに出しているので、ますますその誤りを深めているのです。本造は、「従強格」ではありません。酉月の庚金分野の生まれで、光緒六年八月初七日申時、庚金旺令の時の生まれであり、日干癸水、得令していないのですから、この徐氏が言っていることと矛盾します。四柱八字の組織構造を見ますと、庚乙干合して酉月金旺の月令ですので、乙木は次のように化金します。

〔A〕′

庚	辰
辛	酉
癸	卯
庚	申

地支は辰酉合して、天干も合し、天地徳合となりますが、酉と卯は冲し、解合、解冲します。卯と申は本気は乙庚合ですが、時柱庚申は尅、六合、六冲には当たりませんから、全支個有の支です。日干癸水は、辰中の癸水には無情ですが、申中の壬水に有気となっているので、相令の水は、旺令の最強の印の生を何とか受け止め、日干次強となりますが、決して旺でもなければ、得令もしておりません。つまり、結論を言いますと、「印綬格」で、用神は申中の壬水、印太過であり、この生時が正しいかどうかは大変疑問あるところです。

この命を「従強格」としてはならない、という一例です。因みにこの組織構造ですと、喜神水のみ、忌神木火土金となり、調候のない命と言えます。

化得眞者只論化。化神還有幾般話。〔輯要・闡微・徴義・補註〕

《化が眞を得る者は、ただ化を論ずべし。化神にはまた幾般の話あり。》

原　注

例えば、甲日主、四季〔季月とか季春とか言うは、土旺四立十八天前を言います〕に生まれ、ただ一位己土が月干または時干にあるなら、甲己合となり、壬癸甲乙戊に遇わず、一辰字があるなら、化土して、化土の眞となすものです。また、丙辛干合して冬月に生まれるとか、戊癸干合して夏月に生まれるとか、乙庚干合して秋月に生まれるとか、丁壬干合して春月に生まれるとかして、辰を得てこれを運ばれるなら、眞化となすものであります。既に、化が成立するなら、化神を論ずべきです。例えば、甲己化土すれば、土は陰寒で、火氣昌旺を要するし、土が太旺であるなら、財となる水を要します。木は官であり、金は食傷となし、その向こうところに随って、その喜忌を論ずるものであります。再び運歳で甲乙を見ても、争合・妬合をなすとはしないものです。言うなれば、貞女二夫にまみえず、といったようなもので、歳運これに遇うも、皆閑神であります。

任氏増注

合化の源は、昔、黄帝が圜丘《かんきゅう》〔まるい形の丘、天子が冬至に天を祀る儀式の壇としたもの〕に天を祀り、天は十干を降ろしたので、大撓に命じて、十二支を作らせ、十干に配合せしめたのです。ですから日干を天干と言うのです。その合の由来は、天一地二天三地四天五地六天七地八天九地十の義、数によって推しますので、甲は一、乙は二、丙は三、丁は四、戊は五、己は六、庚は七、辛は八、壬は九、癸は十となります。洛書は、五は中央にあるとしますので、一が五を得れば六となりますので、甲と己は合となるとするのです。二は五を得れば、七となりますので、乙と庚は合。三は五を得れば八となりますので、丙と辛は合、四は五を得れば九となりますので、丁と壬は合、五に五を得ると十となり、戊と癸は合となるのです。合すれば化しますが、化するには五土を得て後成るものです。

五土とは辰です。辰土は春に居り、時は三陽にあり、生物の体、氣は開いて動じ、動ずれば変ずるもので、変ずるはすなわち化することです。十干の合は、五辰の位に至りますと、化氣の元神が天干で発露されます。ですから、甲己の合は、甲子から起こして五位に至りますと戊辰となって、化土、乙庚は、丙子から起こして五位に至り、庚辰に逢って化金します。丙辛は、戊子から起こし五位壬辰に至って化水。丁壬は、庚子から五位に甲辰に逢って化木。戊癸は、壬子から五位丙辰に逢って化火するのです。この相合・相化の真の源を近世伝えるもの少なく、ただ龍（辰）に逢えば化すということは知っていても、五に逢って化することを知りません。辰・龍の説は、譬えにしか過ぎず、辰を本当の龍とするなら、辰年生の人は龍であり、寅年生の人は虎であることとなって、必ず人を傷害することになります。化象の作用に至りましては、また喜忌配合の理があり、「化神還有幾般話」と言われる所以でもあるのです。化でなければ、ある神がある神を見るは喜ぶとして、一定して論じられます。化神もまた、その衰旺を究めることが必要ですし、その虚実を審らかにし、その喜忌を察するならば、吉凶を明確に知ることができ、否泰も判明します。例えば、化神が旺じて有り余るなら、化神を洩らす神を用とするのが宜しく、また化神が衰えて不足するなら、化神を生助する神を用とするのが宜しいのです。

甲己化土の場合、もし未・戌月に生まれるなら、土燥にして旺、丙丁が天干に透り、支に巳午がある、かくの如き有余するものですから、再び火土の運に行くは、必ず太過となって吉ではありません。須らく、その意向に従うべきであります。柱中水があれば、金運に行くを必要とし、柱中に金があれば、水運に行くを要し、無金無水、土勢太旺なら洩金を要し、火土過燥なれば、帯水の金運に行って潤となることを要します。丑・辰月に生まれ、土湿で弱く、火があっても虚、水本来なくとも実であるとか、干支に金水が雑っているとかするのは、不足するものがありますので、またその意の向かわんとするものに従うべきです。柱中に金あるなら、火運に行くを要しますし、柱中に水があるなら、土運に行くを要し、金水並見するなら、虚湿に過ぎますので、火を帯びた土運に行って実とすることが必要で、化神を助起するを吉とするものです。争合・妬合の説は謬論でして、既に合して化しているのですから、良き夫と良き妻のように、夫婦相和し、二心が生じないのです。甲乙が我とするなら、戊己は彼の同類で、相譲の誼《よしみ》があって、合するも化さず、佳き連れ合いとはならないのです。戊己を多く見るは、争妬が生じるし、甲乙多いのも強弱の性があります。甲己の合はこのようですから、他もこれより類推してください。

〔273〕

乙　丑
甲　申
甲　辰
己　巳

大運
癸未　己卯
壬午　戊寅
辛巳　庚辰

年月干に甲乙、申金当令し、丑中の辛金あって、制定して、争妬の風を起こしません。時干の己土は旺に臨み、日主と親しくなって合します。合神真実ですから、これを真化と言います。ただし、秋金当令していますので、洩氣に力足らず、午運に至りまして、化神を助起し、中郷に榜し、辛巳運は、金火土並旺、黄甲に登り、瓊林《せいりん》に宴し、翰苑に入り、仕は黄堂に至りました。庚辰運は、乙と合、比劫を制化して、仕は按察吏となりました。

〔274〕

戊　辰
壬　戌
甲　辰
己　巳

大運
癸亥　丁卯
甲子　戊辰
乙丑　丙寅

甲木、秋の土旺に生まれ、戊壬尅去、また比劫なく、合神さらに真となり、化氣有余。惜しむらくは東北水木の地を走って、功名仕路、前造には及びません。丑運に至って、丁酉年、暗会金局して、化神を洩らして吐秀、登科。戊戌年、発甲して、仕は州長官となりました。

〔275〕

己　卯
丁　卯
壬　午
甲　辰

大運
丙寅　壬戌
乙丑　辛酉
甲子　癸亥

壬水仲春に生まれ、化象は斯くの如く真。最も喜ぶのは甲木元神透露し、化氣有余しています。余るは洩らすが宜しく、化神の吐秀となるのです。ですから、日支午を喜び、午は辰土を生じ、秀氣流行しています。かくして、少年にして翰苑に名高くなりましたが、惜しいかな中運水旺の地、その才よく発揮できずして、県官吏で終わりました。

〔276〕

己　卯　**大運**　癸亥

丁　卯　丙寅　壬戌

壬　午　乙丑　辛酉

癸　卯　甲子

この命造は、前の命造とただ一卯字を換えただけで、化象さらに真ですし、化神さらに有余ありますが、時干の癸水を嫌い、比劫争財となります。年干の己土、遠隔で無根、癸水を尅去することはできません。午火も流行できません。この癸水はよいところを奪うものです。中郷に榜しましたが、出仕することはできませんでした。

〔277〕

丙　戌　**大運**　壬寅

戊　戌　己亥　癸卯

癸　巳　庚子　甲辰

壬　戌　辛丑

癸水、秋の季月に生まれ、丙火透出し、通根しています。化火の真なるものです。時干に壬水が透っているを嫌います。壬水尅丙するからです。ただ、中郷に榜、卯運に至って壬水絶地、知県に抜擢され、三任を歴しましたが、それ以上出世することはできませんでした。また、壬水奪財のゆえです。

徐氏補註

化と従とは相似しております。化氣の神は必ず、乗旺乗令していなければなりません。日干の氣勢衰絶しているなら、相合して化すものですが、さらに辰がなければならないのです。五運遁干して辰に至りますと、必ず化氣の元神の地となるのです。例えば、甲己化土は、遁干し辰に至って、必ず戊辰となり、乙庚化金は、遁干して辰に至って、必ず庚辰となり、逢龍而運、と名付けられ、化氣元神の地であります。原注に、甲日、四季月に生まれ、ただ一点己土が月時上にあって合し、壬癸甲乙戊己〔原注には己が入っていませんが、間違いではありません。しかし前文に、単透己土、とありますので余分は余分でしょう。〕に遇わず、辰字あれば、化の真となす、と言っています。これを整理すると、

1、月時の干と相合し、年干と日干は遠隔であるため合化できません。

2、壬癸は印綬、甲乙は比劫、共に見るは不可。己土をまた見るは争合となし、不可となす。もし戊土が化神を幇助するなら、辰を見るは必ず戊字に遇いますので、化氣元神で、忌まぬどころか、喜とするのです。と、言うことになります。

従格は、従神を用神となすものです。それと同様、化格は、化氣の神を生ずるものを用神とし、真仮を論じません。化氣旺盛に過ぎるような場合は、洩もまた用とできます。しかし、こういうことは大変少ないものです。尅抑は絶対に用とはできません。つまり、従化は全局の氣勢一方に偏っているのですから、その氣勢に順ずるべきなのです。旺に過ぎ用を洩らすは、その性情を引くものでして、決してその旺盛に逆らって尅を用とすることはできないのです。化神の忌むところは、その旺勢に逆らうものをもって重しとします。還原するのは大忌ではありません。例えば、甲己化土するに、甲乙・寅卯の運に行くは、還原することですから、忌ではありません。土旺の氣に逆らうのを忌とするのです。乙庚化金、甲乙・寅卯を忌まず、丙丁・巳午を忌むものです。丙辛化水、戊土を見るを忌み、丁壬化木、庚金を見るを忌み、戊癸化火、壬癸を見るを忌むその理は一であります。ですか

ら、原注で、例えば甲己化土し、原局で化合大変に真であるなら、歳運で再び甲あるいは己に遇うは、貞女二夫にまみえずの如く、これによって破格とはならないのです。しかし、原局で一己二甲の如くは、氣勢雑乱しているので、どうして化合できましょうか。任氏増注にも言われていることで、今さら多言を必要としないところです。化神は必ずともに旺地に行くべきであり、旺運の相助がなければ、平凡なものです。以下に実例を挙げます。

〔278〕

丁巳	**大運**		
丁未	19才己酉	49才壬子	
壬寅	29才庚戌	59才癸丑	
壬寅	39才辛亥		

上造は女命です。丁壬化木甚だ真ですが、惜しむらくは未月に生まれ、化氣失時、柱中に辰字なく、木氣枯燥、印の潤沢を喜びます。酉・庚運に尅夫、亥・壬子・癸運の二十年間に、印綬得地して、一婦女でありながら、数十万の富を得ました。これは私徐樂吾の親族の命で、詳しく知っております。

〔279〕

丁未	**大運**	
甲辰	8才癸卯	38才庚子
己酉	18才壬寅	
戊辰	28才辛丑	

甲己化土です。辰月の土旺に生まれ、生時戊辰、元神透露、年干に丁火の化神を生助するものありまして、格局さらに真となります。ただ支に辰酉合金を見、化神を暗洩していますので、外強中弱、丁火をもって用神とします。然るに、運行癸卯・壬運、戊土回尅あり、酉金回沖、凶に逢って解くこと

ができます。原來の格局大変高いので、欣々向栄の象があり、寅運に至って、土の旺氣に逆らい、原局解救の神なく、全く振るわず、辛丑・庚子運、洩土の氣、救うことできません。本造そのものは佳造なのですが、南方火土の助なく、大した発展もないものです。これもまた、私徐樂吾の親族の命で、よく知っているものです。

以上兩造、皆化氣の真なるもので、仮化に比すべきものではありません。しかし、その中に皆欠点がありまます。ですから、同じように、成格・成局したとしましても、自ずと高低の別、吉凶の別があって、変化多端、普通格局の八格と同様で、富貴を一概に論じてはいけないものです。ですから、「化神還有幾般話。」と言われているのです。

考玄解註

前の「從得眞者只論從。」は、「従」の条件に合うなれば、ただ「従」として論ずる、ということで、従格としてその喜忌を論じることですが、ここで「化得眞者只論化。」とあることは、化の条件に合致するなら、「化」とはするが、ただその化したものとして見るだけで、必ずしも化格として見るものとは限らないので、「還有幾般話」、色々話さなければならないことがある、つまり、格局として化格となるものと、化した日干からの「八格」として見なければならないこともある、と解すべきが真義なのです。何ゆえに『滴天髓』の作者が「還」をあえて、還って、と言ったのか、「幾般」と言ったのかの真の義を、原注者も、任氏も徐氏も正しく理解していないのです。つまり、化した日干はその理論よりして、月令を得ているものであるから、「従旺格」

となるものの、つまり、「化」の「従旺格」となる「従得眞者只論從。」となることがある、ということを含めて言っていることが理解できていないのです。この二重構造論が解ってはいなかったことも、『滴天髓』の作者と原注者が同一人物ではない、という証明にもなります。

さらに、「化神還有幾般話。」の先には、解合してもとの干となるか、解合しないか、ということもよく話して、理解しなければならない、ということも含まれているのです。こうした複雑な二重構造をも理論的に解明していくことにします。

まずその前に、重要な「化」ということですが、その理論は大変面倒な理論となるのです。簡単に言いますと、陰陽の合があるということにその始まりがあり、五行の尅は陽対陽、陰対陰が尅となることであるが、五行の尅であるからと言って、これを陽対陰も尅とすることは理論的矛盾となる、だからこれを尅という表現ではなく、合という表現としたのです。もともと陰陽は一つが分かれて陰陽となったものであるから、合は一つに戻るものではないが、そこに何らかの変化がなければならない、ゆえに変化することもあれば、変化しようとしても、変化することができず、尅去となることと同じように、去となることで変化することもある。変化するもとの干が変化する、という条件は、月令の旺にある、としたのが、合化の理なのです。ではまず何に化するかですが、

甲・己年は必ず、戊辰月となる。

乙・庚年は必ず、庚辰月となる。

丙・辛年は必ず、壬辰月となる。

丁・壬年は必ず、甲辰月となる。

戊・癸年は必ず、丙辰月となる。


となることからして、化する条件が十分であるなら、
甲己干合して、干合の情が専一であれば、化土して甲は戊となる、己は土であるからそのまま。

乙庚干合は化金して、庚はそのままであるが、乙は辛となる。

丙辛干合は化水して、丙は壬となり、辛は癸となる。

丁壬干合は化木して、丁は乙となり、壬は甲となる。

戊癸干合は化火して、戊は丙となり、癸は丁となる。


となる理で、その化の条件は、化する五行が必ず旺令である、という理に展開されていったのです。〃五辰において化す〃とは、化する条件として、辰がなければ化さない、ということではないのです。この理論を多くの人は誤解して、辰があれば化す、としたのです。つまり、化ということは、

甲己干合の情が専一であって、辰・戌・未・丑月の土旺であれば、化土する。

乙庚干合の情が専一であって、金旺月であれば化金する（戌月金旺も同じ）。

丙辛干合の情が専一であって、水旺月であれば化水する（丑月水旺も同じ）。

丁壬干合の情が専一であって、木旺月であれば化木する（辰月木旺も同じ）。

戊癸干合の情が専一であって、火旺月であれば化火する（未月火旺も同じ）。

ということになるのです。そして、化する月でないなら、尅去と同じように合去する、ということも、そこに変化が生ずるということになるのです。しかし、日干の場合は尅去はしないものの、合化しないなら、日干でない干は倍力に変化することで、合があることとしての変化とするのです。倍力となる理は、妬合と同じであることによるものです。これが倍力にならないとすると、合はないという矛盾が生ずるのです。

これが、私の考える合化の簡単な理論です。

次が格局の選定です。化した日干は月令を得ているのですから、官殺を一点も見ないなら、これを「従旺格」としないで、「化木格」「化火格」「化土格」「化金格」「化水格」とするということになるのです。

官殺があって、化格とならないなら、化した日干から見た八格となって、用喜忌の取用は普通格局と同じとする。しかし、大運は〝生命エネルギー〟の自変作用であるので、大運干で干合が解けた場合、化する前の干からの八格に変わり自変し、喜神、忌神も変化する。

というようになるのです。

しかし、二重構造によって、「真の化格」となっている場合は、大運干でも流年干でも干合を解くことはない。

しかしながら、「仮」の化格である場合、大運による格局の変化も二重構造となる。つまり、干合が解けた場合の格局は、普通格局の八格となるのです。

これだけ面倒なことがあるので、「化神還有幾般話。」と言っているのです。さらに用神の取用も、従格の場合は、従神をもってすればよいのですが、化格の場合は必ずしも、化神をもって用神とする、とは限らないのです。それは化格の条件に、比劫重々、印を見るという条件は必要ないからです。もちろん、天道である調候を無視してはならないのです。

以上のことを、理論として正しく理解しましたなら、格局の選定を誤ることはないものです。しかし、任氏や徐氏はこのような矛盾のない整然とした理が解し得なかったのでしょう。その挙例の解命は、多くの誤りを犯しているのです。

〔273〕

		大運		
乙	**丑**		庚辰	
甲	**申**	癸未	己卯	
甲	**辰**	壬午	戊寅	
己	**巳**	辛巳		

〈時干の己土は旺に臨み〉〈これを真化と言います。〉とあるのはすべて誤りで、原注で言っている、化土の条件を否定していることにもなります。化土の理など全くありません。

甲日申月金旺に生まれ、透己する「正財格」か「偏財格」です。甲己干合金旺月ですから、不化にて己土倍力化し、調候丙火巳中にあり、月干甲は幇身と制土、申中殺印相生して、月干甲の幇身有情となりますが、日干無根で弱となり、用神は滋木培木の癸、喜神水木、忌神火土金となります。
第一運癸未、未丑冲去し、用神癸水が大運干に透り、喜の傾向性。
第二運壬午、壬水が洩身の火を制して、やや喜の傾向性。
第三運辛巳、辛乙尅去し、火旺の洩の忌の傾向性。
第四運庚辰、湿土生庚、大運干の庚は金旺の申に根あって、攻身の大忌。
第五運己卯、やや喜の傾向性。
第六運戊寅、寅申冲去し、財の忌大。
任氏の解命は誤りで、格局を〈真化〉などとしたことからの事象は、すべて虚偽です。

〔274〕

戊	**辰**	**大運**	丙寅
壬	**戌**	癸亥	丁卯
甲	**辰**	甲子	戊辰
己	**巳**	乙丑	

甲日戊月金旺の生まれですと、甲己干合しても化土せず、「偏財格」となります。戌月土旺ですと化土し、日干は戊に変わります。戊壬尅去し、支は二辰一戌両冲の情不専で、全支個有の支。調候巳中にあり、甲乙の官殺が天干になく、寅・卯支もありませんので、「真の化土格」となります。比劫重々とあり、印がありますので、「従旺格」的となり、用神戊、喜神火土金水、忌神木となります。

第四運丙寅、木旺運、偏官が旺ずる破格の大運にて、大忌の大忌となります。

これを次のような命としますと、

〔274〕′
戊　辰
壬　戌（土旺）
戊　辰
己　巳

上造の格局は「従旺格」の真となるもので、丙寅運は破格の大凶運となる理です。甲子運も破格、乙丑運は破格とはなりませんが、忌運ではあります。（ただし、戊日には己巳刻なく、丁巳刻か己未刻となります）。

〔275〕
己　卯　**大運**
丁　卯　丙寅　壬戌
壬　午　乙丑　辛酉
甲　辰　甲子　癸亥

壬日卯月木旺に生まれ、丁壬干合、木旺ゆえ化木し、日干壬は甲に、月干丁は乙へと変化します。庚辛・申酉の官殺を見ない「化木格」の真なるものです。

これは「化木格」にして、「従旺格」的とはなりませんが、用神甲、喜神水木火土、忌神金となります。

一路喜用運を巡って、発展向上となりますが、第六運辛酉、金旺の官殺旺じる運に至り、破格の大忌となります。

化格の条件は、官殺を見ない、ということですから、八格でもない、「建禄格」「月劫格」「陽刃格」も、印を忌とすることは理論的に誤りなのです。

〔276〕

己　卯　　**大運**

丁　卯　　丙寅　　壬戌

壬　午　　乙丑　　辛酉

癸　卯　　甲子

壬日卯月木旺に生まれ、丁壬干合化木し、壬は甲に丁は乙に変化します。殺一点もない「化木格」の真なるものです。用神甲、喜神水木火土、忌神金となります。一路喜用運を巡り、発展向上する命運です。〈時干の癸水を嫌い〉も〈比劫争財となります。〉も誤りです。

〔277〕

丙　戌　　**大運**

戊　戌　　己亥　　壬寅

癸　巳　　庚子　　癸卯

壬　戌　　辛丑　　甲辰

乙巳

癸日戊月金旺の生まれであろうが、土旺の生まれであろうが、戊癸干合して化火の理はありません。〈秋の季月に生まれ〉と言っているのですから、「正官格」となるのに、調候丙火年干に透り、日支巳火、生時壬戌にて、湿土生辛する印の根があり、生壬癸となっているので、従することはできないのです。化火の理なく、〈壬水剋丙〉もなく、用神やむなくの辛、戊癸干合して不化倍力化、喜神金水、忌神木火土となります。陰干弱きを恐れずです。

第一運己亥、亥巳冲去し、月支戌が接近して、時干壬水によって湿土となり、生辛するやや喜の傾向性。

第二運庚子、庚丙剋去し、接近して湿土生金、水旺の喜の傾向性。

第三運辛丑、辛丙合（水旺運の前四年は化水、土旺運は合去）となる喜の傾向性。

第四運壬寅、やや忌の傾向性。

第五運癸卯、さらに洩身する木旺の忌運。

第六運甲辰、甲戊尅にて戊癸干合を解くとともに疏土し、洩身のやや忌の傾向性。
第七運乙巳、大忌の運となります。
任氏は、戊癸干合、化火しないのに、化火するとしての事象ですので、全く虚偽です。

〔278〕

丁　巳	**大運**		38才辛亥
丁　未	8才戊申		48才壬子
壬　寅	18才己酉		58才癸丑
壬　寅	28才庚戌		

一八五七年七月十三日寅刻がこの四柱で、立運約8才となります。壬日未月火旺生まれの女命で、時干に透壬し、二壬団結しても、二寅あり、丁壬干合不化にて、丁火倍力化し、時干壬水は制火に向かわず、また、年支巳に無情・無力とはいえ、印の庚金がありますので、「仮の従食傷生財格」となります。〈丁壬化木甚だ真〉は誤りです。用神丙、喜神は木火土、忌神は金水となります。〈酉・庚運に尅夫〉と言っておりますが、夫は夫の命によって死亡したもので、この女命が尅したのではありません。第四運辛亥以降、よく財利を得たのは、水旺運にして、身旺任財となるからで、「化木の喜」ではありません。

〔279〕

丁　未	**大運**		38才庚子
甲　辰	8才癸卯		
己　酉	18才壬寅		
戊　辰	28才辛丑		

己日辰月土旺に生まれ、甲己干合化土し、月干は戊土に変化し、他に甲乙も寅卯もありませんが、日干に印が近貼していませんので、「従旺格」ではなく、「月劫格」です。用神庚、喜神金水木、忌神火土となります。第一運癸卯、第二運壬寅、

喜の傾向性ある運。徐氏が言っている事象ですと、干合の情不専の甲子刻、乙丑刻、癸酉刻、甲戌刻、乙亥刻のいずれかです。また、一刻前の丁卯刻ですと、甲己干合化土して、卯の官殺あるので、「従旺格」とはならず、「月劫格」となり、日干強で、用神庚、喜神金水木、忌神火土となるので、〈全く振るわず〉とはならず、丁卯刻生ではない、ということになります。

眞従之象有幾人。假従亦可發其身。〔闡微・徴義〕

《眞従の象や幾人かあらん。假従もまたその身を發すべし。》

眞従之家有幾人。假従亦可發其身。〔輯要・補註〕

原　注

日主弱く、財官強くして、従さない訳にはいかないものの、原局中に比助暗生するものがあって、真従とはならない場合でも、歳運で財官が得地するなら、仮従といえども、また富貴となるものです。ただし、その人は禍を免れることはできません。あるいは心構えが正しくないものです。

任氏増注

仮従とは、例えば人が根性がなく力が弱くして、よく自立できないのに似ていて、局中に劫印があったとしても、自ら顧みる暇もなく、日主がそれを頼みにできないようであれば、強いものに従わざる得ない、そういった局勢を、真従ではなく、仮従と言うのです。その象も一つではありませんし、財官のみに従するものでもなく、真従の場合と大同小異であります。

四柱中財官が得時当令し、日主虚弱で無氣、たとえ比劫、印綬の生扶ありとしても柱中食神生財し、財が破印し、あるいは官星が制劫していて、日主依る辺ないようであるなら、財の勢い旺ずるなら、従財とし、官の勢いが旺ずるなら、従官とすべきです。従財は、食傷財旺地に行くとか、従官にして財官の旺郷に行くとかするなら、またよくその身を発栄できるものです。その意向を見究め、その行運が良好なれば美で、仮従の行運安頓であるを要し、真運に行くなれば、富貴となるものです。どういうことを真運というかと言いますと、例えば、仮の従財で、比劫分争あるに、官殺運にて制劫するは必ず貴ですし、食傷運に行って、洩身生財するは必ず富です。印綬が暗生するなら、財運に行くを要し、官殺あって洩財の氣あるなら、食傷運に行くを要する。または、「仮の従官殺格」で、比劫幇身あるなら、官運に逢って名高くなり、食傷あって破官するなら、財運に行って祿位高くなり、印綬があって洩官するなら、財運に行って破印するを要する。これらの行運を真運と言うのです。仮従にして真運に行くは、貴ならざれば富。真運に反するは凶です。あるいは趨勢《すうせい》、義を忘れ、心構えが正しくない、ということです。

もし歳運が悖らず、「仮」を抑え、「真」を扶けるならば、たとえその生まれ貧しくとも、必ず起こって家名を上げますし、行為また必ず正しいものです。これすなわち、「源濁流清」、原局の先天命悪くとも、後天運清くして喜神運を行くの象とするものです。宜しく、これを深く究めてください。

〔280〕

癸	巳	大運		
乙	卯	甲寅	庚戌	辛亥
己	亥	癸丑	己酉	
癸	酉	壬子		

春土ですから虚脱しており、殺勢当権、財は旺支に遇い、巳亥冲となって破印するを喜び、格は「棄命従殺格」となります。しかし、卯酉冲殺、巳酉金局半会し、真従をなさず、仮従となるものです。出身寒微で、妙とするのは、亥水を隔てているところにあります。源濁流清ですから、よく奮起して家名を上げ、早く入泮し、壬子運中、科甲連登し、中書より黄堂に入り、観察に抜擢されました。辛亥運、金虚水実、相生悖らず、仕途平坦。将來、庚戌運、土金並旺しますので、水木両傷して、恐らく意外の風波免れないと思います。

〔281〕

丁	丑	大運	戊戌
壬	寅	辛丑	丁酉
丙	申	庚子	丙申
壬	辰	己亥	

丙火初春に生まれ、火虚木嫩、嫩木逢金、緊貼して相冲し、連根抜尽。申金は、また、辰土の生扶を得て、殺勢ますます旺じ、「従殺格」を成して、用財さらに妙とし、年支丑土は、生金晦火するものです。ゆえに官吏の家に生まれ、早く科甲に登り、運西北金水地を行く、仕は観察に至り、土運に逢っても金を見て土を化し、険阻ない所以であります。

〔282〕

乙卯　**大運**
己卯　戊寅　甲戌　乙亥
戊辰　丁丑　癸酉
癸亥　丙子

戊土仲春生、木当権、戊土辰に坐し、辰は蓄水養木、四柱全く金氣ありません。また亥時で、水旺生木し、火をもって生化することもありません。「従官格」の「仮」とするもので、身衰として普通格局とするものではありません。科甲出身ではありませんが、運走丙子・乙亥、連登仕路、位は封疆に至りましたが、癸酉運に落職し、その後、死亡しました。

〔283〕

丁卯　**大運**
丙寅　乙丑　辛酉　壬戌
辛亥　甲子　庚申
庚寅　癸亥

辛金孟春に生まれ、天干丙丁庚辛、陰陽相尅し、金は絶地、火は生地の寅木当令、日時寅亥化木し、「仮の従殺格」となります。運走水地、生木助火して、ひとつも凶とするところなく、連登甲榜、県官吏から郡守に至り、三子を生み、皆秀才で発越しました。

〔284〕

癸亥　**大運**
乙卯　甲寅　辛亥
己未　癸丑　庚戌
丁卯　壬子　己酉

己土仲春に生まれ、春木当令している木局を成し、時干丁火、年上の癸水の尅去するところで、未土また木局に会して、従さない訳には行きません。科甲出身、仕は観察に至りました。

徐氏補註

〔徐氏補註は、仮従と仮化をまとめて、補註しておりますが、一応、仮従として論じているところのみを次に掲げます。〕

日主孤弱で、財官強旺であるなら、従さない訳にはいかないものですが、日主に微根あるとか、あるいは印の生助があるとかする場合、これを仮従とするものです。従財で食傷不透、あるいは、柱中比劫を見るとか、従官殺にして、官殺不透、あるいは柱中に食傷を見るとかする場合も、また、仮従とするものです。これら任氏増注に詳しく言われていますので、多言を要しないと存じます。大体、格局が純粋で真であるものは、出身・地位は自ずから高く、従化旺郷の地に行きますと、飛躍発展目覚ましいものですが、尋常の運とて、大した発展はないとはいえ、その地位から失墜することはないものです。ただ、旺氣に逆らう運にさえ行かなければ、失敗の慮《おもんばか》りはないものです。しかしそれとて、原局の格局の高低によって、相違はあるものです。ですから、純粋ではなく、仮と取らざるを得ないような場合、旺郷に行くなれば、真化の別はなく、一様に富貴となりますものの、その順運に交わる以前は、必ず寒素ですし、運が過ぎますと、元來の状況に戻るものであります。

〔285〕

	大運	
壬　午	45才辛亥	
丙　午	15才戊申	55才壬子
癸　巳	25才己酉	
甲　寅	35才庚戌	

上造は、浙西の劉某氏の命です。壬癸無根で、午月火旺に生まれ、丙火透干、時甲寅、洩水生火、「従財格」の「真」となるもので、癸巳は、天地相合、壬は午中の丁火と相合、氣勢純粋です。ですから、戊申・己酉・庚などの運は、癸水を

生助し、火の氣を洩らし、依然として、安富尊栄、一点も害となるところありませんでしたし、戌運は寅午戌火局、一生中の最も活動の時です。亥・壬子運に至るや、火の旺勢に逆らうこととなって、一落千丈となりはしたものの、助くるもの多くして、容易には亡びません。すなわち、原來の格局純粋で、しかも真従であるからです。

〔286〕

己	巳	**大運**
癸	酉	26才庚午　56才丁卯
乙	丑	36才己巳
甲	申	46才戊辰

これは、呉星垣の命造で、仮従であります。前出の許世英の造〔『滴天髄真義 巻一』〔17〕は、癸水透出して、化殺生身し、不従ですが、本造は、さらに一甲が多く、ちょっと従し難いのです。しかし、許造は、癸水無傷であるのに、本造は己土貼身相剋し、甲木時干にあって、制財護印することができず、甲乙は皆無根、巳酉丑三合金局を成して、時支申、従殺とならない訳にはいかないのです。己土よく制癸するものの、制の力のなきを嫌い、癸水は通根。ですから、「仮の従殺格」となるのです。戊土を見れば、真従となります。運行南方、金の旺氣に逆らい、商業を営むも失敗し、幾度か破産、戊辰運十年、一躍にして数十万の富を作って、丁運に入って死亡しました。

「眞從之象有幾人」とある原文について、原注も任氏増注も徐氏補註も全く触れていません。これは文字通り、

〝真の従格となる命はそんなに多いものではなく、むしろ大変少ないものである。〟

と解すればよいとして、誰もこれについて註をしていないのです。『滴天髓』の作者ともあろう人が、至極当たり前なことを言うために、貴重な七文字を費やしているのではないのです。

『滴天髓』の作者は「斷人禍福與災祥」とも、

〝真従となるものは大変少ない上に、富貴、長寿となる者は誠に少ないことを知るべきなのです。〟

と言わんとしているのが、その真義なのです。

その理由は、

○大運忌神運を巡る。

○調候必要であるのに調候がないことによって、従格となることが多い。

という点にあるのです。特に、この調候という点になってきますと、

○火旺の日干火で、「従旺格」の「真」を成すものは、壬癸水の官殺があると、「従旺格」不成ですから、官殺なく、「真の従旺格」は、火炎土焦、焦土不能生金となるので、金の財利に難がある。

○また、金旺月に生まれ、官殺なく、日干金である場合、「真の従旺格」を成すものであるが、調候丙火がないことによって、池塘氷結、金寒水冷となって、生気がない下格となる。

○三秋に生まれて、調候丙火のない、「従児格」「従財格」「従勢格」等はすべて下格となる。
○三冬に生まれて、調候丙火のない従格は下格である。
○土性支月に生まれて、辰月以外の調候のない、従格も同様に下格となる。

ということになるのですから、真従も下格が多いことにもなるのです。

このことは、化格においても同様で、後述する「一行得気格」におきましても同じことなのです。

次の「假従亦可發其身」については註がされ、色々多くのことが言われておりますが、これを誰一人として理論的に説明していないのです。つまり、従格となる条件のうち、

◇日干が月令を得ない従格
○印があって、従することができるか、できないか。
○比劫があって、従することができるか、できないか。
○食傷と官殺が尅傷しあって、従することができるか、できないか。

を迷う場合があります。また、

◇日干が月令を得る従格
官殺があるため、「従旺格」とすべきか否か。を迷うような場合がありますが、

1、干の特性。
2、その条件に反するもののある位置。

3、剋去、冲去している。
4、条件に反するものが、局を成して、蔵干が変化している。
5、四柱組織・構造の有り様。
以上のような視点により、仮従と分類することになるのです。

さらに重要なことは、仮従は大運によって格局が変化し、
(1)、真従となる。
(2)、普通格局となる。
という変化が起きるということです。真従となる場合は喜忌は変わりませんが、普通格局となった場合は、喜忌が変化する理です。

このような「真」と「仮」があることの作用の違いは、運歳によって「仮」よりも「真」のほうが良好となる場合と、「仮」であっても、喜用の運が長く続くようなら、「可發其身」となる場合を示しているのです。

〔280〕

癸　巳
乙　卯
己　亥
癸　酉

大運

	辛亥	
甲寅	庚戌	
癸丑	己酉	
壬子		

己日卯月木旺・土死令の生まれで、卯亥木局半会して年時干に二癸透り、印の巳火が年支にあって、日干に無情な印となっておりますので、命の構造上から、「仮の従殺格」とするものです。

食傷の酉金に日干は生金しなければなりませんが、生金された酉は

亥中蔵干旺令の二甲を制木し切れませんし、この二甲は、時干の癸水から生甲もされているため、金生水、水生木となるものです。

大運一路、喜用の運を巡り、「可發其身」となるものです。

原局における〈巳亥冲〉などの理はありません。任氏の言っている仮従となる条件、全く理解できません。またこの原局では〈源濁流清〉などと言うべきではなく、「始終」を言うべきです。つまり、年月柱で金水木火と流通しても、年支巳火であり、月柱の木より火へと流通せず、日時柱で土金水となっていると見るべきですし、そう言うべきなのです。

「源」「流」につきましては後述します。

また、〈将来、庚戌運、土金並旺しますので、水木兩傷して、恐らく意外の風波免れないと思います。〉と言っていることも誤りなのです。

第五運庚戌、前金旺四年、後土旺六年で、戌卯合の情あって卯亥木局半会は解け、全支個有の支となることによって、庚辛金が癸・亥水へと流通し、水は生木するし、戌中辛金は天干の二癸を生水することになり、土金水木と五行流通、反って良好となります。

第六運己酉、金旺運でも、大運干は旺令の乙木の制する己土、酉金は、原局卯亥木局半会あって、冲去となることもなく、巳中丙火の尅するところであり、酉はさらに、二癸を生水もするので、この運も、土金水木と流通して、忌となることなど全くないのです。

〔281〕

丁　丑　大運　戊戌
壬　寅　辛丑　丁酉
丙　申　庚子　丙申
壬　辰　己亥

丙日寅月木旺・火相令に生まれ、天干は結果として、丁壬干合化木して、丁は乙となり、壬は甲となる、印旺生ですので、仮従とはできないのです。つまり、たとえ日干がどんなに弱となっても、印旺であれば不従の理となるのです。しかも、丁壬干合して木旺化木し、化木した甲が月干にあるのです。さらに、寅申沖去しても、辰は木旺の乙木・印がまた生丙火もするのに、どこをどう押せば〈従殺格〉などとできましょうか。前に化と言っているのに、丁壬干合化木の理を忘れてしまったのでしょうか。つまり、丁壬の合は、壬丙の尅でいったん尅合ないものとなるものの、丙は再び壬と尅の情専一となるので、丁壬の合を喚起して、合の情専一となり、当然、木旺ゆえ化木することになる、といった整然たる理があるのです。

従格不成となる印が旺じているのに、〈従殺〉などというのは不合理です。

〔282〕

乙　卯　大運　乙亥
己　卯　戊寅　甲戌
戊　辰　丁丑　癸酉
癸　亥　丙子

戊日卯月木旺に生まれ、乙己尅去、戊癸干合して癸水倍力化し、日支は辰に坐していますので、従することなどできず、「偏官格」か「正官格」です。最も密接な日支に比劫の根があっては、仮従とさえなりません。「上下貴乎情協」を忘れてはならないのです。亥中に戊土がありましても、この戊土のために、仮従とできないのではないのです。甲が寅に坐す、庚が申に坐すのを往時「専祿」とさえ言っていたのですから、これによりますと、実は戊土が辰に坐すのも、戌に坐すのも、「専祿」ですから、いくら日干弱となっても、仮従とすべきではないのです。普通格局の用喜忌と仮従の用喜忌はほとんど正反対になるので、初歩的ミスである格局の分類を間違えての事象は、虚偽ということになるのです。

さらに、仮従であるなら、大運による格局の変化があります。つまり、「仮」となっている条件がさらに強くなれば、原局において従することはできないものです。普通格局に変化するからこそ、「仮」と言われている、という理がわかっていないようです。真従は絶対に普通格局とならず、ただ破格となり、大忌、場合によっては死亡さえあるものです。仮従も真従と同様に破格となるとでも考えているのでしょうか。

仮に仮従としますと、第一運戊寅は、寅卯卯辰の東方全以上の従格、続く丁丑運、丙子運、さらに甲戌運は、普通格局となる運です。普通格局となっても、甲木が攻身し、喜神火土となる忌運であって、〈位は封疆に至りました〉などあり得ないことなのです。

〔283〕

丁 卯
丙 寅
辛 亥
庚 寅

〔283〕′

丁 卯
壬 寅
辛 亥
庚 寅

〔283〕″

己 卯
丙 寅
辛 亥
庚 寅

大運

壬戌　辛酉　庚申
乙丑　甲子　癸亥

挙例されている丁年に丙寅月はなく、『滴天髓徵義』では壬寅月と訂正されていますが、壬寅月であれば、大運は辛丑から始まるべきところ、大運はそのままの乙丑運から始まっており、これも誤っております。生年月日が分かりませんので、大変困りますが、〈天干丙丁庚辛、陰陽相尅し〉と言われ、また大運が乙丑運から始まっていることから、丁年ではなく、前頁下段の己卯年丙寅月の命造として解命することにします。

辛日寅月木旺に生まれ、寅亥寅妬合にて合去せず、全支個有の支。また時干陽干の庚金の幇身あるものの、丙辛干合、丙火倍力となって、辛金を貫通して庚にあって制金、さらに年干に印の己土があっても、遠隔無情で、しかも丙と並び燥土となって、「仮の従勢格」となる組織構造です。つまり、陰干は従しやすく、しかも辛金は壬癸の淘洗を喜ぶもので、その水が有情な日支亥にあり、亥水は二寅へと水木火と相生し、陽干の庚金は制寅中甲に向かうとともに亥水を生水し、生木する、さらに丙辛干合倍力の相令の猛烈な丙火が軟弱な辛金を貫通し、寅中に財から生じられた丙火あって、庚金さえ熔金する気勢であることから、この庚金は全く無力である、ということになるのです。しかし、年干に印の己土、寅亥中に微弱とはいえ、印があるため、仮の従格となります。用神甲、喜神水木火、忌神土金となり、「正官格」か「印綬格」に変わると、喜忌が逆転することになります。

任氏の言うように、〈天干丙丁庚辛、陰陽相尅〉はしていませんし、〈日時寅亥化木〉ともなりません。〈「仮の従殺格」〉と言ってますが、食傷、財、官殺が係わる「仮の従勢格」であり、これを「仮の従財生殺の気勢ある格」としても誤りではないのです。

第一運乙丑、第二運甲子、第三運癸亥までは、北方水の喜用運となりますが、続く西方運の第四運壬戌、戌卯合去して、同様に「仮の従勢格」となる運です。第五運辛酉、酉卯冲去しますが、金旺運であり、陰干で軟弱な辛金ですが、従することは不能です。「正官格」か「印綬格」に変化して、喜忌逆転し、第六運庚申も同様となります。

〔284〕

癸	**亥**	**大運**	辛亥
乙	**卯**	甲寅	庚戌
己	**未**	癸丑	己酉
丁	**卯**	壬子	

己日卯月木旺に生まれ、全支亥卯卯未の木局全以上となり、日干死令の「不愁木盛」とは言いはしましても、全支木局、しかも、「乙木雖柔。刲羊解牛。」の旺令の乙に尅己土され、丁火の助身も干の特性として丙火ほど猛烈ではありませんので、木多火熄となって助土の力なく、「仮の従殺格」となるのです。つまり、仮従の条件の一つである干の特性、また時干丁、日支未、さらに気勢により仮従となるのです。用神甲、喜神水木、忌神火土金となります。

〈時干丁、年干癸水の尅去するところ〉であるから仮従となっているのではありません。

第三運壬子、壬丁合去、「仮」となるものを去らして、「真の従殺格」となる大喜の運となります。

第五運庚戌、庚乙合により乙己解尅、また木局は解けず、癸水の通関あって、忌はほとんどありません。

以上、仮従の挙例五例ありますが、三例を除いては、仮従とはなりません。しかも仮従とはしているものの、その仮従の理は全く誤っており、偶然仮従としたに過ぎないのです。よくよく真従の理と仮従の理とを正しく理解・分別しなければならないのです。

　さらに、仮従は大運により格局が変わり、喜忌の変化あることを忘れるべきではなく、普通格局でさえ、大運による喜忌の変化があるもので、このことは、大運も〃生命エネルギー〃の旺相死囚休による自変作用ですから、「中和之正理」によって、格局が変わり、喜忌も変わることになるのです。ですから、大運は喜忌の傾向性でしかなく、現実的事象は客観的時間の大単位である流年で事象化されていくものである、ということになるのです。

〔285〕

壬午	**大運**	
丙午	5才丁未	35才庚戌
癸巳	15才戊申	45才辛亥
甲寅	25才己酉	55才壬子
		65才癸丑

　癸日午月火旺に生まれ、壬丙尅去して、癸甲接近、幇身とも調候ともなる壬水が去となり、かつ日支巳中の印となる庚金が無力となっているため、「仮の従財格」となるものです。これは年干の壬水の去と、組織構造上から仮従となる例です。

　用神丙、喜神木火土、忌神金水とはなるものの、調候ないため炎上して、焦土不能生金となりますので、あまり良好な作用は得られません。

　しかし、徐氏はこれを「真の従財格」としております。「従財格」の条件は、財が月令を得て、財が重々とあり、または食傷が少しあって生財、もしくは財が少ない官殺を生じる、そして印がなく、陽干の比劫がないということが条件ですから、その陽干の壬水が天干にあり、壬丙尅去していることで、「仮の従財格」となっているのです。この壬丙の尅去が大運干の辛、壬で解けますと、制財の能あることになるので、「仮の従財格」が変化して、「偏財格」となるのです。

さらに、第五運で大運支亥が来ますと、亥巳冲、亥寅合の情不専ではありますが、冲を重しとするものですから、巳中の庚金が水源の印となり、生壬癸するので、格局が変化して「偏財格」になります。続く第六運壬子も第七運癸丑も「偏財格」となるのです。この亥・子・丑の大運を巡るか否かが問題ではなく、大運干支を見て、「仮」とか「真」とか、普通格局かにするものでもなく、あくまで原局の諸条件で格局を定めるべきなのです。

徐氏が、真従としている理由は、〈壬癸無根で〉あるとしているのですが、壬丙尅去としないのなら、陽干は制財するのですから、従財とはできないはずです。ただ、調候という視点から見ますと、水源が有情でないので涸れやすいのですが、涸れ切ってはいないのです。しかし、壬丙は尅去している、つまり「真」となる条件が去となっているので、「真」ではなく、「仮」とすべきこととなるのです。さらに、〈癸巳は、天地相合、壬は午中の丁火を相合、氣勢純粋です。〉と言っているのですが、癸巳は、確かに余気戊土とのみ合の関係とはなりますが、天干が干合していないのですから、化火の理も、合去の理もないのです。ところが、巳中蔵干中気の庚、本気の丙が、天干の癸水とどういう関係となるかを徐氏は全く無視して、ただ〈天地相合〉だから〈純粋〉としているのは、全く不合理です。つまり、日柱癸巳は、天干癸水は巳中本気の丙を困らせ、中気の庚は生癸するという関係とはなるのですが、火旺であり金死令となるので、全くと言ってよいほど印の作用を失っている気勢です。しかも日支巳である組織構造よりして、巳中庚は有情な位置にあるとは言っても、午・寅中の丙に尅され、用をなさないことから、「仮の従財格」となるのが当然の理なのです。これは、火旺にして調候壬水がないという点からして〈気勢純粋〉と言うべきではないのです。

第一運丁未、巳午午未南方全以上となる喜用運で、ほとんど忌の傾向性ない運ですが、ただ、焦土となるので、土の忌象を伴いはするものです。

第二運戊申、金旺・水相令の印比有力となり、大運干戊土は、甲木が制戊し不去ですが、戊土が制癸するのを妨げ、大運干支戊申の戊土は湿土となって金旺の印の庚を生金し、庚金また生壬しています。もし、「真の従財格」であれば、破格の大凶運とすべきなのに、徐氏は破格としていないのは不合理です。つまり、この運は大運による格局の変化の理により「偏財格」となり、喜神金水、忌神木火土、忌の傾向性ある運となるのです。

第三運己酉、酉午午の蔵干尅の情で酉巳金局不成の金旺の印旺運、徐氏またこの運も破格なのに、破格と言っておりません。「真の従財格」とならない条件は、印と比劫があることです。しかも印旺運に巡っているのに、破格としないということほど不合理なことはないのです。この運もまた、「偏財格」に変化し、また調候全く不及のままです。

第四運庚戌、寅午午戌火局全以上となる、「仮の従財格」の喜の傾向性ある運。

第五運辛亥、壬丙解尅して、調候壬水の水源辛ある水旺運で、日干の根旺じ、「偏財格」の喜の傾向性ある運となります。しかし徐氏は、大運五年分断論をもって、〈亥・壬子運に至るや、火の旺勢に逆らうことになって、一落千丈となりはしたものの、……容易には亡びません。〉と言っております。その理由は〈原来の格局純粋で、しかも真従であるからです。〉と言っているのは全くおかしいことなのです。徐氏の論に従えば、辛亥運は「真の従財格」破格の運であるのに、これを破格としないのは全く理に合わないことになります。「真従」であるなら、条件に反する運であっても忌とはならない、という定理を徐氏はここで言っているのです。つまり、格局分類の間違いは、喜忌ほとんど正反対となるので、事実と合致しないのですが、事実に合わせようとして理とならない結果となっているのです。

しかも仮従が普通格局となる大運で死亡する例も少なくはないこと、あるいは、仮従であって、その生年内とか翌年に死亡する例もあるものです。ですから、真従より仮従のほうが、大運によって格局が破格となることがなく、また格局が変わるからよいということではなく、あくまで、生尅制化の「中和之正理」によるものなのですから、誤った一般論は通用しないのです。

〔286〕

己巳	**大運**		36才己巳
癸酉	6才壬申		46才戊辰
乙丑	16才辛未		56才丁卯
甲申	26才庚午		

乙日酉月金旺・木死令に生まれ、己癸尅去して、乙甲接近、巳酉丑金局全くし、金多水濁、時柱甲申は殺印相生にならず、「仮の従殺格」となります。仮となるのは、己癸解尅すれば、滋木培木の癸が出干、さらに金局が解け、丑が個有の支とな

ると、水源深くなるためです。仮従で、しかも金局全により巳中の調候丙火を失い、金寒水冷、凍土凍木の生気のない原局です。大運によって格局が変化し、「仮の従殺格」の間は、用神庚、喜神土金、忌神水木、また火も土の通関がないため、忌神となります。「偏官格」となると、喜神水木、忌神火土、閑神は金となります。あまり佳造とは言えず、起伏変転が大変多い命造です。

第一運壬申、申巳合で酉丑金局半会が残り、巳は個有の支。「偏官格」となります。調候丙火あって、壬水が有力な通関となり、喜忌参半する傾向性の運。

第二運辛未、未丑冲により巳酉金局半会を残し、水源深い日支丑が個有の支となって、癸水が滋木培木するため、前運と同様、「偏官格」となり、順調な喜運。

第三運庚午、午酉蔵干の尅により金局を解き、全支個有の支となり、同様に「偏官格」に変化。午火が旺じる調候運で、また原局に巳火もあって全局を暖とし、生気を与えるものの、申酉に通根する庚金が甲乙を攻身、また火への洩身もあって、社会的地位、財の問題などが発生する、忌の傾向性ある運。

第四運己巳、巳申合、巳酉金局半会の情不専にて、巳は個有の支となる調候運。前運同様、「偏官格」で、やはり、徐氏の言うように、いくたびか破産する財のトラブルが起こる、忌の傾向性ある運。

第五運戊辰、辰酉合にて金局は解け、全支個有の支。「偏官格」のまま。前木旺四年、後土旺六年。日干乙木は旺じ、また有気となり、さらに丑中癸水に滋木培木され、藤蘿繫甲的となって任財可能にて、徐氏が言うように〈戊辰運十年、一躍にして数十万の富〉を作ったのです。喜の傾向性ある運。

第六運丁卯、卯酉冲にて金局解け、全支個有の支。木旺で「偏官格」となる喜の傾向性ある運。徐氏は、〈丁運に入って死亡しました。〉とだけ言い、何年、何ゆえ死亡したのか述べておりません。徐氏の『子平一得』では、「至丁運丁卯年逝去。」と言われています。たしかに丁卯年は運歳併臨にて、金木激戦の忌となっています。

假化之人亦多貴。孤兒異姓能出類。〔闡微〕

《假化の人もまた多くは貴。孤兒異姓にしてもよく出類するなり。》

假化之人亦可貴。孤兒異姓能出類。〔輯要〕

假化之人亦多貴。異姓孤兒能出類。〔徵義・補註〕

原　注

日主孤弱で合神の真なるものに遇うは、化さない訳にはいかないのです。ただし、日主を暗に扶けたり、合神が虚弱であったり、辰がなかったりするのは、真化ではありません。歳運が合神を扶起したり、忌神を制伏したりしましたなら、たとえ仮化と言いましても、富貴となるもので、孤兒異姓でも出類抜萃することができるものです。ただし、その人多くは滞り勝ちであったり、妙に偏って素直でなかったりして、作すこと必ずしも順調でなく、肉親に欠くること生ずるものです。

任氏増注

仮化の局は、その象は一つではありません。それを一応分けて見ますと、

(イ) 合神真で、日主孤弱。

(ロ) 化神あり余っているのに、日干が根苗を帯する。

(ハ) 合神真ならずして、日主無根。

(ニ) 化神不足するのに、日主無氣。

(ホ) 既に化神に合し、日主劫印の生扶を得る。

(ヘ) 既に合化しているのに、閑神が來て化氣を傷付ける。

等々あります。仮化は真化に較べて大変に難しい要素があるものですから、さらによくよく細部の点にわたっても究明すべきです。ですから、仮化の機というのは、例えば、

1、甲己の合

丑戌月に生まれるは、合神真、日主孤弱で無助、化さない訳にはいかないものの、秋冬の氣はとじられて寒、また金氣の暗洩がある。歳運必ず火に逢うべきで、火に逢うなら、その寒湿を去らしめ、和暖となるのです。また、辰未月、火神有余といえども、辰は木の余氣あり、未は通根する身庫で、木無根とは言い切れないのです。ただし、春夏の氣は開いてしかも暖です。

また、水木蔵根あれば、歳運必ず土金の地に行って、その木の根苗を去らし、分争なからしめることが必要

なのです。

２、乙庚の合

日主が乙で、夏令に生まれるは、合神不真とはいえ、日主洩氣し無根、土燥で不能生金、歳運に帯水の土があって、洩火養金となるべきです。冬令に生まれたなら、金が洩氣と逢って不足しますし、木は納水せず無氣、たとえ土があっても凍土であれば、生金も止水もできず、歳運帯火の土で、解凍して氣和となって、金は生を得て、寒からざるを要するものです。

３、丁壬の合

日主が丁、春令に生まれましたなら、壬水は無根、必ず丁に従って合、木は旺じて自ら生火できることを知らないのです。丁火は壬と化木するに従わないのです。あるいは比劫の助があるなら、歳運必ず水に逢い、火が制に逢って、木が成を得ることを必要とするものです。

４、丙辛の合

日主が火で、冬令に生まれ、重々金水あれば、合して、かつ化します。柱中に土があるのを嫌うのは、化神を暗に來たって損傷せしめるからで、湿土は止水不能とはいっても、水を混濁せしめ不清とせしめるのです。歳運必ず金土に逢って、氣が流行して生水し、化神自ら真となるを必要とするものです。

このような配合であれば、「仮」をもって「真」となすもので、名利双全、光前裕後となることができるのです。結論的に言いますと、格象が「真」でなければ、幼にして孤苦に遭うを免れず、出世も順調とは言えず、よろめくものです。そうでなければ、その人、傲慢で遅疑《ちぎ》〔ぐずぐずして物事を決め兼ね、ためらうこと〕するものです。もし、歳運が「仮」を抑えて「真」を扶けなければ、一生作す事順ならず、名利成ることありません。

〔287〕

己　卯　　**大運**

甲　戌

甲　子

己　巳

庚午	己巳	戊辰
癸酉	壬申	辛未

天干両甲が両己に逢って、各自相合しています。また卯戌も合、化火生土できないとはいえども、争妬の意はありません。これは、仮化とは言っても、有情にして悖らず、未運子水を破りまして、中郷に榜し、庚午・己巳運、化神を生助して、琴堂に出仕しました。

〔288〕

甲　子　　**大運**

丙　子

甲　申

己　巳

丁丑	戊寅	己卯
庚辰	辛巳	壬午

甲木仲冬に生まれ、印綬当権、本來これは殺印相生なのですが、日支絶に坐すことなければ、虚は極となって水の生を受けず、己土貪合を見、合神真といえども失令、必ず丙火の生を頼って、その寒凍を解くべきです。

しかし、旺水乗令を嫌い、火もまた虚脱、生扶することできず、化神は仮にして不清、この人となり人品端正ならず、庚辰運に至り、甲午年、尅木生土、中郷に榜するも、仕えませんでした。

〔289〕

甲寅　**大運**　辛巳
丁丑　戊寅　壬午
甲戌　己卯　癸未
己巳　庚辰

甲木丑月に生まれ、己土通根し臨旺、年の祿比、丁火を見て相生の誼あり、争妬の勢はありません。これは仮化といえども、却って有情にして悖らず、庚辰運に至り、科甲連登し、辛巳・壬午運の南方火地では、化神を生助して、仕は黄堂に至りました。

〔290〕

甲寅　**大運**　乙亥
辛未　壬申　丙子
癸亥　癸酉　丁丑
戊午　甲戌

癸水季夏に生まれ、木火並旺、月干辛金は無氣で制水不能です。日主旺地に臨んでいますが、火土の両方から逼迫を受け、時干戊土、合神「真」にして、かつ旺じ、日主は従さない訳にはいかないのです。初運壬申・癸酉、金水並旺し、孤苦堪えられず、甲戌運に至りまして、支は火局を成し、大変な好機に際会し、乙亥水旺運には木洩、支木局を成して、異路出世、財帛豊盈しましたが、ひとたび、丙子運に交わるや、火は通根せず、過ちを犯して落職、壬子年に死亡しました。

〔291〕

甲辰　**大運**　辛未
丁卯　戊辰　壬申
壬辰　己巳　癸酉
辛亥　庚午

壬水仲春に生まれ、時祿印に逢い、化神当令し、年干に元神透出するとはいえ、時干辛金は無根にして臨絶、丁火合神、これを剋するに十分で、辛金不能生水。すなわち、亥水は壬の祿旺にあらずして、甲の長生となるもので、日干従合して化さない訳にはいかないのであります。運走南方火地、食財豊かで、すべて順調で意の如くなり、位階も進みましたが、壬申・癸酉運、金水運は局を破り、出仕できなくなったのみならず、刑傷破耗しました。

これら仮化は、最も多く、身弱用印としますと誤ります。

徐氏補註

〔仮従と仮化を一緒にして述べてありますので、仮従を抜き出して説明しましたように、仮化についても論註している点を抜粋しますと、次のようになります。　考玄〕

化神が旺相、月時得氣して、日主孤弱なら、化さない訳にはいかないものです。しかし、日主が根苗を帯し、劫印の生扶があるなら、これを仮化とするものです。化神が尅制を見たり、あるいは洩氣したりするのも、仮化であります。

しかし、大体格局純粋でかつ「真」であるなら、出身地位も自ずから高く、従化旺郷に行けば、飛躍的発展目覚ましいことは言うまでもなく、尋常の運とて大した発展はないとは言いましても、その地位失墜するようなことはないものです。ただ、旺氣に逆らう運にさえ行かなければ、失敗の憂いないものです。しかしそれとて、原局の格局の高低にもよって、相違はあるものです。ですから、純粋でなく、「仮」を取らざるを得ないような場合、旺郷に行くなれば、真仮の別はなく、一様に富貴とはなりますものの、その順運に交わる以前は、必ず寒素ですし、運が過ぎますと、また、元来の状況に戻るものです。

〔とありまして、〈しかし、大体格局純粋でかつ「真」であるなら、〉以降、〈また、元来の状況に戻るものであります。〉までは、仮従について言っていることと同文で、頁を逆戻りして読むことの煩わしさを避けるため、重複して訳出したまでです。　考玄〕

〔292〕

癸丑　**大運**
丙辰　23才癸丑　53才庚戌
辛亥　33才壬子
戊子　43才辛亥

これは清朝の駱秉章の命造です。丙辛化水、支は子亥辰丑、化氣を成しています。時干に戊土透り、その旺勢に逆らっています。格は、仮の化格を成し、よろしいのは癸丑・壬子・辛亥運と、一路北方金水の旺郷を行き、その氣勢を助けるにあって、中興の名臣として、その名と勲とは揺るぎないものであります。

〔293〕

戊子　**大運**
辛酉　15才癸亥　45才丙寅
丙申　25才甲子
己丑　35才乙丑

丙火酉月死地に生まれ、支は酉丑子申と聚まって、金水会局していますので、化さない訳にはいきません。戊己が並透し、金水の氣を阻むのが病です。化格甚だ「真」ですので、出身は富貴の血筋です。原局有病、ゆえに大なる意を得ることできないのです。甲子・乙丑運の二十年、干よく病を去り、最も得意の時代、惜しむらくは、佳運既に過ぎ、命と運と相連しています。金水潤下の勢いは、時柱己丑に逢うは、溝に引き込まれると称し、晩運必ず差あります。前造は、時は旺地に臨むのに、同じ仮化格と言っても、優劣分かれるものであります。

考玄解註

ここは「仮」の従格の格局に続いて言っているのですから、当然「仮」の従格が貴となることもあるのと同様に、「仮」の化格も貴となることもある、と言っているのです。「孤兒異姓」とは、たとえ生まれた生家の環境が悪いとしても、両親に死別するとか、他家に養子に行くようなことがあっても、「出類」出世することもある、と言っているのです。この「孤兒異姓」は必ずしも、「仮」の化格のみではなく、「仮」の従格の場合もあると解すべきなのです。

つまり、「仮」の従格、「仮」の化格ということは、「真」となる条件を満たさず、「真」とならない欠点がある、時として年柱に「仮」となる条件もある、ということから、その始めの条件があまり良いとは言えない環境である、という点から、形容として「孤兒異姓」と言っているに過ぎないのです。環境があまり恵まれていないからといって、「孤児」とするとか、「異姓」を継ぐとかと断定することは誤りです。

ところが、任氏増注、徐氏補註共に、化するか、仮の化であるのか、という点のみを論じておりまして、それが格局であるかのような大誤の註となっているのです。つまり、化の条件が理論的に秩序付けられていないことに起因しているのです。この点については、前述しましたように、私の考えは、整然と理論統一がされているのです。

日干が化した場合、

○化格となる。

○化格とならない。

のいずれかであって、前述した「仮」の従格となる条件と同じ条件によって、「真」の化格とならずして、「仮」の化格となることがある、この「仮」の化格について『滴天髓』が言っている、と解するのがその真義なのです。二重構造となる格局の論ですので、日干が化しはしたものの「仮」の化格ともなり得ない場合、

○化した日干から見た格局となる。

ということを論じているのです。

この点については、原注、任氏増注、また徐氏補註も全然触れていないため、命理を学ぶ者が、常に混迷に陥っていたところなのです。化する条件が満たされていて化しはしたが、真の化格とはならないし、仮の化格ともならない場合、化した日干から見た普通格局となるということから、大運によって「真」と「仮」と、化した普通格局との明確な相違が生じることとなるという理論が成立するのです。

真の化格は運歳の干によって干合を解くことはないのです。しかし、仮の化格も、化した普通格局となったものも、運歳により干合を解く場合がある。干合の情が専一でないことによって合は成立しないのであるから、化す前の原有の干に戻ることによって、仮の化格は普通格局となるのは、仮従も同様でした。日干化しはして

も、普通格局となるものも同様に、元の日干から見た普通格局となることになります。さらに、仮の化格の場合、仮の化格が成立しない大運が巡れば、仮の従格と同様に、普通格局、つまり、化した日干から見た普通格局となる。

といった理論が成立するのです。もちろん、格局が変化したなら、喜忌が変化するのは当然です。

しかし、何と言いましても、化の理論が秩序整然と理論付けられていなかった、原注、任氏増注、徐氏補註のため、命理を学ぶ人、『滴天髄』を学ぶ人、ここの「仮化」までたどり着くことができなかったのです。

例えば、徐氏補註では、〈化神が旺相、月時得氣して、日主孤弱なら、化さない訳にはいかないものです。〉と言っています。つまり、〈化神が旺相〉とあるので、月支が旺令でも、相令でも、という曖昧さがあり、〈月時得氣〉として、時支も旺か相かで得気している上に、〈日主孤弱〉ということになるのですから、孤弱・無依は「従」の条件になります。これは徐氏の〈従化は一である〉とする大謬に根ざしている誤りです。

化の条件をもう一度明確に定義付けます。

1、干合の情が専一の「格」を論じる場合は、必ず、日干が合の情専一であること。

2、化する五行が月令を得ていること。

次いで、「格」とする場合には、化格の真なるものは、

○官殺を見ない。

という条件で、

○この条件ではあるが、四柱組織・構造、冲尅合による去や局、干の特性、またその官殺の位置により、仮の化格となるもの。
○官殺有力で、仮の化格とできず、化した日干から見た普通格局とせざるを得ないもの。
という違いが生じてくるのです。

〔287〕

		大運
己	卯	5才癸酉
甲	戌	15才壬申
甲	子	25才辛未
己	巳	35才庚午
己	卯	45才己巳
戊	戌	55才戊辰
戊	子	65才丁卯
己	巳	75才丙寅

一八一九年の十月二十三日が甲子日で、立運約5才4ヶ月です。天干の甲己干合の情はそれぞれ専一となって、土旺ですので化土し、上記左造のように変化します。年月柱は天地徳合であることから、卯戌合は去らず、時支巳火は調候にて、助身します。しかし、「真の化土格」とはならず、年支の官殺、無情なところにあるので、これを「仮の化土格」とするものです。用神戊、喜神火土金水、忌神木となります。このような天干は、干合を解くことはありません。戊辰運まで、一路喜用運にて、立身出世する「假化之人亦多貴」にも該当すれば、年支忌ですから、環境芳しくない、「孤兒異姓」と形容されてしまうものと言えるのです。〈卯戌も合、化火生土できない〉は誤りです。

本造は、戊と子が並んでおりますので、湿土生金の情あり、金を土多金埋などと見てはならないのです。この戌中の余気の辛金は相令の洩秀の傷官となって、運歳にて食傷生財、土多にて忌の木を木折させることで、立身出世していくことになるのです。しかし、第六運戊辰の後、第七運丁卯、木旺運、子水生滋卯木し、原局の卯木も一気連繫し、木の大忌の忌象を生じ、この運中の流年か、もしくは第八運丙寅運中かで、死亡免れないことになります。もっとも、この木の忌象は、その大小や種類の違いはあっても、一生ついて回る忌です。逆算した生日確かで、約5才立運であれば、65才からの丁卯運、65才の甲申年死亡となります。

〔288〕

		大運	
甲	**子**		庚辰
丙	**子**	丁丑	辛巳
甲	**申**	戊寅	壬午
己	**巳**	己卯	

甲日子月水旺に生まれる「偏印格」か「印綬格」です。甲己干合するも水旺ゆえ不化にして己土倍力、子申水局半会は申巳の合で解け、全支個有の支。調候巳中丙火、生己土もするとともに、土暖水湿金暖、また木も暖となる。丙火月干調侯、日干甲は洩身、年干甲は日干に無情にて、日干弱となります。用神は日干に無情ですが年干の甲と取り、喜神一応水木、忌神火土金となります。

〈己土貪合〉などではありません。〈化神は仮にして〉ではなく、不化で「仮」の意は全くなく、格局は「偏印格」か「印綬格」です。普通格局には、「真」も「仮」もないことさえ誤ることになるのです。格局を間違えて、〈人となり人品端正ならず〉などとは言えません。さらに化土しないのに、どうして〈丙火の生を頼る〉必要があるのでしょうか。この命をもって、「仮の化土格」とでも考えているのでしょうか。つまり、任氏は、

「仮化」ということを、化する五行が旺令に当たらなくても「仮化」としているのですから、大謬で、遥か昔の命学の化に逆戻りしているのです。

〔289〕

甲　寅	**大運**	
丁　丑	6才戊寅	36才辛巳
甲　戌	16才己卯	46才壬午
己　巳	26才庚辰	56才癸未

一七三四年一月に甲戌日なく、一七九四年一月十六日巳時がこの四柱で、水旺にして、立運約6才2ケ月です。土旺ではないので、甲己干合しても化土の理はありません。己土が透る「正財格」です。年柱甲寅は日干に無情にて、調候丙火、寅中と巳中にあって調候適切。日干は倍力となった己土を制財もしなければならず、日支戌土、月支丑土も制財しなければならないので、日干弱、用神癸、喜神水木、忌神火土金となるのです。

任氏また、本造を〈仮化〉としております。〈庚辰運に至り、科甲連登〉となったのは、辰戌冲去して寅支が日干に有情となるものの、己土丑土から生庚された庚は劈甲引丁、丁火煅庚の制尅の干の特性によるものです。しかし、第四運辛巳、火旺運、辛丁尅去して、日干年柱に有情となるので、洩秀に耐えられることになりますし、第五運壬午、壬丁合去し、寅午戌火局全となりますが不団結で、丑の湿土が晦火納火するので、喜忌参半の傾向性ある運となるのです。

〈化神を生助〉しているのではないのです。つまり、格局を間違え、冲尅合局方も間違った結果、事象と合致したという皮肉なことになっているのです。
原注で〃甲己の合は、土旺で化土す〃と言っていることをも否定しているのです。

〔290〕

		大運	
甲	**寅**	2才壬申	32才乙亥
辛	**未**	12才癸酉	42才丙子
癸	**亥**	22才甲戌	52才丁丑
戊	**午**		

一七九四年に上造はなく、一七三四年七月十九日午刻がこの四柱で、火旺、立運約6才7ケ月。しかし任氏は〈季夏〉と言っているので、季夏は土旺のことですので、なお調べましたところ、一六七四年甲寅年八月二日午刻もこの四柱であり、これですと確かに季夏土旺で、立運約1才9ケ月となります。土旺では、癸戊干合しても不化で、戊土倍力となり、癸水死令ですが、印の辛金あって、日支亥水は調候ともなるので「偏官格」となります。用神やむなく辛、喜神金水、忌神木火、閑神土となるものです。陰干弱きを恐れずですが、倍力で生土された戊土から攻身されるのはもちろん忌となります。「始終」は忌の木から始まり、戊土の忌で終わっております。

任氏〈月干辛金は無氣で生水不能〉などという、とんでもないことを言っております。日支亥水にて燥土の未は湿土となって生辛金となっているのに、どうして〈無氣〉であり、〈生水不能〉と言えるのでしょう。さらにもっとひどいことは、〈日主旺地に臨んでいますが〉、つまり、癸亥は、〈火土の両方から逼迫を受け〉、戊午が生戊、未土が尅亥水としているのです。ですから、土旺であっても、〈合神「真」にして、かつ旺じ、日主は従さない訳にはいかない〉、つまり化火し、「仮の化火格」としているのです。湿土生金した辛金が調候とも制財ともなる亥水を生水して、いったいどうして、土旺であるのに化火する理があるのでしょうか。しかも、第一運壬申、「仮の化火格」の単なる忌のような事象を言っておりますが、申寅冲去も見ず、金旺・水相の壬水は制火し、「仮の化火格」であれば、大運による格局の変化で、それほどの忌となる運ではないのを、大変な忌のような事象を言っているのです。1才9ケ月立運で、3才丁巳年、四生が揃い申寅解冲、6才庚申年また解冲、7才辛酉年喜、8才壬戌年解冲、9才癸亥年また解冲、10才甲子年また喜となって、いったいいかなる年からいかなる年まで〈孤苦耐えられず〉であったのでしょうか。

この〈孤苦耐えられず〉と言うことも、『滴天髓』に「休咎係于運、尤係乎歳。」と言われていることを、全く否定している事象となっているのです。「偏官格」の喜用の運となり、流年また喜用続いていることを知るべきです。つまり、自説を合理化するために、実在の人物ではない命造を、日時干を化火丁丙として、水を忌神としたため、壬申運を〈孤苦耐えられず〉などとしているのです。もし本当に実在の人で土旺の未月に生まれている人であったなら、事実として、生家環境宜しくなかったものの、徐々に環境良化されていることを確認できたでしょうし、自分の命理の誤りに気付いたことでしょう。

逆に、第三運甲戌は「偏官格」の忌運となっているのに、〈支は火局を成し、大変な好機に際会し〉と逆のことを言っております。

第四運乙亥、水旺運、また「仮の化火格」が普通格局に変化することを言わず、〈異路出世〉、つまり、科甲の試験を受けず、財貨を献士して官吏となり出世し、〈財帛豊盈しました〉と言っているのですが、「偏官格」で乙辛剋去、亥寅合去して、用神辛（印）を失い、忌の傾向性ある運となるのです。

第五運丙子は、丙辛干合して水旺運ですので化水し、大運干丙は壬、月干辛は癸となり、子午冲去しても、それほどの忌ともならず、むしろ、喜の傾向性さえある運と言えます。また、「仮の化火格」も大運による格局の変化となるのを〈過ちを犯して落職〉と落職させてしまい、その上、壬子年58才にて死亡としているのです。任氏の解命の文章では丙子運中としか解せません。しかし、52才から丁丑運に入っており、壬子年は喜の流年です。庚戌年も、辛亥年も、それほどの忌とはなりませんし、「仮の化火格」の大運による格局の変化とさえなる運です。

つまり、すべてはこの命を「仮の化火格」などと、格局の分類を間違えたことに起因しているのです。否、それ以前の天干合化の理論が全く誤っていたことによる初歩的な謬にあるのです。

〔291〕

甲　辰	**大運**	辛未	
丁　卯	戊辰	壬申	
壬　辰	己巳	癸酉	
辛　亥	庚午		

壬日卯月木旺に生まれ、丁壬干合の情専一であり、木旺ですので、化木して次頁の命造となります。これは干の特性として、陰干の辛金は剋甲できないという条件から、「仮の化木格」となるものです。これを、辛金を〈丁火合神、これ〔辛〕を剋するに十分で〉あるから、この辛金が〈不能生水〉と、誤った解命で、「仮の化木格」としてい

るのです。不合理な理屈によって、格局を定めようとしているのですから、誤りなのです。

さらに、「仮」の化格の大運による格局の変化を理解していないようで、「真」の化格の破格となるのと同様に、忌運と誤解してもいるのです。

実は、第四運辛未、辛丁尅にて、丁壬干合は解合して、日干壬水の「食神格」か「傷官格」となり、亥卯未木局全となる忌大の傾向性となる運で、喜神金水、忌神木火、閑神土となるものです。

〔291〕′
甲　辰
乙　卯
甲　辰
辛　亥

第五運壬申も、壬丁干合解けて、「食神格」か「傷官格」となる喜の傾向性の運です。第六運癸酉も同様で、忌とはならないのです。

以上、誤った解命から、「仮」の化格とした例もあり、普通格局とすべきものを、不合理な理屈を付けて、「仮」の化格にしている例もあります。

〔292〕
癸　丑　　**大運**
丙　辰　　3才乙卯　　43才辛亥
辛　亥　　13才甲寅　　53才庚戌
戊　子　　23才癸丑　　33才壬子

辛日辰月木旺に生まれ、丙辛干合するも木旺ですので、たとえ亥子丑北方全くしても、化水の理など全くありません。つまり、丙火倍力、貫通して戊土にあい、戊土の印あって湿土となり生辛するとともに、日時支の水の「病」の「薬」ともなり、月支辰は湿土にして、倍力の丙をよく晦光します。また辰中戊土も湿土ではあるものの、多少の「薬」となりはしますが、年干の癸水は制水できませんので、癸水丙困とさえなるのです。倍力の相令丙火も大忌となるほどのことではなく、用神戊、喜神は一応土金、忌神水木、閑神火となるのです。

徐氏解命の〈丙辛化水〉は大誤であり、〈仮の化格〉も大誤です。戊子刻とあるので、生日が庚戌日の遅い子刻かも知れませんし、生時が違うのかも知れません。

〔293〕

	大運	
戊　子		35才乙丑
辛　酉	5才壬戌	45才丙寅
丙　申	15才癸亥	
己　丑	25才甲子	

丙日酉月金旺に生まれ、辛丙干合して辛倍力、戊子の年柱は、土金水と流通し、日支申にて、また金水、時柱土金水となり、酉月生の日干丙火は調候不要ですが、洩身生財生官殺となって、無印無根であることから「従勢格」の「真」となるものです。

金旺月ですので、辛丙干合しても化水の理なく、辛金倍力となるのです。用神庚、喜神土金水、忌神木火となります。

第五運丙寅、木旺・火相令、寅申冲去となるものの、辛丙干合を解いて、丙火制財する「従勢格」の破格の大忌となります。

この命は、徐氏が〈化格甚だ「真」〉と言っている「真の化水格」ではないのです。

一出門來只見兒。吾兒成氣構門閭。從兒不管身强弱。只要吾兒又得兒。〔闡微〕

《一たび門を出づるや、來たるはただ兒を見る。わが兒は氣を成して門閭《もんりょ》を構える。兒に従うは、身の强弱を管せず。ただわが兒がまた兒を得るを要す。》

一出門來要見兒。見兒成氣轉相楣。從兒不論身强弱。只要吾兒又遇兒。〔輯要〕

一出門來只見兒。吾兒成氣構門閭。從兒不管身强弱。只要吾兒又遇兒。〔徵義〕

一出門來只見兒。我兒成氣構門閭。從兒不論身强弱。只要我兒再見兒。〔補註〕

原注

ここで言われていることは、傷官が成象し傷官に従する象と同じではありません。ただわが生むところのものを兒として、例えば、木が火に遇うことを言い、成氣とは、例えば、戊己日にして申酉戌に遇うは、西方の氣を成すものですし、あるいは、巳酉丑全くして金局を成すを言うのです。このようであれば、日主の強弱を論ぜずして、金がよく生水する水氣を見、転々として生育するの意を成し、流通するなれば、必然的に富貴となると言っているのです。

任氏増注

順とは、我が生ぜしめる、我より生ずるものの意です。ただ「見兒」とは、食傷多きことです。「構門閭」とは、月建が食傷に当たることを言っているのです。

つまり、生月は門戸であって、食傷が提綱にあるを必要とするものです。「不論身强弱」とは、四柱に比劫があっても、反って食傷を生助することを言っているのです。「吾兒又得兒」とは、局中に財があって、財を生育なす必要があるとの意であります。例えば、自分は平凡碌庸の身であって、何らこれと言ってなすところなくとも、子孫を得て昌盛となり、家名を高揚してくれる、また運行財地を要するのは、児がまた孫を生むことであって、児・孫の栄を受けることができる、という譬えであります。ゆえに順々と生じるので、順局とするのです。従児が従財官と同じでないのは、食傷が生財し、転々と順に生育し、秀氣流れ巡って、名利皆遂げるからです。ゆえに食傷を子とするなら、財は孫となるもので、孫は祖に克つことはできず、安享栄華となることができるのです。

もし、官を見るのは、孫がまた児を生むことで、曽祖は必ず受傷しますので、官殺を見るは害となすのです。もし、印綬を見るのは、印綬はわが父ですから、父は自分を生じてくれますので、我自らなすことあるものですが、どうしてわが児を容れることができましょうか。わが児が必ず禍に遭うのは、生育の意はないからで、その禍は立ち所に至るのです。

このような次第で、「従児格」は最も印運を忌とし、次に忌とするのは官運であります。官は洩財して、日主を尅し、食傷と官とは仲よくはならず、生育の意を忘れ、争戦の嵐を起こして、人を傷付けずして、財を散ぜしめるものであります。

〔294〕

丁卯	**大運**	戊戌	
壬寅	辛丑	丁酉	
癸卯	庚子	丙申	
丙辰	己亥		

癸水孟春に生まれ、支は寅卯卯辰東方一氣を全くしていますので、水木の「従児格」となるものです。時干の丙火をもって、用神とします。所謂、「兒又生兒」です。ただ、月干の壬水は「病」ではありますが、丁火と干合して化木するので、喜となり、反って丙火を生じ、転々と生育の意を成すのです。

ですから、早く科甲に登り、翰苑に身を置き、仕は封疆にまでなったのです。しかし、申運、木火絶地となりまして、死亡しました。

〔295〕

丁巳	**大運**	己亥	
癸卯	壬寅	戊戌	
癸卯	辛丑	丁酉	
丙辰	庚子		

癸水仲春に生まれ、木旺乗権、四柱無金ですから、また、水木の「従児格」です。寅運は東方を成し、甲戌年入泮、丙子年中郷に名を掲げられましたが、前造に劣るのは、月干癸水あって争財となり、制合の美がないという点です。

財星が有勢であるのを喜とします。仕路安定して、発展することができるでしょう。

〔296〕

己未　**大運**　癸酉
丁丑　丙子　壬申
丙戌　乙亥　辛未
戊戌　甲戌

丙火季冬に生まれ、満局皆土、火土「従児格」となります。丑中辛金の財を用神となします。一個の玄機、暗裏に存す、と言われるものです。嫌うところは、丁火蓋頭している点、未戌に通根している点で、忌神深重、いまだその才を発揮できず、また、妙とするところは、大運癸酉・壬申運に行って、喜用斉来し、宦途順遂であることです。

〔297〕

己未　**大運**　丁卯
辛未　庚午　丙寅
丙戌　己巳　乙丑
戊戌　戊辰

丙火季夏に生まれ、満局皆土、「従児格」となります。月干辛金独発、所謂、「従兒又見兒」です。統観しますと、命造自体は、前造より勝っています。しかし、功名富貴が前造よりも劣るのは何ゆえかと言いますと、前造、金不透といえども丑中湿土と辛金あって、晦火養金。しかるに本造、辛金顕露、九夏熔金、根氣固からず、未戌丁火が当権し、所謂、凶物深藏です。これに兼ねて、運走東南木火之地、中郷に榜するも、一教師として終わったのです。

〔298〕

甲午　**大運**　辛巳
丁丑　戊寅　壬午
甲午　己卯　癸未
丙寅　庚辰

甲木季冬に生まれ、火虚ですが、幸いにも通根し有焔、「従児格」となります。木は進氣といえども、また祿比帮身に逢う、所謂、「従兒不論身强弱」で、身弱ではありません。前造は燥烈に過ぎ、これは湿土逢燥、地潤天和、生育悖らず、連登甲第、仕は省次官となりました。

〔299〕

辛丑　大運　丁酉
辛丑　庚子　丙申
戊申　己亥　乙未
壬子　戊戌

戊土季冬に生まれ、辛金並透通根、坐下申金壬水旺じて逢生、純粋見るべく、早く泮水に遊び、亥運、亥子丑北方を全くして、地位高登。戊戌運、通根燥土、壬水を奪去、丙寅年、申寅冲去、壬水の根去って、体用両傷して死亡しました。

〔300〕

庚子　大運　甲申
庚辰　辛巳　乙酉
戊申　壬午　丙戌
辛酉　癸未

戊土季春の生で、局中庚辛重層、「従児格」となります。喜ぶのは、支水局の財を成し、生育有情である点です。前造と大同小異ですが、中年運走土金、財星を生助し、連登甲第した所以で、仕は郡守に至る。前造の戊戌運に、死亡し、不仕となったのは、実に運が背いたがゆえです。

〔301〕

壬寅　大運　乙卯
辛亥　壬子　丙辰
辛亥　癸丑　丁巳
壬辰　甲寅

辛金孟冬の生。壬水当権、財逢生旺、金水二干、「従児格」となります。読書するのに一目で数行を読む。甲寅運、登科発甲、乙卯運、署郎より出て、黄堂に入る。

一たび丙辰運に交わりますと、官印斉来して、戊戌年、印綬を冲動して傷官を破り、死亡することとなりました。

〔302〕

壬　子　　**大運**

辛　亥　　壬子　　乙卯

辛　卯　　癸丑　　丙辰

辛　卯　　甲寅　　丁巳

辛金孟冬の生。水勢当権、天干三辛透ってはいても、地支絶地に臨み「従児格」となります。読書過目、そらんじるほど記憶力、知能優れ、早年入泮、甲寅運、県官吏に抜擢され、乙卯運、仕路順当に進み、丙辰運、過ちを犯し、戊年旺土尅水して死亡しました。

大体、「従児格」、行運で財に逢い、背くことがなければ、一人として富貴とならない者はおりません。かつ秀氣流行、必ず聡明なること群を抜いており、学問にも誠に卓越し、造詣が深いものであります。

徐氏補註

相生を順となします。『明通賦』に、「全印全沖全制全食。命強無破。則祿受千鐘。」と言われています。「全制」とは、傷官が成象することで、「全食」とは、食神が成象することです。およそ氣勢既に成立するなら、順行するのが宜しいものです。「全傷全食」であるのは、外格にあって氣勢純粋、食傷並見するも同じく一方に属し、また混をなさないなら、ただ運行財地を要するものです。食傷の氣を洩らして、いまだ富貴とならない人は一人もおりません。所謂、「兒又遇兒」です。順局と兩神成象中の我が生ずる局と、同一の看法であります。特に、我が生じるの兩神並立し、勢力均敵と同じです。順局はすなわち、食傷が刑傷を成すもので、ゆえに、「成氣構門閭」と言っているのです。

日主孤にして単、従さざるを得ません。およそ、食傷は洩秀するのを言うもので、必ずずばぬけて聡明であります。これは任氏増注に詳しく言われております。しかし、この類の格局は一例で、全部に通ずる訳にいきません。

〔303〕

甲　寅　　**大運**
丁　卯　　29才甲子　59才辛酉
癸　卯　　39才癸亥
乙　卯　　49才壬戌

これは女命です。甲乙が透干し、支全寅卯、従象甚だ「真」です。もっとも丁火が月干にあるを喜び、「吾兒又遇兒」です。惜しむらくは、運行北方水木、比劫は忌とは言えませんが、佳運とは言えません。用神旺者喜洩で、財運に行って食傷の氣を洩らすのが宜しいのです。婦人といえども、夫を幇けて家を興隆せしめるものです。必ず事実が証明することです。運行北地によって、柔懦無能、格局は完美しているので、一品に誥封はされました。辛運に死亡。

〔304〕

戊　辰　　**大運**
乙　卯　　11才丁巳　41才庚申
壬　寅　　21才戊午
甲　辰　　31才己未

これは子供の命です。甲乙透干し、支東方を全くして、「従児格」となります。現行丁巳運にあり、聡明絶頂で、必ずや早く発します。しかし、惜しむらくは、運四十で止まります。好運があまりにも早く、美中不足となすものです。

〔305〕

丁未　大運
丙午　2才乙巳
甲午　12才甲辰
丙寅　22才癸卯
　　　32才壬寅

食傷成象、日主孤単、順局をなし、「従児格」となります。この類の格局、須らくよく干支の性質を見究める必要があります。一例をもってしてはなりません。例えば、水木、土金、金水の従児は皆美です。しかし、木火の場合は、木は火焚を被り、火土の場合は、土多晦光、母旺を美となすものです。

子旺は反ってその母を傷付けます。この造満局皆火、木必ず自焚しますので、佳造ではありません。

考玄解註

「從得眞者只論從」とあるところで、「従財格」「従殺格」「従勢格」の条件を述べましたが、実はこの一文がなかったなら、そこで「従児格」を一緒に論じていると解してよかったのです。しかし、この一文があるために、「従児格」を別に註さなければならないのです。棄命従格の条件は理論的には、日干が月令を得ないのですから、弱となる傾向がありますが、極端に弱となった場合、その月令を得て強となっているものに従するということです。その点「従児格」も例外ではないのですが、日干が生ずる「吾児」という点でやや違った条件があるので、ここで別論しているのです。この条件を原注では、

○食傷が月令を得ていて局または方を成す。

としている点、つまり「吾兒成氣構門閭」を真正直にその通りとして、〈「成氣」月令を得、「構門閭」その局ま

た は 方を成す〉、としておりますので、局または方を成さず、食傷が月令を得て重々とあって、印を一点も見なくとも「従児格」を成さないのか、という疑問が起きてくるのです。このことは、従財にしても従殺にしても、その従するものが重々とあることと、方または局を成すことも同義としているのですから、「従児格」の条件として、必ず方または局を成さなければ、「従児格」としてはならない、と解するのは誤りとなるのです。さらに任氏の条件は、

○必ず財を見なければならない。

としておりますが、これも絶対条件としますと、格局を定めようがないことになります。

次に大きな問題となるのが、「従児不管身強弱」とある点で、『滴天髓』が「従児格」を別に論じようとした意図はこの点にあるのですが、これをちょっと強調し過ぎたために、

○日干が強となっても、「従児格」が成立する。

と誤解される恐れが生じてくるのです。しかし、他に従する、という意からしますと、この強という文字は誤りであって、

○日干や比劫が十分に生食傷して、日干が弱となる組織構造である。

と解さなければならないのです。ですから、「従児格」の条件を次のように決めるべきこととなるのです。

1、食傷が月令を得ている。

2、食傷が重々とある。

3、印を一点も見ない。

4、日干や比劫が十分生食傷して、日干が弱となる。

5、食傷が少し生財するも可である。

6、食傷が制官殺して、食傷の力が減じる組織構造であってはならない。ただし、財が通関となって、食傷生財生官殺となっているなら、「従勢格」的となるので、「従児格」は成立する。

ということになるのです。

もちろん、他の従格に「仮」があるのと同様、「従児格」にも「仮」がありますし、「仮」の条件は、他の仮従と全く同様なのです。

では、日干強となる限界はどういう構造か、と言いますと、

〔A〕
壬寅
壬寅
壬寅
壬寅

〔B〕
壬寅
癸卯
壬寅
癸卯

〔A〕〔B〕造のような組織構造で、もし仮に日支が子ですと、日干の根が有力・有情となるので、仮従とさえならず、その生日の深浅によって、「偏官格」「偏財格」「食神格」「傷官格」となるのです。〔A〕を「従児格」としても「従勢格」としても誤りではありません。しかし〔B〕となると「従勢格」としてはならないのです。では、年支が子となったならどうかですが、それも日支ほど有情・有力ではないものの、「従児格」とはならないのです。つま

り、このことから言えることは、〔A〕〔B〕造のような組織構造では、有情・無情にかかわらず、日干の根があれば、「従児格」にならない、ということになるのです。

〔C〕
壬申
甲辰（木旺）
壬寅
癸卯

〔C〕造の場合は、木旺で寅卯辰東方一気を成し透甲しているものの、日干に無情な比・印があるので、「仮の従児格」となります。この辰が土旺でありますと、ぎりぎりの「仮の従児格」とせざるを得ないのです。では、年支が子であるとどうかですが、これも木旺でも土旺でも「仮の従児格」とすべきことになります。つまり、年柱壬子は日干に無情で、月柱の甲木と辰中の蔵干乙を生木するので、日干が弱となるからと言って、「真の従児格」とすべきではないのです。無情な根ではあるが、根である、ということによって、〔A〕のように、天干四壬あることとは全く違った上下となるからです。つまり、仮従の組織構造による、仮従の範疇に入るのです。

〔D〕
壬子
壬子
庚午
壬午

さらに、〔D〕造の場合、格局をどう定めるかです。これは『滴天髄』で言われている「旺者冲衰衰者抜」で、水旺の子月に生まれて、年月時干壬、年月支二子、日時支二午で、日支の午は根抜され無作用となり、月支の子は不傷（子午冲去とせず）、時支の午は「天道有寒暖」の調候であり、時干壬が制午となっても、この午は去らない調候の作用あるものとなるので、「真の従児格」とすべきことになるのです。このように、財が通関とならないような場合でも、「真の従児格」とせざるを得ない場合もあるのです。

〔294〕

丁　卯	**大運**		戊戌
壬　寅		辛丑	丁酉
癸　卯		庚子	丙申
丙　辰		己亥	

癸日寅月木旺に生まれ、丁壬干合の情専一にて化木して、壬は甲、丁は乙となり、支は寅卯卯辰東方全以上となり、時干に丙透る「真の従児格」です。用神は従神の陽干甲と取るべきで、喜神は木火土、忌神は金、水は閑神壬とはなるものの、透丙していますので、庚が来ても庚丙尅去、辛が来ても尅辛して忌とならず、金旺でないなら、酉・申も丙から制金されて、忌とはなりません。しかし、金旺運の酉・申運は、印旺となるので、真従の破格となるものです。

第一運辛丑、前四年水旺、後六年土旺共に喜の傾向性。

第二運庚子、水旺運、庚丙尅去、水旺の比劫旺ずる運で、本来なら破格となるものですが、一子旺じても生木するので、それほどの忌とはならないことを「従児不管身强弱」と言っている真の義はここにあるのです。つまり、「従財格」「従殺格」が比劫旺運に巡ると破格大凶となるのですが、「従児格」の真は、食傷が月令を得て、重々とあるので、水旺運は破格の様相ではありますが、破格とはならないのです。

第三運己亥、喜の傾向性。

第四運戊戌、喜の傾向性。しかし、

第五運丁酉、金旺運は破格となって、大忌となるのは、「衰神冲旺旺神發。」となるためです。「衰神冲旺」となることを一言も触れずに、〈申運〉〈死亡しました〉はおかしなことです。

〔295〕

丁巳　**大運**　己亥
癸卯　壬寅　戊戌
癸卯　辛丑　丁酉
丙辰　庚子

癸日卯月木旺に生まれ、天干丁癸尅去し、癸丙接近し、癸水は二卯を生木して、二卯また生丙し、丙火は辰が晦火納火し、辰中乙癸蔵して生木、甲乙不透ですが、「真の従児格」としてよい命です。用神甲、喜忌は前造と同じではあるものの、前造より劣るのは、食傷の力が前造より劣ること大であるからです。癸水丙困となるからではありません。〈月干癸水あって争財〉でないのは、癸水が二卯を生木し、生木された二卯が生丙しているので、〈争財〉であるなら不従とさえ言えるのです。また、丁癸尅去して、接近した丙は巳にも有根となっている組織構造です。丁癸尅去を知っているか、知らないかの違いは大であります。

〔296〕

己未　**大運**　32才癸酉
丁丑　2才丙子　42才壬申
丙戌　12才乙亥　52才辛未
戊戌　22才甲戌

一七四〇年一月十二日戌刻がこの四柱です。この八字ですと水旺生で、立運約2才。天干透己戊、支は未丑二戌で、未中戌中に丁あっても、水旺・火死令で、未丑冲去します。土旺なら四土性支ですから冲去せず、また、本造壬辰刻生でも四庫である辰戌未丑が揃うので、冲去とは見ないものです。

壬辰刻であれば、「従殺格」とするより、「従勢格」で用神財の辛とすべきです。本造、甲乙・寅卯がありませんので、土旺ではないものの、「真の従児格」とすべき命です。用神は従神の陽干戊土、喜神土金水、忌神木、閑神火。一路喜用運を巡り、向上発展すること大であります。

〈季冬〉とは冬の土旺のことです。また、〈嫌うところは丁火蓋頭〉ではありません。ここが「不管身强弱」と言われる「従児格」の他の従格と違う点で、決して〈忌神深重〉ではないのです。〈いまだその才を発揮できず〉もおかしなことで、用神は戊、喜神土の食傷洩秀、才能発揮の土であるのに、その才を発揮できないなどあり得ないことです。つまり、陰干丁火、日干への幇身は無力であって、日干丙は戊己土、二戌に洩秀する美であり、水旺運は喜の傾向性であり、また、第三運甲戌の大運干甲は、土多木折となるので、忌とならないということです。任氏が、〈いまだ〉と言っているのが、何才時の審察か言っていないので明確には分かりませんが、〈妙とするところは、大運癸酉、壬申〉〈宦途順遂〉と言っている点からしますと、甲戌運中のことでしょう。真従ですので、甲木制土に向かうよりは、甲木生丙丁し、丙丁火また戊己土と三戌土を生土して、土多木折の嫌いもありはしますが、喜運であるのに、〈いまだその才を発揮できず〉はないでしょう。立運不明ではありますが、調候やや不及とは言っても、第一運丙子、未丑解冲し、この間、既に才能発揮し、第二運乙亥、水旺運、乙己尅去しても、喜運にして食傷生財、また、生官殺の喜であり、水智も伴って、官職の喜もあり、才能発揮します。任氏は、用神財とした点と、「只要吾兒又得兒」となることを重視し過ぎた誤りと、さらに生尅制化も土多水塞の忌と考えたことの大誤による虚偽の事象であって、実際の人物でありましたなら、生家環境もよろしく、才智あり、若くしてその才を発揮し、立身出世し、財利向上もするし、健康にして不足するところない人とさえ言えるのです。

〔297〕

己	未	大運		
辛	未	7才庚午	37才丁卯	
丙	戌	17才己巳	47才丙寅	
戊	戌	27才戊辰	57才乙丑	

一七九九年七月に丙戌日なく、一七三九年七月十六日戌刻がこの四柱です。この年ですと、火旺であり、立運約3才。丙日未月火旺に生まれる「陽刃格」です。〈丙火季夏に生まれ〉と言っているので、もう一度調べましたところ、一六七九年七月三十日戌刻にも、この四柱がありました。これですと土旺で、立運約7才となります。丙日未月土旺に生まれ、辛丙干合して辛金倍力となりますが、二未二戌は燥土となり、不能生辛金。「地道有燥溼」で湿土とさせる水が必要なのに、無水です。「真の従児格」ですから、用神戊、喜神土金水、忌神木、閑神火。無水である限り、喜が喜の用をなさない下格となるものです。

任氏〈所謂、「従兒又見兒」です。〉と言っておりますが、「地道有燥溼」とある『滴天髓』の言など全く無視し、燥土生金するとしております。しかし、その後で、〈前造より劣るのは………凶物深蔵。〉のゆえ、とは言ってはいるのですが、湿土とさせる水が必要である、とはっきり言ってはいない点はむしろ誤りでさえあります。第三運戊辰は、辰の湿土によって生金されるので、この大運は喜の作用十分発しはします。しかし、第四運丁卯、木旺運は「真の従児格」は破格となります。忌の流年で死亡することには全く触れていません。さらに、任氏が〈凶物深蔵〉ゆえ〈前造より劣る〉としているのは、二戌中二丁蔵し、二未中の二乙蔵を言っているとすれば、普通格局とすべきことになるのです。しかし、干の特性として、二乙あっても生丙火せず、二丁も「不論身强弱」ですので、生土するのみなのです。すべては燥土不能生金に原因があることを知るべきです。

この重要なことを忘却して命理は考えられません。

〔298〕

甲　午　　**大運**　　辛巳
丁　丑　　戊寅　　壬午
甲　午　　己卯　　癸未
丙　寅　　庚辰

甲日丑月土旺に生まれようが、水旺に生まれようが、丑中印の癸水あり、水源深く、有情である以上、「従児格」となる理は、全くありません。「従財格」も不成です。〈甲木季冬に生まれ〉と言っているのですが、土旺であっても従する訳はないのに、「従児格」としているのです。しかし、偶然ではありますが、事実と大した違いのない命運となっているのです。

甲日丑月土旺生の「正財格」です。木は囚令で印の癸水の生助あるものの、年干甲は日干に無情、調候一丙でよいところを透丙し、午寅火局半会して、さらに年支に午あり、月干に透丁、日干弱となり、調候太過、「不可過」と『滴天髄』に言われているところです。しかし、二午と一丁は土旺の丑が納火晦光し、救応しています。日干弱ですから、用神壬と取りたくもなく、やむなく癸、喜神水、忌神火土金、閑神木、となるものです。

第一運戊寅、寅寅午午火局半会以上、生戊され、二甲が辛うじて制土するも、火の忌象免れず、忌の傾向性。

第二運己卯、木旺運にて日干の根旺じることにより、忌象減じ、喜象さえ生じる喜の傾向性。

第三運庚辰、湿土が晦光して生庚する忌を忌の丙火が制し、むしろ癸水滋木する喜の傾向性ある運。

第四運辛巳、火旺運で洩身するも丑土が晦火晦光、喜の傾向性ある運。

第五運壬午、火太過の忌となるところを丑に有気で、壬水が「薬」となり、丑が納火する喜運となっているので、任氏の言う事象はそれほど誤りとは言えないのです。結果は同じであっても、理論の違いによる格局の間違いや、用喜忌の誤りがあってはならないのです。

〔299〕

辛	丑	大運	丁酉	
辛	丑	庚子	丙申	
戊	申	己亥	乙未	
壬	子	戊戌		

〈戊土季冬に生まれ………純粋見るべく〉と言っているのは、土旺の生まれの「真の従児格」である、と言っていることです。日干弱となって他に従する条件の第一は、日干月令を得ないということが必要条件であるのに、土旺の生まれで月令を得ているのに従格とし、さらに、「天道」である調候も全く無視し、調候のない金寒水冷の下格であるのに、〈地位高登〉させ、「真の従児格」としたので、〈戊戌運〉の〈丙寅年〉25才で死亡させているのです。

仮に「真の従児格」と百歩譲ったとしましても、戊戌運は、〈壬水を奪去〉などしないのは、既に戊壬の尅となっているのと同時に、申子の水局半会により日干戊土は湿土、また大運干支戊戌も湿土となって生二辛し、丙寅年は、壬水にて制丙し、寅申冲で水局半会解けても、寅支は二丑一申一子によって、水木火土金と相生し、忌あっても丙火の多少の忌がある程度でしかないのです。〈申寅冲去〉したのなら、寅支も去となる訳ですから、丙火無根となって、壬子の水で制丙され、二丑に晦火晦光され、それほどの忌とはなりません。そもそも土旺であって、日干月令を得ているのに「真の従児格」とした全くの初歩的ミスから、二重、三重、四重のミスを重ねて、理のないところを無理矢理に死亡としているのです。

戊日丑月土旺生の「月劫格」です。調候二丙くらい必要であるのに、一点も丙なく、池塘氷結、金寒水冷の下格、申子水局半会して透壬し、二辛透出して、二丑中癸水水源深く、生水する財多身弱にして、用神取るもののなく、喜神火土とするも、調候ない限り喜の作用なく、忌神金水木となるのです。夭凶命と断ずべきです。

第一運庚子、水旺運、大忌でもあれば、

第二運己亥、水旺運、亥子丑丑の北方全以上の大忌の大忌、運中死亡さえあるものです。命運中一点も喜となるもののない、日干弱の無依となる運です。

〔300〕

庚子	**大運**	甲申	
庚辰	辛巳	乙酉	
戊申	壬午	丙戌	
辛酉	癸未		

また〈戊土季春に生まれ〉と言っているので仮従ともできません。「建禄格」です。申子辰水局全、調候不要ではあるものの、財多身弱の夭凶命で、用神取るものなく、喜神は火のみ、他はすべて忌神です。日干月令を得て旺じている以上、絶対に従することはできないのです。もし弱いからといって、従格としますと、実審に当たって事実と全く合致しないことになります。仮に、百歩譲り、生年の違う木旺の生まれで「真の従児格」とするなら、第一運辛巳、火旺の印旺運にして、「真の従児格」の破格、大忌の大忌。この運中死亡しても不思議ではないし、もし寿あったとしても、第二運壬午、印旺の破格にして、「衰神冲旺旺神發」で必死となります。どうして第三運癸

未まで寿を保ち得ましょうか。

もし〈仕は郡守に至る〉ということであれば、命理など全く信じるに足りないものであり、『滴天髄』のすべての論が信じられないことになります。任氏は〈前造の戊戌運、……実に運が背いたがゆえです。〉とありますが、本造、第六運丙戌は、申酉戌西方全となる喜運です。

〔301〕

壬	寅	**大運**	乙卯
辛	亥	壬子	丙辰
辛	亥	癸丑	丁巳
壬	辰	甲寅	

辛日亥月水旺に生まれ、調候急を要するのに、寅亥合去して調候を失い、印の辰土あるため、従することできず、「傷官格」です。用神戊、喜神土、忌神水木火、閑神金となります。

印あるのに、〈従児格〉として、〈読書するに一目で数行を読む〉などと、見てきたように言われますと、「従児格」でも「従財格」でも「従殺格」でも、印が有情に生身しても、従格は成立するものなのか、と一瞬迷われるかも知れません。印が有情で生身するなら、仮の従格とさえならないのです。しかもこの初歩的ミスの上に、〈一たび丙辰運に交わるや、官印斉来し、戊戌年、印綬を冲動して傷官を破り、死亡〉としてしまっているのです。第五運丙辰、丙火調候、もともと辰の印があるので、これが忌となるのはおかしいし、戊戌年の戌が二辰を冲動する理も全く筋が通りません。戊戌年の戊土が傷官を破ることで死亡したと言うなら、16才戊午年も〈傷官を破り〉ますし、26才戊辰年、36才戊寅年も同じく〈傷官を破り、死亡〉ということになるのです。

〔302〕

	大運	
壬　子		乙卯
辛　亥	壬子	丙辰
辛　卯	癸丑	丁巳
辛　卯	甲寅	

辛日亥月水旺に生まれ、年柱壬子、月日支は亥卯木局半会し、三辛透出する「従食傷生財格」。用神壬、喜神水木火、忌神土、閑神金となりますが、調候丙火ない、金寒水冷の下格です。（私は水旺なれど、亥卯木局半会の上、さらに時支卯であることから、「従児格」とせず、「従食傷生財格」としています。）

任氏、〈丙辰運、過ちを犯し、戌年旺土剋水して死亡〉とある戊戌は46才で、第五運丙辰は、辰子水局半会し、丙火調候の喜の傾向性ある運ですが、戊戌年は丙火生戊土し、戌辰冲、戌卯合の情不専にて、戊土は個有の支となり、年柱壬子ですから湿土となって生辛金するため、大忌の流年ではあります。

〔303〕

	大運	
甲　寅		39才癸亥
丁　卯	9才丙寅	49才壬戌
癸　卯	19才乙丑	59才辛酉
乙　卯	29才甲子	

癸日卯月木旺に生まれ、重々の木、無印無根にて、「真の従児格」です。用神甲、喜神木火土、忌神金、閑神水。水旺運は日干が月令を得るのと同理となり破格となりますが、それほどの忌とならないのは、原局このように木太過している、「真の従児格」ですから、十二分に納水することができるのです。原局で月令を得ることと、大運で旺となることの違いで、相生となる「不管身強弱」です。印が巡る流年は、忌少なくないのは、水旺運とそうでない旺運での剋の違いがあるからです。しかし金旺の第六運辛酉は

印旺となる破格の大忌です。さらに水旺運の第三運甲子、水が用神甲木を生木し、第四運癸亥、癸水は滋木培木し、亥中の甲はまた喜用の神であるので、それほどの忌とならず、むしろ、喜の傾向性とさえなるのです。

〔304〕

		大運	
戊	辰		31才己未
乙	卯	1才丙辰	41才庚申
壬	寅	11才丁巳	
甲	辰	21才戊午	

壬日卯月木旺に生まれ、全支寅卯辰辰の東方を全くして甲乙透り、印一点もない、「真の従児格」で、用神甲、喜神木火土、忌神金、閑神水となります。南方運喜の傾向性ではありますが、第五運庚申、破格の大忌となります。本造、食傷生財の丙火がないため、年干戊土は破土されると見てはなりません。月干湿木の乙では破土できないのです。また「仮の従児格」と見るのも誤りです。

〔305〕

		大運	
丁	未		32才壬寅
丙	午	2才乙巳	42才辛丑
甲	午	12才甲辰	
丙	寅	22才癸卯	

甲日午月火旺に生まれ、未午合は天干丁丙にて化火し、蔵干二丙二丁に変化、午寅火局半会し、調候とも生身ともなる水一点もない「真の従児格」です。用神丙、喜神火土金とはなりはするものの、あまり喜とはならないのは、火炎土焦となって生財に繋がらないためで、忌神水、閑神木となります。

第二運甲辰までは、喜の傾向性ではあるものの、不足するところあり、それほどの喜とならず、第三運癸卯は、破格の大忌となるのは、水旺運ではなく、癸丁剋去する比劫運であるから、それほどの忌ではない、とは言えないのです。癸丁解剋する年とか、壬・癸・亥・子・丑年などは相当なる忌象が発生するものです。

第四運壬寅も相当なる忌避けられず、

第五運辛丑は、破格の大忌となります。

これだけ火が旺強ですから、少しくらいの水があっても、逆剋となるので、水木火と木が通関ともなると考えるのは、一見正しいようではありますが誤りなのです。ここにも、「衰者冲旺旺者發」と『滴天髓』が言っている理があるのですし、用神を損傷、剋してはならない、の理もあるのです。つまり、原局午寅火局半会し、未午化火していることは、全支が火ですので、水は冲剋となるのです。この「衰神冲旺旺神發。」の真義を正しく理解するか否かが、命理の理に繋がるか否かの分かれ道なのです。ここにまた、従神をもってする、の理があるのであって、任氏のような用神の取用の法は、命理の真が解らない結果なのです。緊要の一神、の意を重視しなければなりません。「従児格」の用神を財とすること自体、命理の真を理解していない証拠なのです。

このように、単に調候のみでなく、大運によっても、真従であるからと言って、必ず喜が幸を得られるとは限りません。ですから「眞従之象有幾人」と言われているのです。

さらにまた、徐氏が〈木火の場合は、木は火焚を被り、火土の場合は、土多晦光、母旺を美となすものです。子旺は反ってその母を傷付けます。………佳造ではありません。〉と言っていることは、佳造ではないことは確かではありますが、もともと子である食傷が旺強となり過ぎて、日干無印で弱となっているので、「従児格」が成立するのであって、すべての「従児格」は子旺母衰なので、木火と火土のみではないのです。佳造ではない理は、「天道有寒暖」「地道有燥濕」と『滴天髓』で言われる点にあるのです。結論は同じであっても、その思考の過程、理論が誤りであれば、その結論は必然の理によるものではなく、無知による偶然でしかありません。佳造であるのか、ないのかの最重要視点は、この「天道」「地道」にあります。

以上で、従格と化格を述べましたが、「眞從之象有幾人」と全く同じである、一行得気格を知っておく必要があります。しかしながら、『滴天髓闡徴』でも『滴天髓徴義』でも「形象」という項目としてまとめて、「八格」以前に述べられており、その順序、構成が最も錯綜しているのです。「形象」ということはむしろ、「構造論」の中に入るべきもので、「格局論」の前で論述されるべきものではありませんので、これを整理しなければなりません。つまり、「八格」を論じ、従格、化格から、従格の中に入るものの、やや違った条件のある「従児格」を述べてきたのですから、特別格局の中に入るべき、一行得気格を述べ、「格局論」をまとめなければならないと考え、これに従った構成としました。

しかしこの「形象論」の中に、陳素庵氏が言い始め、それ以降に任鐵樵氏も徐樂吾氏も従っている「兩神成象格」という格局が論じられておりますので、この格局については一行得気格の後に論ずることとし、その他は「構造論」として後述することにいたしました。

獨象喜行化地。而化神要昌。〔輯要・闡微・徴義・補註〕

《獨象は化地に行くを喜びて、化神昌んなるを要す。》

原注

一であることを独とするもので、曲直、炎上の類であります。生ずるところのものを化神と言い、化神は旺じているのが宜しいのです。すなわち、その氣流行して、然る後に財官の地に行くも可とします。

任氏増注

権が一人であること、曲直、炎上の類です。化とは食傷のことで、局中「化神昌旺」、歳運化神の地に行くは、名利皆遂げられるものであります。八字五行全部備わっているのは、もとより宜しいことですが、しかし独象乗権しているのもまた、大変によいことであります。

木日で、方あるいは局を作って、金が混雑していなければ、「曲直格」とします。火日、方あるいは局を作って、水が雑っていなければ、「炎上格」をなします。四庫皆全くして、木が雑っていなければ、「稼穡格」をなします。金日で、方あるいは局を作って、火が雑っていなければ、「従革格」をなします。水日で、方あるいは局を作って、土が雑っていなければ、「潤下格」とします。このように、皆一方の秀氣に従うのは、六格の普通の法則とは異なっているのです。

必ず、時を得て月令に当たり、旺に逢い生に逢う、ただし、身体も質も自強に過ぎますので、須らく、引通食傷をもって妙となすものです。そして氣勢必ず、関するところあれば、務めてその情を審らかに推察すべきであります。

例えば、木局土運を見るは、これは財神資養するとはいえ、何としてもまず原局四柱に食傷があれば、分争の憂いないものです。

火運を見るに、英華発秀と言いますが、まず原局に財があって、印がないことを看なければならないのです。有財無印、反って尅の殃いを免れて、名利遂げることができるものです。金運は、いわゆる破局、凶多く吉少なく、水運を見るは、局中無火でしたなら、強神を生助するとして、成功発展を期し得られます。ですから昔から従強の説がありまして、再び生旺に行くは佳とし、もし四柱に食傷があれば、凶禍あり、原局に破神が微伏するは、運合冲するは妙、失時にして局を得るは、運生旺の郷に行くことが必要で、そうであれば功名小就、行運劫地に逢うは、独象立ち所に凶災を見るが、もし原局食傷反尅の能あれば、大害はなし、と言われているのです。

結論的に申し上げますと、干は領袖の神で、陽氣を強とし、陰氣は弱として、支の方と局は、方の力は重く、局の力は方に較べて軽いものであります。独象は美とするとは言え、運途が破局するを怕れますし、合象雑とは言いましても、反って制化成功するを喜ぶものであります。

〔306〕

甲寅　　大運
丁卯　　戊辰　辛未
甲辰　　己巳　壬申
丙寅　　庚午　癸酉

支は寅卯辰の東方全く、東方一氣、化神は丙丁で、菁華を発栄しますので、少年にして科甲、早く仕路光明、財地に行くも、原局食傷あって、化劫の功をなし、金運に行くも、丙丁の回尅の能がありましたが、壬運に交わり破局、傷秀して降職し、帰田して死亡しました。

〔307〕

己未　　大運
丁丑　　丙子　癸酉
戊子　　乙亥　壬申
己未　　甲戌　辛未

費中堂の命造です。天干戊己は丁に逢い、地支は重々未丑、子丑は化土、かくて「真の稼穡格」となり、不足するところは、丑中辛金が引き出されていず、局中の三丁火が、暗に辛金を傷付けて、いまだ生化の妙が得られていないのです。ゆえに、嗣息艱難。もし天干に一庚辛が透り、地支に一申酉がありましたなら、必ず多子です。

〔308〕

丙寅　　大運
甲午　　乙未　戊戌
丙戌　　丙申　己亥
乙未　　丁酉　庚子

支全火局、木は火勢に従って、「炎上格」を成します。惜しむらくは、木旺尅土し、秀氣に傷あり、学問に難あるところです。武甲出身にして、副将にまでなり、申・酉の運を巡り、また、戊未の土の化あり、咎めなき所以です。亥運、幸いに未と会して、寅と合し、降職したに過ぎません。庚子運に交わるや、干に食傷なく、支は冲激に逢い、軍中に死しています。

〔85〕 **庚申　乙酉　庚戌　庚辰**

大運 丙戌　丁亥　戊子　己丑　庚寅　辛卯

この造、天干乙庚化合し、地支申酉戌全して、「従革格」を成します。惜しむらくは、無水にして粛殺の氣太鋭で、学問不利ならざるのみでなく、善く終わりを全うし得ないことです。一兵から出身して、参将にまでなりましたが、寅運に交わって陣中にて没しています。けだし、原局食傷ないゆえであるのみです。寅戌暗夾して、その旺神に触れているからでもあります。

〔309〕 **壬子　辛亥　癸丑　壬子**

大運 壬子　癸丑　甲寅　乙卯　丙辰　丁巳

地支亥子丑北方、壬癸辛が透出し、「潤下格」を成します。行運が背かないことを喜びます。学問早く遂げ、甲寅運、秀氣流行、登科発甲し、乙卯運、宦途平坦、県令より州牧となりました。丙運、原局食傷の化なきため、群劫争財となり死亡しました。

徐氏補註

〔原注、任氏増注以上のことは言われておりません。重複しますので略します。〕

独とは、一つ、一人、一行ということで、これは日干月令を得て最強となる「従旺格」と同じではあるものの、条件として、旺じているものが方また局を成す、という象となる場合、印の有無に拘わらず、官殺一点もないなら、これを「従旺格」とは言わないで、一行のみが得気、形象している格とする、一行得気格とする、ということを言っているのです。その後の「化神要昌」と言っている、「化」とは必ずしも食傷のことではないのです。

原文は「獨象喜行化地」の「行」は、運歳を巡ることで、ここでは「化」という文字のみと考えた原注、任氏増注に問題があるのです。ここは実は「生化」の意と解さなければならないのです。「化」と限定すれば確かに食傷ですが、では「化」の地のみを喜ぶもので、「生地」は喜ばないとすることは誤りなのです。つまり、一行得気格は「従旺格」的であるのみではなく、方または局を成すという条件から、「獨象」となっているのです。印のあるなしに拘らず、官殺がないなら、一行得気格を成すものですから、「従旺格」と同じく、用神独象の陽干をもってし、印・比劫・食傷・財が喜神となるのですから、化地のみではなく生地も、幇地も、財地も喜とすると解するのが真義なのです。漢文独特の省略されている文と解さなければならないのです。そして、「而化神要昌」は、大運干支の支はいずれに巡るも旺ではあるが、大運干が順遂の喜であることを要する、と言うことなのです。官殺が強化されてはならない、ということが真義なのです。例えば、日干月令を得て、亥卯未の木局を成し、寅支がなく、透癸していないような、官殺一点もない「曲直格」(「曲直仁寿格」とも言う)、大運順旋するとしても絶対に食傷運とはならないのです。第一運は必ず辰運で、前木旺四年、後土旺六年ですが、これが甲辰とか壬辰とか、丙辰とか戊辰とかはよいとしても、庚辰では湿土生庚すると破格となるのですから、「要昌」でなければならない、と当然のことを言っているのです。「真の曲直格」で大運逆旋すれば、必ず第一運か二運目に丑運が巡ることになるので、当然大運干も忌であってはならないと言っているのです。

そして、ここまで繰り返し言ってきましたように、「真」の一行得気格を成す、「炎上格」「従革格」は調候あればこれらの格を成しませんので、「眞從之象有幾人」と言われるのです。「潤下格」にしても、調候丙火適切でないのは、下格となりますし、「稼穡格」とて同様なのです。

局は冲合によって、解けることもあり、また旺支と並ぶことで半会ということも成立しますので、四支中三支揃い、旺支同支の子午卯酉の冲がないなら方とする、という難しい条件がある方と較べますと、局は力弱いことになるのです。だからと言いまして、方の蔵干は局の蔵干より増えるという不合理なことはなく、蔵干の陰陽に変化するという点では局と同じなのですが、方のほうは旺支以外の冲では方は破れないといった条件の違いが、局より方のほうが強い、ということとの違いがあるのです。つまり、東方全くしている場合と、西方全くしている場合は、原局にあってさえ、申寅巳亥の冲合はない、ということであり、流年にて、卯酉冲となっても方は解けないのは、必ず冲合の情不専でもあるからです。しかし大運においては、「衰神冲旺」となるのです。子午の冲も「衰神冲旺」の理となるのです。この方局ということは、十二支を円形上に等分に配した場合、方は言うなれば、中央司令部を中に右翼と左翼が団結している形となり、局は三者連合し、団結はしていない形からでも解ることなのです。ではこの一行得気格というものは、どういう条件となるかを繰り返します。

○「曲直格」

日干木にして月令を得て、東方または木局を全くし、天干地支に官殺の庚辛金を一点も見ない。印があるなしは条件ではないが、印が日干に近貼して透出するのは、なお佳となります。

○「炎上格」

日干火にして月令を得て、南方または火局を全くし、天干地支に官殺の壬癸水を一点も見ない。官殺は調候でもあるのですから、調候がないという点で、火炎土焦となる下格に近いことになるのです。

○「稼穡格」

日干土にして月令を得て、四支土性支が揃い、天干地支に官殺の甲乙木を一点も見ない。これも調候がないのは下格です。

○「従革格」

日干金にして月令を得て、西方または金局を全くし、天干地支に官殺の丙丁火を一点も見ない。官殺は調候でもあり、調候丙火がないため下格となります。

○「潤下格」

日干水にして月令を得て、北方または水局を全くし、天干地支に官殺の戊己土を一点も見ない。調候があっても「潤下格」となるのですから、調候のない「潤下格」は下格となります。

任氏増注には、この調候という「天道」と言われている重要なことが一言も触れられていませんし、一行得気格の喜忌について大きな誤りをしております。つまり、一行得気格の成立の条件よりして、印・比劫・食傷・財、すべて喜で、官殺のみが条件に反するので忌とすべきですが、この喜を普通格局と同様な喜忌としている点です。

これは理論的にも実証的にも大きな誤りです。この誤りが、「従強格」などという格局を創ってしまった原因ともなっているのです。この一行得気格にも、「仮」となるものがあります。

〔306〕

		大運	
甲	**寅**	辛未	
丁	**卯**	戊辰	壬申
甲	**辰**	己巳	癸酉
丙	**寅**	庚午	

甲日卯月木旺に生まれ、四支寅寅卯辰東方一気を成し、官殺が一点もありませんので、「真の曲直格」です。用神は従神の陽干甲、喜神水木火土、忌神金となります。

第四運辛未までは、一路喜用の運を巡り、直上発展しますが、第五運壬申、金旺運は破格となり、忌大の運。続く第六運癸酉も、「衰神冲旺旺神發」の大忌。必死となるものです。

任氏〈壬運に交わり破局〉と言っていることは、用神丙と考えている誤りです。用神は従神の甲木で、壬水はたとえ丙丁火を制しても、用神の甲を生木するので、〈破局〉となる理はありません。むしろ、丙丁火が壬申運の壬によって、制金不能となる金旺運ですので、「真の曲直格」の破格となるのです。これは「獨象喜行化地」とある原文を、文字面だけの表面的にしか解し得なかったことからの大誤です。つまり、食傷が天干に透出することよりも、印が透出するほうが良いのは、化殺生身するからです。

〔307〕

己	未	大運		一七三九年一月十九日未刻がこの四柱で、これですと、水旺にて立運約4才となります。一七九九年一月に戊子はなく、一八五九年一月にも戊子日はありませんので、水旺生です。土旺ではありませんので、戊日丑月水旺の辛金分野生の「傷官格」となります。たとえ土旺であっても、「真の稼穡格」ではないのです。これも理論的大誤です。
丁	丑	4才丙子	44才壬申	
戊	子	14才乙亥	54才辛未	
己	未	24才甲戌	64才庚午	

34才癸酉	

などにはなりません。未丑冲と丑子合があるので、情不専となり〈子丑は化土〉ではないのです。これも理論的大誤です。

例えば、天干においても、日干の合の情不専なのに化するとするのは誤りです。これは事象に合わせようとして、非合理なことを無理に合理化しようとしているのです。

しかもさらに重要なことは、調候のない、池塘氷結の下格であり、化土した丑中辛を〈三丁火が、暗に辛金を傷付け〉るといった、馬鹿気たこともないのです。

「稼穡格」の条件は、日干戊己土にして、土旺で四支土性支が揃い、天干に官殺の甲乙木を見ない、ということです。つまり、三支あっても、局を作るということはないので、三支土性支あるのみでは、「稼穡格」とはならないのです。また、方もあり得ません。四支土性支さえ揃えばよいことで、辰戌未丑がそれぞれ揃う必要はないのです。

〔307〕′

己　未
丁　丑
戊　子
丁　巳

任氏、〈費中堂の命造〉と実在の人物名を挙げておりますので、述べている事象は事実であろうと思われます。当時、真太陽時という考えがありませんでしたので、己未刻としたのでしょうが、この生日確かなものであるとするなら、上記のような八字であるべきなのです。

つまり、水旺、調候丙火やや不及となりますが、時支巳中に丙あって、暖土、温水、巳中庚生子水となり、用神は調候とも助身ともなる丙、喜神火土、忌神金水、閑神木となるものです。

第一運丙子、助身・調候となる丙火透出して、制金の喜の傾向性。

第二運乙亥、亥子丑北方全くし乙己尅去するので、日干戊土は未の根に有情となり、制水にやや難ありますが、それほどの忌とならず、

第三運甲戌、疏土開墾して化殺生身の喜運にて直上する運。

第四運癸酉、「始終」やや洩秀に難ある運。

第五運壬申、それほどの忌とならず、

第六運辛未も、第七運庚午も喜運となるものです。

〔308〕

丙　寅　**大運**　戊戌
甲　午　乙未　己亥
丙　戌　丙申　庚子
乙　未　丁酉

丙日午月火旺に生まれ、日干月令を得て、寅午戌火局全くし、透丙甲乙ですので、「炎上格」の「真」となり、用神丙、喜神木火土金、忌神水となりますが、調侯壬水がないため、火炎土焦にて、上格とはなりません。

第二運丙申、調侯あって、喜の作用大ですが、以降、焦土不能生金となって財利望めず、

第五運己亥、水旺運にて破格となり、

第六運庚子、「衰神沖旺旺神發」の大忌です。

〈木旺尅土〉のために、〈学問に難〉があるのではなく、火炎土焦の調侯のない命造のためです。

〔85〕

庚　申　**大運**　己丑
乙　酉　丙戌　庚寅
庚　戌　丁亥　辛卯
庚　辰　戊子

庚日酉月金旺に生まれ、申酉戌西方全く、辰戌冲は方を解きません。「従革格」の「真」なるものですが、調侯ないため、金寒水冷、凍土、用神は庚、喜神土金水木、忌神火となるものの、上格ではありません。

第一運丙戌は申酉戌戌の西方全以上となって、大運干に調侯丙火あるので、喜大の傾向性です。それ以降、第四運己丑まで、金寒水冷となって、意のようになりません。第五運庚寅、寅中丙火調侯あるも、丙を殺として考えてはならないのです。

庚寅運も辛卯運も財運となり、特に第六運辛卯は調候がない点と「衰神冲旺旺神發」となりもするので、相当なる忌象発するものです。〈食傷なきゆえ〉ではなく、調候がないためなのです。

任氏、〈寅運に交わって陣中にて没しています。〉と言っておりますが、これはちょっと理に合いません。つまり、庚寅運であって、木旺の財は喜神であり、ただ、寅中蔵戊丙甲ですので、甲生丙しても、中気丙火は尅庚は不能ですから、丙生戊でもある戊土、辰土は生庚するので、丙火は調候の功のみとなるのです。しかし、〈陣中〉が戦争中という意でしたなら、ないとは断言できません。

〔309〕

壬子	**大運**	乙卯
辛亥	壬子	丙辰
癸丑	癸丑	丁巳
壬子	甲寅	戊午

癸日亥月水旺に生まれ、全支亥子子丑北方全以上、二壬と一辛透出する「潤下格」です。しかし調候必要な亥月生、調候丙あっても、「潤下格」を成す妨げにならないのに無丙では、金寒水冷の下格となります。用神壬、喜神金水木火、忌神土となりますが、調候がない限り、喜象ほとんどないものです。

第三運甲寅、第五運丙辰、第六運丁巳、火旺運は喜の作用発しますが、第七運戊午、火旺運、調候運でありながら、午子冲、午火生戊土して破格となり、「衰神冲旺」の大忌。必死の運となります。

〈丙運、原局食傷の化なきため、群劫争財となり、死亡〉としておりますが、丙火は調候であって、原局の水を温ませ、金を暖めて、生成発展の機を付与する調候で、これを〈争財〉とするのはとんでもないことです。

原局に辛の印あるので、辰中土は化殺生身し、しかも戊寅・甲申が殺印相生であるのと同理の、辰中余気乙木が癸水生乙、乙木生丙となっている点を見落としているのです。しかも、「従旺格」と同じように、透印する化殺生身ですので、単に一戊、大運干に巡っても、化殺生身して、忌とはならないのです。原局に食傷がないからと言って、〈群劫争財〉などはないのです。

つまり〈群劫争財〉ということは、比劫重々とあって、比劫が忌となる場合、弱い財が巡る場合のことを言うのであって、比劫が用喜であるのに、〈群劫争財〉とは言えないのです。原局では、喜となる調候が必要であるのにない場合、調候運にて発する実証は誠に多く、これは命理解命の一大視点であることを、申し添えておきます。

以上で、「格局論」は終わりなのですが、次の「兩氣合而成象」とあるところを、陳素庵氏が「兩神成象格」としたことから、任氏も徐氏もそれに従い、「兩神成象格」が特別格局の一つとされてきておりますので、本来であれば「構造論」で掲げるべき文ですが、次に解註しなければならないことになったのです。格局ではなく、四柱八字の組織構造の気勢を言っているところです。

兩氣合而成象。象不可破也。〔闡微・徴義・補註〕

《兩氣は合して象を成す。象は破るべからざるものなり。》

兩氣合而成象。象不可破。〔輯要〕

原　注

天干は木に属し、地支火に属し、天干火に属し、地支木に属しているのは、その象は一であります。もし金水を見れば、すなわち破ることとなります。他もこれと同様に考えるべきです。

任氏増注

兩氣が共に清いと言うのは、木火だけではなく、土金、金水、水木、木火、火土と相生するもの五種類あり、木土、土水、水火、火金、金木は相尅するものも五種類あります。相生は我が生じるは、秀氣流行しますし、相尅は我が尅するなら、日干は傷付きません。相生は必ず半分は欲するもので、やや少し多い少ないはほとんど関係ありません。相尅は須らく均敵すべきで、切に偏重偏軽を忌むものであります。もし金水であれば、火土が夾雑するのはよろしくありませんし、水木であれば、火金交争しあってはいけません。木火成象するものは、最も金水が破局するを怕れるものですし、水火が得済しているものは、もっとも土が來たって止水するを忌むものです。格がこのように成象となっていたなら、取運もまた喜忌これと同様に考えて宜しいのです。大運が一路澄清であれば、必ず位高く、祿また重きを得ますが、中途混乱しますと、職を奪われて、家も傾くものです。ですから、この格はなかなか全美となり難い要素があるもので、貴は至精にあるものでして、もし生じてまた生ずる様な場合、これ流通の妙としますが、もし尅して化に遇うは、また和合の情をなすものでもあります。あるいは、理はわずかに兩神であるのは、狭少であると言う人がいますが、格を分けますと、前述のように十種あることを知らないから、そのようなことを言うのです。詳細な点に至るまで研究すべきものです。

〔310〕

甲午　**大運**　辛未
丁卯　戊辰　壬申
甲午　己巳　癸酉
丁卯　庚午

この造は、木火が四字ずつで、兩氣成象するものです。丁火傷官の秀氣を取って用神とします。四柱には全く一点も金水はありませんので、大変純粋であり、巳運、丁火臨官、南宮〔河北省のこと。あるいは漢の宮殿〕にて勝ちを奏し、名は翰苑に高く、庚運、官殺混局して、知県に降職されました。南方の金ですので、金の力は余り強くはないから、この程度で済んでいるのですが、将來西方の水に遇い、筆舌に尽くし難いほどの凶災に見舞われることでしょう。

〔311〕

丁卯　**大運**　辛丑
乙巳　甲辰　庚子
丁卯　癸卯　己亥
乙巳　壬寅

これもまた、木火それぞれ四字ずつで、兩氣成象するものです。前造の傷官と同類ではなく、日主火で夏令に生まれ、木は火勢に従うもので、格としては「炎上格」となります。

さらに金運を見るは宜しくありません。火が生助に逢う東方運にて、浙江省の巡撫となり、辛運中の水年、木火皆傷付き、ゆえに禍を免れず、所謂、二人同心で、順ずべきで逆らうは不可であります。

〔312〕
丙　午　大運　壬寅
戊　戌　己亥　癸卯
丙　午　庚子　甲辰
戊　戌　辛丑

これも火土四字ずつで、両氣成象するものです。戊土食神秀氣を取って用神とします。辛丑運、湿土晦火、秀氣流行、郷榜に登り、壬運壬年、会試に赴いて都で死にました。水は丙火を激し、火滅したためで、両戌を両辰に換えましたなら燥烈とならず、水運に逢っても、大凶には至らなかったでしょう。

〔313〕
戊　戌　大運　乙丑
辛　酉　壬戌　丙寅
戊　戌　癸亥　丁卯
辛　酉　甲子

これは土金四ずつで、両氣成象するものです。辛金傷官を用神とします。一路北方運を喜び、秀氣流行、少年科甲、仕は黄堂に至りましたが、丙運に交わり、辛金の用を破ることとなり、死亡しました。およそ、両氣成象を成すものは、日干が食傷を生ずることで、英華秀発し、多くは富貴となるものですが、運が破局することになりますと、禍は免れ難いものとなります。金水、水木の「印綬格」は秀を取れず、富貴でなく、多くの実証例があるものです。

〔314〕

戊　戌　　大運
癸　亥　　甲子　戊辰
戊　戌　　乙丑　己巳
癸　亥　　丙寅

これは水土各四字ずつで、兩氣成象するものです。燥土に通根するを喜び、財命一あり、しかし、氣勢やや寒なるは、丙寅運、寒土が陽に逢い、科甲連登した所以です。さらに妙とすべきは、亥中甲木を暗に生じていることで、郡守に至り、宦途平坦でありました。

〔315〕

癸　亥　　大運　乙卯
己　未　　戊午　甲寅
癸　亥　　丁巳　癸丑
己　未　　丙辰

これは土水相尅の兩氣成象となるものです。純殺無制、日主受傷、初め火土の郷は七殺を生助し、世に知られることもなく、明月清風誰と共に楽しもうか、高山流水の音の美しさも知る人なし、といった状態でしたが、一たび乙卯運の東方に転ずるや、制殺化權、奇遇を得て、県令に飛升しました。このように観てきますと、生局は必ず食を美とし、印局は秀氣なく佳とするに足らず、財局は身財均敵して、日主無傷にして、運程安頓であれば良好を得られるものです。このようなのは全美ではありますが、一たび破局に遇いましたなら、立ち所に禍を生ずるものです。

徐氏補註

〔兩氣成象は、干支それぞれ四ずつ、氣勢相均、任氏増注に詳しい。〕

考玄解註

「兩神」とは二神・二行のことであり、「成象」とは形作られる、構成されるということですから、四柱八字が二行のみで構成されることを言っているのは確かなことです。そして、これを格として認識して特別格局の一格としたのが陳素庵氏であり、『滴天髓輯要』にも、この原文をもって「兩神成象格」と言っています。陳素庵氏の影響を多大に受けた任鐵樵氏も言っているように、陳氏の論と同様に、相生する二行の格、五つあり、相剋する二行の格、五つあり、合計十格の「兩神成象格」があるとしております。その条件は、

〈相生は必ず半分は欲する〉〈相剋は須らく均敵〉、つまり、両神・二行の力がほぼ相等しいこととし、ほぼであって絶対ではないともしており、陳氏の『命理約言』では、さらに四柱八字が、二干二支であるべきである、とも言っております。二行の力量がほぼ相等しい、という条件であれば、半会ずつの二行の支と、天干その二行の干が二干ずつあるものも、この格に入れることができますが、二干二支という限定条件が付きますと、支は四正である、子・午・卯・酉の二支のみで構成されなければならないので、相生する五格、相剋する五格はあり得ないことにもなるのは、土性支は三干蔵されていますので条件に反します。ですから、この条件に従うと、

相生する二行は、水と木、木と火、金と水、の三格しかなく、

相剋する二行は、火と金、金と木、水と火、の三格しかない。

ということになり、「以沖爲重」ということから、相剋の二行は、冲去となることが生ずることを、どう処理す

べきか、という問題が生じてきて、水と火、木と金の相尅二行は、全支無根となる場合さえあるのです。

こういったことのみから、私は「兩神成象格」はない、としているのではありません。つまり、『滴天髓』が、「八格定」と言い、従格を言い、化格を論じ、一行得気格を論じてきたことは、「月令乃提綱之府」、すべての格局は月令に係わるものである、とし、「影響遥繋既爲虚」と、あらゆる変格・雑格を格としてはならない、とさえ言っているのに、『滴天髓』の著者ともあろう人が、ここで月令に関係のない、「影響」に係わるような特別格局を論ずるはずがないのです。それを陳氏が一番初めに誤解をし、後の任氏も徐氏も『滴天髓』の真の義を、一貫した理として正しく理会することができなかったことから、陳氏の説を鵜呑みにして、現在に至っているのです。

『滴天髓』の著者はここで「兩神成象格」があると言っているのではなく、

《四柱八字構成の中で、二行の氣勢の強いものがあるから、「衰旺之眞機」「中和之正理」によって、用神を定め、原局の象を悪化させるのは宜しくないことです。》

と言っているのです。この「不可破」とあることを、ほとんど多くの人は尅傷してはならないというように誤解したのです。「不可破」とは、「中和之正理」による「扶之抑之」の正理に反することで、二行で成象されている以上、二行は強となるものであるから、さらにそれを強化させることは「衰旺之眞機」「中和之正理」に反すること、「破」となるのは宜しくないと言っているのです。

陳素庵氏が、十種の「兩神成象格」があると言い出した根拠は、

○陳氏が蔵干には「不可拘」、つまり、蔵干は注意しなくともよい、とした点。
○「月令乃提綱之府」を旺相死囚休、五行の循環律として認識し得なかった点。
○「独象」と「成象」の象の真義を誤解した点。

の三点にあるのです。子午卯酉の四正の支以外はすべて三行蔵する、それがゆえに局を成すことも、六冲の理あることをも無視してしまったことに、一番大きな原因があったと言えるのです。つまり、「蔵干理論」を否定したことから生じた謬と言えるのです。

次に、生旺墓絶は言っていても、旺相死囚休を無視したことは、大運をも否定する重大な謬であって、これも、十種の「兩神成象格」などはない理となるのです。さらに、「独象」ということと、「兩神成象格」ということの「象」の意味の違いがあるのです。一行得気格の独象は日干月令を得て、方または局を成すことであるが、「成象」は、日干月令を得て強となり、また食傷も強となる組織構造であるなら、これは二気「成象」となる、と解することができるのですから、「八格定」に従った「中和之正理」の用喜忌を定めるべきで、その比劫や食傷をさらに強化するのは、「成象」いずれかが強過ぎることになるから、「不可破」と言っている、と解するのが真義なのです。

以上よりして、「兩神成象格」などといった格局はない、と断定して然るべきなのです。

つまり、格局はあくまで月令によるところの格局とすべきです。決して、月令を無視した「兩神成象格」という格はないのです。

〔310〕

甲午	**大運**	辛未	
丁卯	戊辰	壬申	
甲午	己巳	癸酉	
丁卯	庚午		

甲日卯月木旺生の「建禄格」か「陽刃格」であって、「両神成象格」の形はしておりますが、「両神成象格」ではありません。甲日卯月生、調候は不要であって、干の特性として、日干甲であり、年干の甲は日干に無情であるが、二丁透出してはいるものの、日干は強でもあれば、食傷も強、用神は財と取りたいのですが、戊己土なく、運歳に待つしかありません。喜神は土金、忌神は水木、閑神火となるものです。単純仮数測定値は、木30、火24で、干の特性も加味した生尅制化の補正をしても、日干25くらいで、火がやや強となる28くらいで、日干も食傷も強となります。ここにも「始終」の理があります。

第一運戊辰、財の喜の傾向性。

第二運己巳、火旺・土相令の食傷太過することなく、生財する喜の傾向性。

第三運庚午、火旺運で午火上の庚は財滋弱殺となる財がないため、やや問題あるものの、丁火煅金、喜忌参半というより、やや忌のほうが強い傾向性。

第四運辛未、燥土不能生金となり、やや忌の傾向性。

第五運壬申、金旺運、生壬して日干を強化するとともに、制火する忌運となります。大運干の壬水は相令の申に有気であり、生壬される壬水は食傷を滅火しようとする勢いの上に、日干を強化すること多大であって、「不可破」に当たるものです。「両神成象格」として特別の見方とか、用喜忌があるものではないのです。

〔311〕

丁　卯
乙　巳
丁　卯
乙　巳

大運

辛丑　庚子　己亥
甲辰　癸卯　壬寅

丁日巳月火旺に生まれ、日干月令を得て、比劫重々、また印があり、官殺を一点も見ないので、「真の従旺格」とするものです。「兩神成象格」でも、「従強格」でもありません。用神丙、喜神木火土金、忌神は破格となる官殺の水となりますが、巳月生は調候として水が必要であり、調候がないということは、喜神も喜の作用はほとんどなく、火炎土焦ともなれば、焦土不能生金ともなるものです。

任氏は、「炎上格」のように言っておりますが、方または局を成してはおりませんので、「炎上格」ではありません。

〔312〕

丙　午
戊　戌
丙　午
戊　戌

大運

壬寅　癸卯　甲辰
己亥　庚子　辛丑

丙日戌月に生まれ透戊する「食神格」です。午戌、午戌の火局半会が二つあり、火多の「病」に対する「薬」の壬水が一点もない下格です。これも無水のため「地道有燥溼」の燥土となる命であり、用神取るものなく、喜神金水、忌神木火土となるものです。

大運は、第三運辛丑までは喜の傾向性ではありますが、第四運壬寅は、寅午午戌戌火局全以上となり、「薬」である壬水は二戊土から制壬され「薬」の効なく、必死となります。

任氏は、壬寅運の壬年に死亡と言っております。「食神格」としましても、大忌の運であることに変わりありません。
これを〈兩氣成象する〉と言っているのは誤りで、戌中辛は、化して蔵干二丁となる、力相等しいという条件に全く反することになり、〈戊土食神秀氣を取って用神〉などともできかねるものです。〈多くの実証例があります〉と言っておりますが、沖尅合局方の理、干の特性、調候、燥湿、病薬、用神に至る「衰旺之眞機」「中和之正理」を誤った解命では、いくら多くあっても、謬のまた謬でしかありません。

〔313〕

戊	**戌**	**大運**		乙丑
辛	**酉**	壬戌		丙寅
戊	**戌**	癸亥		丁卯
辛	**酉**	甲子		

戊日酉月金旺に生まれる「食神格」か「傷官格」です。調候丙火もなければ、燥土を湿にさせる水もない燥土、しかも、年柱は日干に無情です。つまり、左右、「始終」は、洩身太過の忌となります。用神、調候とも助身ともなる丙と取りたいのですが、命中に一点もなく、やむなく丁火を用神としか取れないもので、喜神火土（湿土）、忌神金水木、閑神土（燥土）となるものです。

任氏増注では、丙寅運に辛金の用を破り死亡したとあります。日干弱なのに、どうして、〈辛金傷官を用神〉とすることができましょうか。左右、「始終」を全く無視して、「兩神成象格」だから、特別な用神取用法があるとでも言うのでしょうか。「月令乃提綱之府」ということを、特別な格局だから無視してよいなどと、『滴天髓』は一言も言っておりません。

〔314〕

戊　戊　大運
癸　亥　甲子　戊辰
戊　戊　乙丑　己巳
癸　亥　丙寅　庚午

丁卯

戊日亥月水旺に生まれ、透癸する「偏財格」です。調候丙火急を要するのに一点もなく、年月干戊癸合去し、日時干は戊癸干合不化、癸水倍力。日干は年の方へ移動・接近することにより、戊土二戌に根あるものの、やや日干弱となる傾向があります。この命も丙火調候、助身を用神と取りたいのですが、一丙もなく、用神取れず、喜神火土、忌神金水木となる下格、池塘氷結、生気ないものです。

第一運甲子、第二運乙丑、水旺運にて忌大の傾向性ある運。
第三運丙寅、調候運にて喜の傾向性。
第四運丁卯、調候丙なく、それほどの喜はない。
第六運己巳、第七運庚午、調候助身する喜の傾向性となるものです。

〔315〕

癸　亥　大運
己　未　戊午　甲寅
癸　亥　丁巳　癸丑
己　未　丙辰

乙卯

一八〇三年七月十八日未刻がこの四柱、これですと火旺で、立運約3才4ケ月となります。一七四三年八月一日にも、癸亥日があり、立運約8才です。任氏の審察した命がいずれであるか定かではありませんが、火旺・土旺共に未月生の「偏官格」となります。年月干は喚起して、癸己尅去、日時干接近し、癸水二亥に根あるので、調候は可とはなるものの、火旺・土旺のいずれであっても日干弱、化殺生身の庚を用神と取りたくもなく、やむなく壬を用神とし、喜神金水、忌神木火土とするものです。

大運、火旺運から木旺運と一路忌神運を巡り、陰干弱きを恐れずを頼むのみですが、第四運乙卯、亥亥卯未未木局全以上の大忌の大忌の運となります。火旺、土旺のいずれでも、〈土水相尅の兩氣成象〉などではなく、亥亥卯未未の木局全以上となる大忌の大忌であるのに、〈一たび乙卯運の東方に転ずるや、制殺化権、奇遇を得て、県令に飛升しました〉と言っております。徐氏もこれについて、何らの批評も加えず、挙例もすべて正しいとしているようです。

以上で、格局の論はすべて終わりましたので、次は用神を知る必要性があるのです。考玄解註の解命の中で、挙例の用喜忌を明確にしてきましたが、しかし、『滴天髓』中に「用神論」が言われていないのですから、挙例は格局を正しく選定することだけでよかったのです。格局さえ正しく分類できないのに、用神など論ずるのは早すぎたのかも知れません。

八字索引（巻一～巻四）

◆甲日

乙丑　甲申　甲辰　己巳　〈二七三〉②三四五
癸巳　庚申　甲申　壬申　〈三六四〉③一六二
庚戌　甲申　甲戌　乙丑　〈三七二〉③一八七
癸巳　庚申　甲申　壬申　〈三六四〉③四一一
癸未　庚申　甲申　乙亥　〈五九〇〉④三〇八
己巳　壬申　甲寅　戊辰　〈五九六〉④三二〇
庚戌　乙酉　甲寅　庚午　〈四四〉①二四六
壬午　己酉　甲申　甲子　〈一四五〉②六四
壬辰　己酉　甲申　甲子　〈一四六〉②六五
癸未　辛酉　甲申　丙寅　〈一四七〉②六六
己亥　癸酉　甲辰　丙寅　〈六三〇〉④四〇七
丁亥　庚戌　甲辰　壬申　〈五〉①一〇九
甲申　甲戌　甲寅　甲戌　〈一二二〉②八
甲戌　甲戌　甲寅　甲戌　〈一三〇〉②二三
戊辰　壬戌　甲辰　己巳　〈二七四〉②三四六
己卯　甲戌　甲子　己巳　〈二八七〉②三七九
甲子　甲戌　甲寅　乙亥　〈三四五〉③一一七
戊子　壬戌　甲寅　庚午　〈四三七〉③三五二
癸巳　癸亥　甲寅　壬申　〈一九〉①一九九
壬子　辛亥　甲寅　甲子　〈五三〇〉④一八〇

壬寅　辛亥　甲寅　己巳　〈五三一〉④一八二
丙戌　己亥　甲戌　庚午　〈五六七〉④二六二
癸未　癸亥　甲午　丁卯　〈五七七〉④二九〇
甲子　丙子　甲申　己巳　〈二八八〉②三八〇
壬辰　壬子　甲寅　戊辰　〈三二四〉③六八
壬戌　壬子　甲子　戊辰　〈三二五〉③六九
③二三七
辛酉　庚子　甲子　丙寅　〈三七三〉③一八八
庚寅　戊子　甲寅　丙寅　〈四一三〉③二七四
丁未　癸丑　甲辰　甲戌　〈一八二〉②一六六
丁亥　癸丑　甲子　辛未　〈一八三〉②一六七
甲寅　丁丑　甲戌　己巳　〈二八九〉②三八一
甲午　丁丑　甲午　丙寅　〈二九八〉②四〇二
壬午　癸丑　甲寅　丁卯　〈六一四〉④三五六

◆乙日

丙辰　庚寅　乙卯　丁亥　〈五四〉①二七五
辛亥　庚寅　乙未　己卯　〈六七〉①三〇二
③三二六
癸未　甲寅　乙亥　己卯　〈一一八〉①四三三
戊午　甲寅　乙卯　己卯　〈三五〇〉③一二九

癸巳　壬戌　乙巳　戊寅　〈五六〉①二七六
甲戌　甲戌　乙卯　丙戌　〈’一三〇〉②二一三
癸巳　壬戌　乙卯　戊寅　〈五八九〉④三〇七
庚午　丙戌　乙卯　丁丑　〈五九七〉④三二一
乙卯　丙戌　乙卯　丁亥　〈六四三〉④四二二
丙子　己亥　乙丑　壬午　〈一一〉①一二四
甲寅　乙亥　乙卯　癸未　〈五七〉①二八〇
甲寅　乙亥　乙卯　庚辰　〈A〉①二八一
丙子　己亥　乙亥　丙子　〈一一二〉①四一五
丙子　己亥　乙酉　壬午　〈一三二〉②二九
壬子　辛亥　乙亥　丙子　〈三九五〉③二三一
乙丑　丁亥　乙未　己卯　〈四八四〉④七一
己亥　丙子　乙丑　壬午　〈一三三〉②三〇
甲申　丙子　乙酉　丙戌　〈三二九〉③七九
戊寅　甲子　乙亥　甲申　〈三六七〉③一七二
辛巳　辛丑　乙酉　乙酉　〈二六七〉②三二一
壬申　癸丑　乙丑　辛巳　〈三三二〉③八二
③二七九
③三九九
丙子　辛丑　乙巳　乙酉　〈四一二〉③二六七

◆丙日

辛亥　庚寅　丙子　乙未　〈三七〉①二三四
②一三五
丁亥　壬寅　丙午　丁酉　〈三九〉①二三六
丁丑　壬寅　丙申　壬辰　〈二八一〉②三六〇
壬申　壬寅　丙子　乙未　〈四二七〉③三二三
④三三一
辛卯　庚寅　丙戌　己丑　〈四三二〉③三三九
甲午　丙寅　丙午　丁酉　〈四五五〉③四一四
丙辰　庚寅　丙午　壬辰　〈四六九〉④三六
丙辰　庚寅　丙午　癸巳　〈’四六九〉④三七
乙亥　戊寅　丙子　甲午　〈四七三〉④五一
辛巳　庚寅　丙辰　己丑　〈四七四〉④五三
丁亥　壬寅　丙子　丁酉　〈五〇六〉④一二五
癸酉　甲寅　丙午　癸巳　〈五二六〉④一七二
甲辰　丙寅　丙寅　壬辰　〈五五一〉④二二三
癸巳　甲寅　丙戌　庚寅　〈六〇〇〉④三二四
庚辰　己卯　丙申　戊戌　〈四八〉①二五一
癸未　乙卯　丙午　辛卯　〈一六四〉②一二八
丁巳　癸卯　丙辰　癸巳　〈一七一〉②一三六

癸巳	戊午	丙午	庚寅	〈五〇七〉	④一二六
丙戌	甲午	丙午	己丑	〈五一三〉	④一四二
辛巳	甲午	丙子	甲午	〈五一四〉	④一四四
丙寅	甲午	丙午	己丑	〈五二四〉	④一七〇
丁卯	丙午	丙午	庚寅	〈五二五〉	④一七一
壬戌	丙午	丙寅	己丑	〈五三四〉	④一八八
丙寅	甲午	丙申	壬辰	〈五三八〉	④二〇〇
丙申	甲午	丙寅	壬辰	〈五三九〉	④二〇一
戊子	戊午	丙辰	戊戌	〈五四〇〉	④二〇二
庚戌	壬午	丙子	壬辰	〈六〇三〉	④三三七
丁卯	丙午	丙子	壬辰	〈六〇七〉	④三四〇
庚戌	壬午	丙寅	己亥	〈六五三〉	④四四三
己丑	辛未	丙寅	己丑	〈二二〇〉	②二五五
戊申	己未	丙戌	己丑	〈二三一〉	②二六八
丙子	乙未	丙辰	乙未	〈二三六〉	②二七四
癸酉	己未	丙午	癸巳	〈二四〇〉	②二七九
己未	辛未	丙戌	戊戌	〈二九七〉	②四〇一
己卯	辛未	丙子	辛卯	〈三六五〉	③一七〇
戊戌	己未	丙子	庚寅	〈三九一〉	③二二一
己巳	辛未	丙午	丁酉	〈四〇一〉	③二四四

癸亥	己未	丙午	己丑	〈四五二〉	③四〇九
丙戌	乙未	丙子	甲午	〈五一二〉	④一三七
壬寅	丁未	丙申	甲午	〈五五〇〉	④二二二
戊戌	己未	丙辰	戊戌	〈六二一〉	④三九八
癸丑	己未	丙寅	辛卯	〈六五二〉	④四四一
丙戌	丙申	丙申	壬辰	〈A〉	①一一五
壬寅	戊申	丙寅	癸巳	〈二八〉	①二一三
戊寅	庚申	丙申	丙申	〈三一七〉	③三五
丙子	丙申	丙子	丙申	〈三七六〉	③一九〇
戊辰	辛酉	丙午	癸巳	〈四九〉	①二五九
丁丑	己酉	丙午	己丑	〈一二〇〉	①四三四
己巳	癸酉	丙寅	庚寅	〈一五〇〉	②七六
戊子	辛酉	丙申	己丑	〈二九三〉	②三八六
乙丑	乙酉	丙辰	辛卯	〈四八六〉	④七八
辛卯	戊戌	丙辰	己亥	〈二一二〉	②二二〇
辛卯	戊戌	丙辰	壬辰	〈二一三〉	②二二一
丙午	戊戌	丙午	戊戌	〈三一二〉	②四三一
癸丑	壬戌	丙午	庚寅	〈三八三〉	③二〇四
辛酉	戊戌	丙午	庚寅	〈四二五〉	③三一一
乙丑	丙戌	丙午	庚寅	〈五三三〉	④一八七

◆丁日

戊申	丙辰	丁卯	甲辰	〈四〇〇〉	③二四三
壬午	甲辰	丁巳	己酉	〈五九一〉	④三一〇
丁酉	甲辰	丁巳	丙午	〈’五九一〉	④三一一
辛酉	壬辰	丁巳	甲辰	〈六三一〉	④四〇八
壬戌	甲辰	丁酉	己酉	〈六五七〉	④四四八
丁卯	乙巳	丁卯	乙巳	〈三一一〉	②四三一
乙亥	辛巳	丁巳	庚戌	〈三四〇〉	③一〇六
壬午	乙巳	丁丑	丙午	〈三六六〉	③一七一
癸巳	丁巳	丁卯	丙午	〈三八五〉	③二〇六
丁酉	乙巳	丁丑	丙午	〈四〇九〉	③二六五
丁未	乙巳	丁酉	癸卯	〈四九三〉	④九三
丙辰	癸巳	丁丑	甲辰	〈六三五〉	④四一三
丁巳	丙午	丁酉	丙午	〈’C〉	①二五八
丁未	丙午	丁巳	丙午	〈D〉	①二五八
庚寅	壬午	丁卯	癸卯	〈五〇〉	①二六〇
戊申	戊午	丁巳	乙巳	〈二四一〉	②二八〇
甲申	庚午	丁亥	壬寅	〈三六一〉	③一五九
甲申	庚午	丁亥	癸卯	〈’三六一〉	③一六〇
丁丑	丁未	丁酉	丁未	〈一二一〉	①四三五
壬申	丁未	丁未	癸卯	〈二〇三〉	②二一一

壬申	丁未	丁未	己酉	〈二四八〉	②二八八
丁巳	丁未	丁卯	癸卯	〈三八六〉	③二〇七
戊辰	己未	丁巳	丙午	〈三九二〉	③二二一
丙申	乙未	丁未	庚戌	〈五四九〉	④二二〇
己丑	壬申	丁未	丙午	〈一六三〉	②一二七
辛未	丙申	丁亥	壬寅	〈三六三〉	③一六一
辛巳	丁酉	丁酉	辛丑	〈七八〉	①三五九
己未	癸酉	丁巳	丁未	〈一三四〉	②三一
					②一三七
庚辰	乙酉	丁丑	乙巳	〈四六三〉	④二二
癸未	壬戌	丁未	戊申	〈二一八〉	②二二七
丙申	戊戌	丁卯	乙巳	〈二二四〉	②二六〇
甲子	甲戌	丁未	甲辰	〈二四九〉	②二八九
戊午	壬戌	丁卯	癸卯	〈三八二〉	③二〇三
丙寅	戊戌	丁酉	乙巳	〈六〇九〉	④三四六
癸丑	壬戌	丁亥	壬寅	〈六五六〉	④四四七
己丑	乙亥	丁巳	辛丑	〈一五七〉	②八八
癸亥	癸亥	丁卯	癸卯	〈一九四〉	②二〇三
戊寅	癸亥	丁未	辛亥	〈四二一〉	③三〇五
癸卯	癸亥	丁卯	辛亥	〈四六四〉	④二一八

己未	己巳	戊午	乙卯	〈三九六〉	③二三一
辛酉	癸巳	戊申	丁巳	〈四四五〉	③三七一
辛丑	癸巳	戊申	丙辰	〈四四一〉	③三七四
乙未	辛巳	戊戌	丁巳	〈四九七〉	④一〇五
戊辰	戊午	戊申	己未	〈八〇〉	①三六一
戊子	戊午	戊戌	戊午	〈一二三〉	②一〇
戊申	戊午	戊子	戊午	〈一二四〉	②一〇
甲申	庚午	戊戌	丙辰	〈一三一〉	②二四
戊午	戊午	戊午	甲寅	〈三四八〉	③一二二
丁酉	丙午	戊午	乙卯	〈三九七〉	③二三二
庚寅	壬午	戊午	丁巳	〈四四三〉	③三七五
甲寅	庚午	戊寅	甲寅	〈五四七〉	④二一六
己丑	庚午	戊申	癸亥	〈五九八〉	④三二二
丁亥	丙午	戊寅	甲寅	〈六一一〉	④三四八
庚子	癸未	戊寅	壬子	〈一七三〉	②一四一
戊戌	己未	戊戌	丙辰	〈四〇七〉	③二五五
丁酉	丁未	戊戌	丁巳	〈五〇〇〉	④一〇八
己巳	辛未	戊戌	己未	〈五五九〉	④二四五
己酉	辛未	戊辰	壬戌	〈六四一〉	④四二〇
丁酉	戊申	戊申	戊午	〈二五三〉	②二九三

壬子	戊申	戊戌	辛酉	〈四五八〉	④一八
癸丑	庚申	戊午	己未	〈六三九〉	④四一八
癸丑	庚申	戊午	丙辰	〈六三九〉	④四一九
癸未	庚申	戊戌	己未	〈六四〇〉	④四一九
辛卯	丁酉	戊子	戊午	〈二〇〉	①二〇〇
丁亥	己酉	戊子	丁巳	〈一四四〉	②五六
辛酉	丁酉	戊午	辛酉	〈二二一〉	②二五六
戊子	辛酉	戊午	丁巳	〈二二六〉	②二六二
癸亥	辛酉	戊申	己未	〈二二八〉	②二六五
己未	癸酉	戊戌	庚申	〈二二九〉	②二六六
壬戌	己酉	戊戌	乙卯	〈二三七〉	②二七六
戊戌	辛酉	戊戌	辛酉	〈三一三〉	②四三二
己亥	甲戌	戊寅	丙辰	〈四〇〉	①二三七
己巳	甲戌	戊寅	丙辰	〈四一〉	①二三七
戊辰	壬戌	戊辰	己巳	〈一七四〉	②三四七
甲辰	甲戌	戊子	甲寅	〈四五〇〉	③三九八
辛未	戊戌	戊戌	丁巳	〈五六五〉	④二六〇
壬辰	辛亥	戊子	癸丑	〈八二〉	①三六二
癸酉	癸亥	戊子	丁巳	〈一七四〉	②一四二
戊戌	癸亥	戊戌	癸亥	〈三一四〉	②四三三

③三一〇
④一五〇
戊辰　庚申　己卯　戊辰　〈四八三〉④七〇
丁亥　庚戌　己巳　庚午　〈二五四〉②二九三
③五五
壬午　庚戌　己酉　庚午　〈二五五〉②二九三
③五七
甲子　乙亥　己巳　丁卯　〈二〇九〉②二一七
甲寅　丙子　己酉　己巳　〈三四九〉③一二三
丙寅　庚子　己亥　甲戌　〈三五七〉③一四六
戊戌　甲子　己巳　戊辰　〈五〇八〉④一二七
癸卯　乙丑　己亥　己巳　〈一七六〉②一四四
丙戌　辛丑　己卯　甲子　〈三五八〉③一四七
庚辰　己丑　己亥　壬申　〈五六〇〉④二四五
己丑　丁丑　己亥　乙丑　〈五六六〉④二六一

◆庚日

辛卯　庚寅　庚午　己卯　〈一三〉①一三六
②六八
己酉　丙寅　庚申　庚辰　〈一八八〉②一九七
丙申　庚寅　庚申　辛巳　〈一八九〉②一九八

壬寅　壬寅　庚寅　戊寅　〈二六四〉②三一九
丁卯　壬寅　庚午　丙戌　〈二六六〉②三二一
己亥　丁卯　庚寅　丙子　〈八七〉①三六五
己亥　丁卯　庚申　庚辰　〈一一四〉①四二七
④三三二
己酉　丁卯　庚辰　甲申　〈一一五〉①四二九
乙亥　己卯　庚辰　丁丑　〈一七二〉②一四〇
丙辰　辛卯　庚申　丁丑　〈二〇五〉②二一三
癸酉　乙卯　庚戌　戊寅　〈五六九〉④二六三
甲子　戊辰　庚申　壬午　〈一〇〉①一二二
戊午　丙辰　庚寅　丙戌　〈一九三〉②二〇二
庚辰　庚辰　庚申　庚辰　〈三九三〉③二二九
壬辰　甲辰　庚午　丙戌　〈五五四〉④二三五
乙卯　庚辰　庚申　丁丑　〈六一二〉④三四九
乙巳　辛巳　庚辰　甲申　〈四六七〉④三〇
丁卯　丙午　庚午　己卯　〈一四〉①一三七
壬申　丙午　庚午　庚辰　〈一五四〉②八六
壬午　丙午　庚申　戊寅　〈一五五〉②八七
壬申　丙午　庚午　丙戌　〈一九八〉②二〇七
癸酉　戊午　庚寅　丁丑　〈三五六〉③一四五

癸酉　甲子　庚辰　甲申　〈三九四〉③二三〇
己卯　丙子　庚寅　辛巳　〈四一九〉③二九三
乙未　戊子　庚辰　丁丑　〈四三四〉③三五〇
壬申　壬子　庚辰　丙子　〈五二一〉④一六一
甲子　丙子　庚辰　庚辰　〈五四五〉④二〇六
甲戌　丙子　庚子　丙戌　〈五六三〉④二五八
丁亥　壬子　庚子　辛巳　〈五七三〉④二七七
己亥　丙子　庚子　辛巳　〈五八〇〉④二九二
辛巳　辛丑　庚申　辛巳　〈五五〉①二七五
④一二七
丙辰　辛丑　庚辰　丙子　〈一〇八〉①四〇二
癸卯　乙丑　庚申　丁丑　〈四九二〉④九二
丁未　癸丑　庚子　丁亥　〈六二四〉④四〇〇
丁丑　癸丑　庚子　乙酉　〈六二五〉④四〇二

◆辛　日

丁卯　丙寅　辛亥　庚寅　〈二八三〉②三六一
丁卯　壬寅　辛亥　庚寅　〈′二八三〉②三六一
己卯　丙寅　辛亥　庚寅　〈″二八三〉②三六一
甲午　丙寅　辛酉　己丑　〈四六六〉④二九
丙子　庚寅　辛巳　戊子　〈六一〇〉④三四七

壬子　癸卯　辛亥　甲午　〈七〇〉①三二六
辛卯　辛卯　辛卯　辛卯　〈一二五〉②一一
戊辰　乙卯　辛丑　丁酉　〈四二二〉③三〇六
己巳　丁卯　辛卯　乙未　〈四二三〉③三〇七
壬子　甲辰　辛亥　甲午　〈′七〇〉①三二六
戊子　丙辰　辛酉　壬辰　〈二六二〉②三〇一
癸丑　丙辰　辛亥　戊子　〈二九二〉②三八五
己巳　戊辰　辛酉　己亥　〈三二六〉③六九
戊戌　丙辰　辛丑　戊戌　〈三三四〉③九一
丁卯　甲辰　辛亥　癸巳　〈四七〇〉④三八
己丑　戊辰　辛亥　戊戌　〈四八七〉④七九
壬辰　甲辰　辛酉　丁酉　〈六〇一〉④三二五
己卯　庚午　辛卯　甲午　〈八六〉①三六四
庚申　壬午　辛酉　癸巳　〈一一六〉①四三〇
庚申　壬午　辛酉　甲午　〈一一七〉①四三二
丁酉　丙午　辛酉　戊子　〈二一七〉②二二六
丁未　丙午　辛卯　甲午　〈二七二〉②三二七
辛卯　乙未　辛酉　庚寅　〈三七九〉③一九二
戊子　己未　辛亥　戊子　〈五八六〉④二九九
丁酉　戊申　辛丑　己丑　〈四〇六〉③二五五

◆壬日

壬寅	癸卯	壬寅	癸卯	〈B〉②三九六
戊午	乙卯	壬子	庚子	〈二五八〉②二九七
				④一七一
己卯	丁卯	壬午	甲辰	〈二七五〉②三四七
己卯	丁卯	壬午	癸卯	〈二七六〉②三四八
甲辰	丁卯	壬辰	辛亥	〈二九一〉②三八四
戊辰	乙卯	壬寅	甲辰	〈三〇四〉②四〇七
丙子	壬辰	壬申	乙巳	〈八〉①一一六
癸巳	丙辰	壬寅	丙午	〈七一〉①三二七
甲寅	戊辰	壬辰	壬寅	〈二一五〉②二二三
壬申	甲辰	壬寅	癸卯	〈C〉②三九七
壬申	甲辰	壬申	戊申	〈六五五〉④四四六
壬寅	乙巳	壬午	乙巳	〈二七〉①二一二
癸酉	丁巳	壬午	丙午	〈四一一〉③二六六
癸卯	戊午	壬寅	丙午	〈九一〉①三六六
丁亥	丙午	壬寅	己酉	〈一七〇〉②一三二
丁亥	丙午	壬寅	戊申	〈一七〇〉②一三四
戊辰	戊午	壬辰	甲辰	〈一九五〉②二〇三
癸亥	戊午	壬午	己酉	〈二〇七〉②二一六
壬子	丙午	壬子	丙午	〈三七八〉③一九二

癸丑	戊午	壬寅	庚戌	〈五五五〉④二三五
丙辰	乙未	壬午	癸卯	〈九〇〉①三六六
丙午	乙未	壬午	辛亥	〈九六〉①三七一
己巳	辛未	壬午	乙巳	〈一四〇〉②五一
戊午	己未	壬申	辛亥	〈二一一〉②二二〇
丁巳	丁未	壬寅	壬寅	〈二七八〉②三四九
丙辰	乙未	壬辰	甲辰	〈三三〇〉③八〇
己酉	辛未	壬寅	壬寅	〈四七九〉④六五
戊子	庚申	壬寅	辛丑	〈三八〉①二三五
辛巳	丙申	壬寅	庚戌	〈四一八〉③二九〇
癸巳	壬申	壬寅	庚戌	〈,四一八〉③二九二
庚辰	甲申	壬辰	壬寅	〈四七五〉④五四
癸亥	庚申	壬申	甲辰	〈五二二〉④一六七
癸亥	庚申	壬子	丙午	〈五二三〉④一六八
癸亥	庚申	壬子	庚子	〈,五二三〉④一六九
丁丑	戊申	壬戌	庚子	〈五二七〉④一七二
戊申	庚申	壬申	甲辰	〈五九三〉④三一二
壬申	戊申	壬申	戊申	〈六五四〉④四四五
戊戌	辛酉	壬寅	辛丑	〈三三七〉③九二
己亥	癸酉	壬申	戊申	〈五九四〉④三一三

◆癸日

壬午　丙午　癸巳　甲寅　〈二八五〉②三六四
壬申　丙午　癸亥　戊午　〈四五七〉④一二
戊子　戊午　癸酉　戊午　〈六二七〉④四〇四
戊子　戊午　癸酉　壬子　〈A〉④四〇五
戊子　戊午　癸酉　癸丑　〈B〉④四〇五
丙申　乙未　癸酉　癸亥　〈九五〉①三七一
甲寅　辛未　癸亥　戊午　〈二九〇〉②三八二
癸亥　己未　癸亥　己未　〈三一五〉②四三三
丁卯　丁未　癸巳　癸丑　〈五八八〉④三〇〇
甲寅　壬申　癸巳　癸亥　〈一八〉①一九七
戊戌　庚申　癸亥　乙卯　〈一五九〉②九七
辛卯　丙申　癸卯　壬戌　〈一六五〉②一二九
辛卯　丙申　癸卯　甲寅　〈一六六〉②一三〇
辛丑　丙申　癸巳　庚申　〈四六二〉④二一
丁巳　戊申　癸丑　乙卯　〈六二九〉④四〇六
庚辰　乙酉　癸卯　庚申　〈A〉②三三三
〈三五二〉③一三〇
庚辰　辛酉　癸卯　庚申　〈'A〉②三三三
癸亥　辛酉　癸丑　壬戌　〈五三五〉④一九一
壬辰　己酉　癸卯　乙卯　〈五七八〉④二九一

癸巳　壬戌　癸酉　壬戌　〈一八四〉②一六八
癸亥　壬戌　癸丑　癸亥　〈一八五〉②一六九
③四一三
丙戌　戊戌　癸巳　壬戌　〈二七七〉②三四八
癸亥　壬戌　癸丑　癸丑　〈五九五〉④三一四
乙酉　丙戌　癸酉　丁巳　〈六一六〉④三五九
壬子　辛亥　癸丑　壬子　〈三〇九〉②四二一
丁丑　辛亥　癸亥　癸亥　〈五三六〉④一九二
癸酉　甲子　癸亥　辛酉　〈四〉①一〇三
己酉　丙子　癸未　戊午　〈九八〉①三八〇
丁酉　壬子　癸亥　壬子　〈三五五〉③一三六
甲申　丙子　癸亥　癸亥　〈三六〇〉③一五八
甲子　丙子　癸亥　乙卯　〈五四八〉④二一六
丁亥　壬子　癸丑　甲寅　〈六四二〉④四二一
甲辰　丁丑　癸亥　癸酉　〈九四〉①三七〇
辛丑　辛丑　癸丑　癸丑　〈一〇五〉①三九七
②三三
癸丑　乙丑　癸丑　癸丑　〈三六二〉③一六〇
辛丑　辛丑　癸酉　癸丑　〈四八九〉④八〇

（全七〇二造）

著者略歴

武田考玄

日本命理学会前会長

大正５年12月１日午前８時頃、横浜に生まれる。

早稲田大学政治経済学部卒業。中国に７年間。俳優座、新東宝を経て、ＮＥＴ（現テレビ朝日）開局時より、演出家、プロデューサーとして活躍。脚本も手掛ける一方、中国の古書により、四柱推命学、奇門遁甲学、漢方、家相、姓名学、観相学などを研究。昭和46年、同局を退職後、四柱推命学の通信講座を開講するとともに、多くの人のために実審を行う。昭和49年、日本命理学会設立。

著書に『四柱推命学詳義』（全十巻）『滴天髄和解大全』（全四巻）『造化真髄』（上・中・下巻）『奇門遁甲個別用秘義』『命理姓名学』『２１世紀の家相』他、多数。

滴天髄真義　巻二

限定版

二〇一九年五月三十日　初版第1刷発行

著者　武田考玄

発行者　土屋照子

発行所　秀央社

〒一七七－〇〇四五

東京都練馬区石神井台八－十三－一

TEL　〇三－三九二九－三五八一

FAX　〇三－三九二九－三三三八

振替　〇〇一四〇－〇－七九六二六

http://www.meirigaku.com

発売元　星雲社

〒一一二－〇〇〇五

東京都文京区水道一－三－三〇

TEL　〇三－三八六八－三二七五

FAX　〇三－三八六八－六五八八

印刷　モリモト印刷株式会社

函装丁　板谷成雄

武田考玄著作目録

秀央社
〒177-0045 東京都練馬区石神井台8—13—1
TEL 03（3929）3581
FAX 03（3929）3331

通信講座（全十巻）

四柱推命学詳義 七巻
事象論 (1)(2)(3) 三巻
B五判上製

「武田命理学」の全貌を余すところなく論述・解説した、『四柱推命学詳義』全七巻、および『事象論』全三巻をテキストとする本格的な四柱推命の「通信講座」です。テーマは厖大ですが、理解されるまで解答することによって、具体的な事象審察に至ることができるようになります。受講者の都合で、半年で終了することも、三、四年かけて修了することも自由です。また、本講座の受講生の希望者を対象として特別講義も行なっております。修了されますと、「日本命理学会」の、正会員・準師範・師範になることができます。ご希望の方には、**案内書**を無料でお送りいたします。

増補改訂 未来予知学としての
四柱推命学入門
四六判上製
定価二、六〇〇円＋税

全く初歩の方でも理解できるよう、四柱推命の基礎から新理論「南半球干支論」に至るまで平易に解説。改訂に際し、干支暦他、多数の早見表を付け、未来の事象を的確に知ることができる一書です。

増補改訂 目的達成法としての
奇門遁甲学入門
四六判上製
定価二、六〇〇円＋税

命運良化を図るための、最も積極的かつ効果的な奇門遁甲について解説した入門書。増補改訂により、目的別活用法の他、より実践的な活用例を掲載し、わかりやすく解説しています。

四柱推命による
姓名学入門
四六判上製
定価二、一九〇円＋税

巷間に流布される姓名判断の矛盾をご理解いただき、生命と姓名の係わりの見方をわかりやすく解説。実例も豊富で、命名・改名の参考となるよう一万余例の名前の一覧表が付いた便利な一書です。

家族が幸せになる
21世紀の家相
四六判上製
定価二、〇〇〇円＋税

〈家族の絆〉によって少年犯罪を防ぐとともに、天災や環境汚染から身を守り、家族が安心して暮らせる家造りを、モデルハウスの平面図によって解説。さらに、地鎮祭の方法などについても詳細に説明した、全く新しい視点による家相の本です。

あなたの生命エネルギー
四柱推命
新書判
定価九七一円＋税

難解と言われる四柱推命学を、「生じる」「尅する」の二つの視点のみによって解説した画期的な書です。著名人の実例も多く、性情、病源、適職、相性、そして財、社会的地位等々の見方まで大変わかりやすく説明されております。

天中殺をブッタ斬る
新書判
定価七〇〇円＋税

愛と怒りを込めて、天中殺、空亡をもって世を欺瞞する輩を、完璧なまでにブッタ斬った必読の快著です。

秀央社のホームページ ⇒ http://www.meirigaku.com

命理・遁甲万年暦

一八〇〇年〜二〇四〇年
B五判上製
定価一三、〇〇〇円＋税

一八〇〇年から二〇四〇年までの二四一年間にわたる年・月・日干支、年・月・日盤局数・九宮、時盤三元を一目でわかるよう明示するとともに、天文計算により求めた精度の高い節気入り・土旺の入りの日時分をも掲載した、命理学のみならず奇門遁甲学にも活用でき得る、便利にして正確無比な万年暦です。また暦法、均時差・経度差表、等々の多くの資料も掲載されており、『奇門遁甲万年盤』と共に、命理家、遁甲家必携の書と言えるものです。

命学秘本 造化元鑰和訳

B五判上製
定価一五、〇〇〇円＋税

『欄江網』なる一書から『窮通賓鑑』『造化元鑰』なる二書に分かれたものを、ここに再び一書として集結し、相違する所、前後矛盾する所、また、徐樂吾氏の両書の評註の異なる所、等々を一貫した理論のもとに統一し、真意を、正確、かつ平易・丁寧に解説・和訳した、一生座右を離すことのできない書であります。本書を知らずして、命を云々すること全く不可能、とも言える書であります。

造化真髄

全三巻
（造化元鑰和訳補註）
B五判上製
上・中巻一八、〇〇〇円＋税
下巻二〇、〇〇〇円＋税

『造化元鑰和訳』の全挙例を、その後十年以上の命理研究の成果の上に立って刻明に解命し、ここに『造化真髄』と題して、整然とした秩序ある一貫した理論体系に基づき、克明に解説しつつ、一年十二ヶ月の調候的視点を論じた大著です。『造化元鑰和訳』を底本として、命理学の真髄を展開し、考証可能なものは、できる限り考証もしてあります。また各十干の三春・三夏・三秋・三冬の後に設問を附し、これによって、どの程度理解できたのかの自己勉学の目安ともなるよう配慮してあります。『造化元鑰和訳』と共に、一生座右を離すことのできない必読の書と確信いたします。

滴天髄和解大全

全四巻
B五判上製
各巻一五、〇〇〇円＋税

『滴天髄』は、難解なものとされて来ましたが、これをここに、初学の人にも理解・納得し易いよう、説きほぐしたものであります。先賢の論を掲げつつ、平易かつ正確に意のあるところを訳出し、解註として、その相違点を分析・整理し、各所に新視点からの解釈を克明に加えた、現時点における、命理の聖典『滴天髄』の一大集約書であります。命理学の深奥をさらに極めるための、初学の方も、練達の士も、必読の大著であります。

子平真詮考玄評註

上・下巻
B五判上製
定価 上下二巻セット
三〇、〇〇〇円＋税

『子平眞詮』が命理学の入門書として、今からおよそ二百六、七十年前に沈孝瞻氏によって著されたということは、まさに偉業であると言えます。これを私どもが入手できるのは、徐樂吾氏が『原本子平眞詮評註』を出刊したことによるものです。本書は、各所に宝石をちりばめたような原本の優れた点を掘り起こしつつ、実造を挙げながら、その矛盾点を現代命理学の立場から理論的・実証的に評註した書であります。『滴天髄』『造化元鑰』とともに、命学三大書として必読の書と確信いたします。

考玄命稿集

巻一《現代編》
巻二《明治維新編》

B五判上製
巻一 一五、〇〇〇円＋税
巻二 二〇、〇〇〇円＋税

巻一《現代編》
政治・経済・芸術・学術などの各界の一流人、著名人、また、事件によって名を知られた方、故人となられた方々の命を詳細に解命するとともに、その方の経歴・事跡を大運、流年、年齢順に細かく摘出・説明し、個人を通しての、大正・昭和の現代史とも言える、命稿・命譜の書であり、また、著者の実審や研究成果をも併録した命理学研究の貴重な資となるものであります。

巻二《明治維新編》
本書は、幕末から明治にかけての疾風怒濤の時代に生き、歴史にその名を残した人々の生きざまを追求・解命した命譜であります。
明治を知らずして現代を語ること不可能とさえ言えるもので、その歴史的背景のもとに、個人の生命エネルギーの互換性に照明を当てた大著であります。

命理姓名学

B五判上製
定価二〇、〇〇〇円＋税

『四柱推命姓名学』を発刊してより十七有余年が経過し、この間、生命エネルギー学としての命理学はより高度なものへと向上発展して来ました。それに伴い、命運との関連において、姓名とはいかなるものかを完全に理解する段階に至りました。前著において、「前人未発の書」と申し上げましたが、その点は本書においても同様であり、姓名学における終極の書と言えるものです。
さらに、五百数十人の現代有名人の姓名、命運を無作為に掲げるとともに、「常用漢字表」「人名用漢字表」をも併録、実用性も高く、姓名学を志す者の座右の書となるものと確信いたします。

極意 奇門遁甲玄義

B五判上製
定価二〇、〇〇〇円＋税

太公望、諸葛孔明がこれを用いて百戦百勝したという奇門遁甲の原理・原点から「戦闘の機」の吉凶の方位現象のあり方に至るまで、先賢の業績を踏まえて、詳細かつ平易に、現代的照明のもとにその「玄の義」を論述し尽くし、これを現代の日常生活の種々様々なる目的や期待や願望に、的確に活用出来るように、立向盤作盤法、五層の意義、等々について懇切丁寧に説いたものです。併せて易理的遁甲命理、四柱推命的遁甲命理、紫微斗数的遁甲命理をも徹底的に追究・解明した、遁甲研究家は言うに及ばず、命理学を学ぶ方々にとって、必読の大著であります。

改訂 奇門遁甲個別用秘義

B五判上製
定価二〇、〇〇〇円＋税

本書は、旧来の奇門遁甲の曖昧。不明瞭なる諸点を分析し、その真髄を解明。かつ、気学が奇門遁甲の〝愚かなる息子〟であることを歴史的に明らかにするとともに、時間と空間、すなわち、命理学と遁甲学が不即不離の関係にあることを「エネルギー理論」の元に証明。さらに、奇門遁甲による造命開運法の真髄を一点も秘し隠すことなく公開した前人未発の書であります。また、「九天星歌訣」の解釈は正に白眉たるもの。遁甲家はもとより、すべての命理学の研究家にとって、必読不可欠の書と言えるものであります。

池宮秀湖著作目録

奇門遁甲 万年盤

B五判四分冊
定価一三、〇〇〇円＋税

遁甲盤一〇八〇局をいちいち作盤することは、大変時間のかかる作業ですので、この繁雑さをとり除き、即座に求める盤を引けるようにした、遁甲家必携の書であります。

○凡例　○順日盤　○陰遁局　○陽遁局

の四分冊からなり、文字通り万年活用できるものであり、遁甲活用に欠かすことのできない一書です。

滴天髄真義 全四巻【限定版】

B五判上製
《全巻一括》
定価五〇、〇〇〇円＋税

命理学の聖典ともいうべき『滴天髄』の優れた点と矛盾点を整理しつつ、著者の到達した「武田理論」によって詳細に解説した命理家必読の大著です。

『滴天髄』の原文をもとに、原註、任註（任鐵樵氏註）、徐註（徐楽吾氏補註）を忠実に和訳し、さらに解註を加え、より体系的に理解できるようまとめてあります。各巻末には、七〇〇造にも及ぶ命造を一覧できる索引を付しております。

色彩分布図による 最新 四柱推命

定価二、〇〇〇円＋税

「武田理論」に色彩分布図で迫る革新的四柱推命の書!!四柱八字と大運によるカルテを作成、それを五色のカラーで塗ることによって、その人の一生の命運の起伏の有り様や、他の人との生命エネルギーの合わせ性、その他が視覚的に理解可能となる、画期的な本です。

運命を切り開くための 四柱推命学入門

定価二、五〇〇円＋税

四柱推命の原点から始まり、ご自分や大切な人の命運を『命運カルテ』に記入し、理解できるまでを懇切丁寧に解説した、独学書的意味合いを含んだ画期的な入門書です。四柱推命学の奥深さに触れるとともに、これからの時代をどう生きていくのか、どう運命を切り開いていくのかの方法を知ることができます。付録に多くの図表や干支暦を満載し、初歩の方でも大変理解しやすくなっています。常に座右をはなすことのできない、人生の医学書です。

奇門遁甲カレンダー

アルバム二冊（陰・陽遁）
本体15，000円＋税
包装送料（別途）

２年目以降において、ケース不要の場合は中身のみ10，000円＋税で購入することができます。
包装送料（別途）

「奇門遁甲カレンダー」は、一年間の万年盤の組み合わせを陰遁（夏至から冬至まで）、陽遁（冬至から翌年の夏至まで）それぞれ一冊ずつ、計二冊のアルバムにまとめたものです。

一日毎に、曜日・祝日とともに、日盤と十二刻の時盤が一頁に掲載されております（下記見本例参照）。

日盤に使用できる盤があれば、一目でその日の時盤を確認することができ、ご自身にとって最高の盤を見つけやすいようになっています。かなりの時間短縮と、遁甲盤を探す上での間違いもなくなり、大変便利で優れたアイテムです。

ご自身やご家族の皆様の命運良化や希望、願望、目的達成における遁甲活用のために、お手元に置かれることをお勧めいたします。

《奇門遁甲カレンダーの見方》

一日毎に、その日の日盤と12刻の時盤が一頁に掲載されていますので、一目でご自身の最高の盤を見つけやすいようになっています。

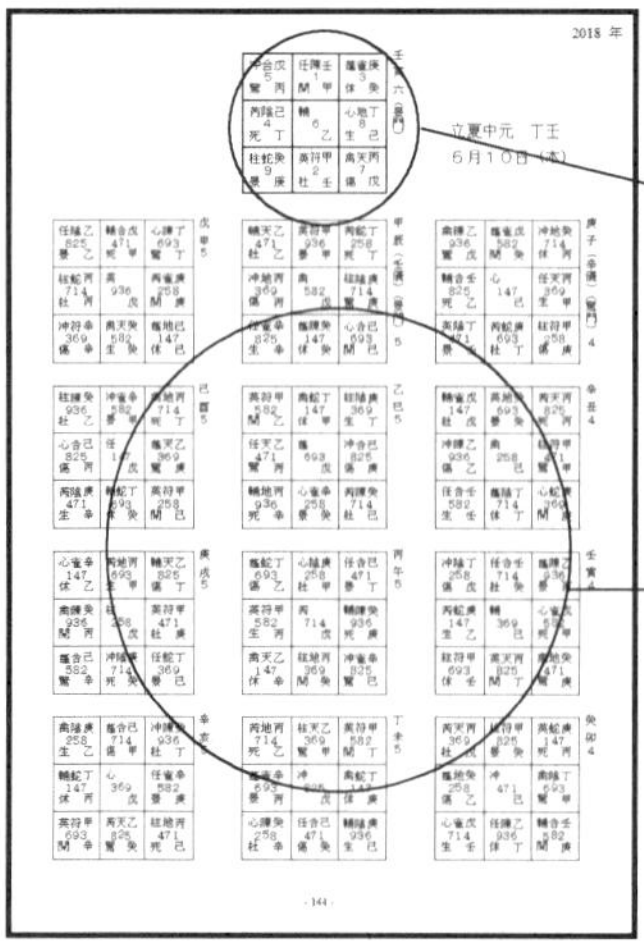

〈例〉平成30年5月10日（木）
立夏中元の盤

日　盤

時　盤
早い子の刻から亥の刻まで、その日の12刻の盤が一頁に収まっています。

日本命理学会とは

占術としてではなく、あくまでも学術として、科学的方法論に基づき命理学、奇門遁甲学・姓名学・命理学漢方を研究する日本における唯一の学術研究団体です。日本各地および諸外国にも、本部・支部を設置し、真の命理学、奇門遁甲学の向上発展のために寄与し、社会にこれを還元することを目的としております。

当会は、『四柱推命学詳義』『事象論』を修了し、命理学、奇門遁甲学、命理姓名学、漢方等々を学んだ師範・準師範・正会員より成り立っております。また、会誌『天地人』を出刊し、命理学向上発展の一助ともしております。

※師範・準師範・正会員は、必ず期限付きの極印入り身分証明書を所持いたしております。この身分証明書を所持することなく、「日本命理学会」の名を名乗る者が横行しておりますので、ご注意ください。また、ご不審な点がありましたなら、日本命理学会総本部までご照会ください。

日本命理学会総本部
〒177-0045 東京都練馬区石神井台八―十三―一
TEL ○三（三五九四）一二一五
FAX ○三（三五九四）一二一五
振替 ○○一○○―六―四三六六六

日本命理学会会誌
天地人

年間購読料
年一回（十二月）発行
前納六、○○○円
B五判　本文六十四頁

前会長　武田考玄先生による「古書研究」「病症別・命理学漢方」を連載するとともに、各地区研究会からの「研究会報告」、「奇門遁甲による大気造命」の結果報告、また、師範・準師範・正会員、受講者からの研究発表。命理・遁甲・姓名・命理学漢方等、毎号多くの実造が掲げられ、「武田命理学」を学ぶ同学の士の共同・協力・参画によって成立しているところの、運命学の世界における一級の研究誌であります。

○購読をご希望の方は、総本部にお問い合わせください。なお、バックナンバーは年度別にお分けしております（平成三十一年の時点で84号まで発刊されております）。

2019・3

日本命理学会のホームページ ⇒ http://nihonmeirigakkai.jp/